परम पूज्य

महर्षि महेश योगी

"हम अंधकार को दूर करने का प्रयास नहीं करते हैं। केवल दीपक जलाते हैं और अंधकार स्वतः दूर हो जाता है।''

परम पूज्य

महर्षि महेश योगी

नव सहस्त्राब्दी के लब्धप्रतिष्ठ संत के अमेरिका में प्रथम आगमन पर आधारित कथायें

हेलिना

तथा

रोलैंड ऑल्सन

(थेरेसा ऑल्सन द्वारा जोड़े गये परिथिष्टों सहित)

अनुवादक

चिन्मय लोहनी

New Age Books

ISBN: 978-81-7822-349-0

First Indian Edition: Delhi, 2009

Published by
NEW AGE BOOKS
A-44 Naraina Phase-I
New Delhi-110 028 (INDIA)
Email: nab@vsnl.in
Website: www.newagebooksindia.com

Printed in India
at Shri Jainendra Press
A-45 Naraina Phase-I, New Delhi-110 028

उनके लिए, जिन्होंने उन्हें प्रेम किया।

महर्षि को समर्पित जिनकी विनम्रता, भद्रता, बुद्धिमत्ता, महानता एवं शाश्वत प्रेम ने मुक्ति का मार्ग प्रशस्त किया।

मैं आध्यात्मिक पुनरुत्थान आन्दोलन, लॉस एन्जिलस के सदस्यों के प्रति अपना हार्दिक प्रेम व आभार व्यक्त करती हूँ, जो पश्चिमी गोलार्द्ध में महर्षि महेश योगी के भावातीत ध्यान की सरल तकनीक सिखाने को समर्थन देने में अग्रणी रहे।

अनुक्रमणिका

तीसरे संस्करण की प्रस्तावना

–थेरिसा ऑल्सन

चालीस वर्ष पहले, 1959 के मई के महीने में, परम पूज्य महर्षि महेश योगी पहली बार अमेरिका में आये। मुझे अपनी माँ द्वारा 1967 में लिखी पुस्तक, जिसमें उन्हौंने इस देश में महर्षि की प्रथम ग्रीष्मकालीन प्रवास की गतिविधियों का वर्णन किया है, का संस्मरणोत्सव संस्करण निकालना बिल्कुल उपयुक्त लगता है। यह किताब, महर्षि जैसी ही, एक महान व्यक्ति के अतिमानवीय लक्ष्य के बारे में एक सरल तरीके से कही गयी एक कोमल कथा है।

इन चालीस वर्षों में, मुझे यह सुअवसर प्राप्त हुआ कि मैं इस महान व्यक्ति को शान्तिपूर्वक देख सकूँ जिस दौरान वह एक असाधारण सपने को साकार करने के लक्ष्य में जुटे रहे– एक सपना जो कि इस सिद्धांत पर आधारित था कि प्रत्येक व्यक्ति को स्वाभाविक और निष्कपट रूप से जीवन का दो सौ प्रतिशत आनन्द लेना चाहिएः सौ प्रतिशत भीतरी आध्यात्मिक खुशी के साथ साथ सौ प्रतिशत बाहर की भौतिकता की तुष्टि। महर्षि मानव जाति को पीड़ा से उबारना चाहते थे और हमें मनुष्यों की गरिमा लौटाना चाहते थे। वे एक ऐसे संसार का सपना देखते थे जहाँ उसके नागरिक एक समस्याओं से मुक्त जीवन जी सकें–एक आदर्श जीवन जो कि भले, उपयोगी और नैतिक विचारों, शब्दों तथा कृत्यों से पूर्ण हो; जहाँ हम स्वाभाविक सुस्वास्थ्य का, अपने बच्चों के लिए उत्कृष्ट व प्रभावी शिक्षा पद्धति का, वृद्धिमान आर्थिक सम्पन्नता का और समाज के हर स्तर पर कल्याणकारी सुधार का वरदान अनुभव कर सकें; जहाँ हर धर्म से जुड़े आध्यात्मिक आदर्शों को जीवन में उतारा जा सके और अपने दैनिक जीवन में जिया जा सके; और सबसे महत्वपूर्ण यह कि जहाँ हम स्थाई विश्व शान्ति और एक दूसरे के साथ सच्ची मित्रता सहित रह सकें। और महर्षि ने एक सरल किन्तु शक्तिशाली मानसिक तकनीक सुझायी जिससे कि इन सारी बातों को यथार्थ में बदला जा सके, और वह तकनीक थी भावातीत ध्यान। यह वह तकनीक थी जिससे हर व्यक्ति अपना पूरा विकास कर पाये और साथ ही अपने वातावरण को भी लाभकारी पोषण दे पाए।

महर्षि ने अथक रूप से दुनियाँ भर का भ्रमण किया है, और अपना वही मधुर संदेश अपने सुनने वालों को दिया, जो उन्हौंने मेरे माता–पिता और उनकी पीढ़ी को हमारी बैठक में बहुत वर्ष पहले दिया था। वे लाखों लोग, जिन्होंने उनकी बात मानी, स्वयमेव उन फलों को चखने लगे जिनका वादा महर्षि ने 1959 में किया था।

महर्षि अपनी प्रतिज्ञा पर खरे उतरे। उन लोगों के लिए जो उनकी भावातीत ध्यान और उसके उन्नत कार्यक्रमों का भी अभ्यास नियमित रूप से प्रतिदिन करते रहे, उनके दैनिक जीवन में आंतरिक तथा बाह्य गुणों का विकास स्पष्ट होता गया। भावातीत ध्यान कारगर तकनीक है, केवल मध्यमवर्गियों के लिए ही नहीं, अपितु उच्च तथा निर्धन श्रेणी वालों हेतु भी। भावातीत ध्यान कारगर है – त्वचा के रंगभेद, भाषा व देश और धर्म से परे। भावातीत ध्यान कारगर है – भले ही हम स्त्री हों या पुरुष, बालक, युवक अथवा युवती, कार्यरत वयस्क या सेवानिवृत्त व्यक्ति। भावातीत ध्यान मानवमात्र के लिए कारगर है, चाहे हम स्वतंत्र हों या बंदी, अनपढ़ या पढ़े–लिखे, बारोजगार या बेरोजगार। मुख्य बात है कि भावातीत ध्यान वाकई काम करता है, बिल्कुल वैसे ही जैसा महर्षि ने कहा था कि करेगा।

लेकिन इसके लिए आपको जो भी महर्षि कहते हैं मान लेने की आवश्यकता नहीं है। पिछले चालीस वर्षों में महर्षि ने बड़े ख्यातिप्राप्त विश्वविद्यालयों के वैज्ञानिकों से, जो कि हार्वर्ड, येल, स्टैनफोर्ड, यूसी बर्कले, यूसीएलए तथा और भी दुनिया भर से थे, कहा कि वे भावातीत ध्यान से होने वाले लाभों का गहन परीक्षण करें। आज इस क्षेत्र में छः सौ से अधिक वैज्ञानिक शोधें हो चुकी हैं, और *Scientific Research on Maharishi's Transcendental Meditation and TM-Siddhi Program, Collected Papers* (महर्षि की भावातीत ध्यान और सिद्धि तकनीक पर वैज्ञानिक शोध, संकलित शोधपत्रों) पर छः खंडों में पुस्तकें उपलब्ध हैं, जो कि भावातीत ध्यान से समाज के प्रत्येक क्षेत्र में होने वाले लाभों का दस्तावेज हैं। अपनी किताब में माँ ने ध्यान के कुछ व्यावहारिक लाभों की चर्चा की है जिनका पूर्वानुमान महर्षि ने मूलतः 1959 में किया था। मैंने इस संस्करण में महर्षि के सबसे पहले के पूर्वानुमानों को वैज्ञानिक वैधता प्रदान करने वाले दस्तावेजी साक्ष्यों को अद्यतन संशोधित कर दिया है। इन वैज्ञानिक साक्ष्यों को समझाने वाली टिप्पणियाँ एवं दर्शाने वाली तालिकाएँ परिशिष्ट में हैं।

महर्षि ने एक आदर्श सामाजिक व्यवस्था के आधारभूत सिद्धांतों की तथा ऐसे समाज का संचालन करने वाली आदर्श प्रशासन की विशेषताओं की व्याख्या पर भी बहुत समय दिया है। और वैज्ञानिक साक्ष्य 1959 से की गयी उनकी भविष्यवाणियों की पुनः पुष्टि करते हैं और संकेत करते हैं कि भावातीत ध्यान एक कारगर तकनीक है जो कि विश्व शान्ति स्थापित कर सकती है, सामाजिक हिंसा की समस्याएँ सुलझा

सकती है, हमारे समाज की सभी अच्छी बातों में वृद्धि करती है, और हमें हमारे तनाव का ऐसा प्रबंधन सिखाती है जो अन्य लोगों के लिये सहायक होने के साथ साथ स्वयं को भी मदद पहुँचा पाये।

महर्षि ने समस्त संसार की शिक्षा पद्धतियों के ताकतवर और कमजोर पहलुओं पर चर्चा की है। अपने वार्षिक विश्व भ्रमणों के पच्चीस वर्षों के दौरान महर्षि ने अपने स्वयं के अनुभवों से जाना था कि क्या कारगर होता है और क्या नहीं। उन्होंने एक ऐसी शिक्षा प्रणाली पर शोध किया जो संसार में सहस्रों वर्ष पहले अस्तित्वमान एक आदर्श समाज– वैदिक सभ्यता काल – में प्रयोग में लाई जाती थी और जब उसकी तुलना आधुनिक शिक्षा प्रणालियों से की तो उसमें कमियों के बनिस्बत अधिक खूबियाँ पाईं। इन खूबियों के कारण महर्षि ने वैदिक शिक्षा के सिद्धान्तों को आधुनिक समाज के लिये पुनगर्ठित किया और विश्व भर में अपने विद्यालयों एवं विश्वविद्यालयों में एक चेतना आधारित शिक्षा उपलब्ध कराई।

इन स्कूलों, विश्वविद्यालयों के विद्यार्थियों से बात करें। उनसे वैदिक शिक्षा पद्धति के बारे में अपने अनुभव बताने को कहें। आश्चर्यजनक रूप से विद्यार्थी इसे पसन्द करते हैं। यहाँ वे केवल वस्तुपरक ज्ञान ही नहीं वरन् भावातीत ध्यान के नियमित अभ्यास से अपनी स्वयं की अभिज्ञता में समस्त ज्ञान के स्रोत का अनुभव करते हैं। इस अनुभव के कारण वे पाते हैं कि वे अत्यन्त गूढ़, अमूर्त विषयों को भी सरलता, सहजता से समझ लेते हैं। वैदिक सिद्धांत 'निवर्त्तध्वम' (वापिस लौटना अथवा स्व–संदर्भित होना) इसका कारण समझाता है।

महर्षि के अनुसार यह सुन्दर सिद्धांत बतलाता है कि ज्ञान मेरे बाहर नहीं बल्कि मेरे भीतर है। अपनी शुद्धतम् अभिव्यक्ति में ज्ञान समस्त विचारों के स्रोत में स्थित रहता है, विशुद्ध चेतना के स्तर पर, प्राकृतिक नियमों के एकीकृत क्षेत्र (युनिफाइड फील्ड) के स्तर पर; और वह, अपनी आवश्यक प्रकृति में, वस्तुतः मेरा मानसिक तथा शारीरिक ढाँचा तैयार करता है। मैं विशुद्ध ज्ञान हूँ; मेरी मन की चेतना वास्तव में चेतना स्वरूप आत्मा है, मैं–पन, होने का भाव, (अहं की भावना) जैसा कि पाश्चात्य दर्शन शास्त्र में, विश्व के सारे धर्मों में, और अंत में भौतिक तथा जीव विज्ञान में भी पाया गया है। पाश्चात्य जगत में, इस विशुद्ध चेतना (आत्मा) की स्थिति को जानना असंभव सरीखा माना जाता है। महर्षि सिखाते हैं कि न केवल इस अवस्था को व्यवस्थित रूप से भावातीत ध्यान का नियमित अभ्यास करके पाना संभव है, अपितु इसका ज्ञान तथा अनुभव चेतना–परक शिक्षा शैली में सम्मिलित किया जा सकता है जिससे कि विद्यार्थी इस आत्मिक चेतना का अनुभव अपनी चेतना में स्थापित करते हुए बड़े हों।

यह आत्म चेतना का अनुभव स्वाभाविक रूप से सारे ज्ञान को अर्थपूर्ण, प्रासंगिक और महत्वपूर्ण बना देता है, ऐसे जैसे कोई और शिक्षा पद्धति नहीं बना सकती है। महर्षि

ने ऐसी ज्ञान शैली की संभावना 1959 में देख ली थी; और, मैंने इसके समाज हेतु व्यावहारिक लाभों का उल्लेख मूल पुस्तक में दी गयी जानकारी के अनुसार किया है।

महर्षि का वैदिक ज्ञान से आज के जीवन हेतु लाभकारी वरदानों को ढूंढ लाकर उन्हें पुनर्जीवित करना किसी बड़ी उपलब्धि से कम नहीं रहा है। उन्होंने उपलब्ध प्राचीन ज्ञान का पूरा–पूरा लाभ लेते हुए उसको आधुनिक रूप में ढाल कर आज के जीवन हेतु उपयोगी बनाया है। उनकी चेतना–परक वैदिक शिक्षा शैली इसी का एक उदाहरण है। अन्य में सम्मिलित हैं–स्वास्थ्य, कृषि तथा गृह एवं कार्यालय भवन निर्माणों के प्रति वैदिक दृष्टिकोण।

जैसे–जैसे महर्षि का भावातीत ध्यान कार्यक्रम पूरी दुनियाँ में फैलता गया वैसे–वैसे अधिक बड़ी तथा निवास हेतु उपयुक्त ठिकानों की आवश्यकता पड़ने लगी। हमारे साधारण–से घर से महर्षि युरोप के बड़े होटलों में रहने गये जहाँ उनको भावातीत ध्यान शिक्षकों को प्रशिक्षित करना था। कई बार इन प्रशिक्षण कोर्सेज में प्रतिभागियों की संख्या तीन–हजार भी पार कर जाती। पुराने होटलों को खरीद कर पुनर्निर्मित किया जाता और फिर उदार व्यक्ति महर्षि को वहाँ ठहरने का निमंत्रण देते जिससे वे अपना विश्वव्यापी कार्यक्रम सुचारु रूप से चला पाएँ। फिर ये भी छोटे पड़ने लगे। महर्षि के आंदोलन की आवश्यकताएँ इत्तनी अधिक बढ़ चुकी हैं कि अब विश्व की सबसे ऊँची इमारत बनाये जाने की योजना बन रही है, जहाँ महर्षि के अंतर्राष्ट्रीय प्रशासन का मुख्यालय बनेगा।

कदाचित इस पुस्तक में सर्वाधिक मूल्यवान योगदान मेरी माँ का यह है कि वह भावातीत ध्यान के सैद्धांतिक तथा व्यवहारिक पक्षों का सामंजस्य हरेक के अपने धर्म का पालन करने में दिखाती हैं। हमारे परिवार का धर्म रोमन कैथोलिक था। मेरी माँ के पास दर्शनशास्त्र विषय पर यू.सी.एल.ए. से प्राप्त डिग्री भी थी। उन्होंने अपने जिज्ञासु दिमाग से गहन अध्ययन करके स्वयं देखा था कि भावातीत ध्यान धार्मिक जीवन के सभी पहलुओं पर खरा उतरता है। मेरी माँ के लिए भावातीत ध्यान तकनीक का अभ्यास उनके धार्मिक जीवन को और भी सुदृढ़ता प्रदान करता था। साथ ही, उन्होंने देखा था कि महर्षि ईसाई धर्म के मौलिक सिद्धांतों की गहरी समझ रखते थे। वस्तुतः महर्षि की संसार के सभी धर्मों के संस्थापकों के प्रति सम्मान की दृष्टि हम सभी के लिए अनुसरणीय है। वे स्वभावतया सभी धर्मों में पाये जाने वालें गुणों की सराहना करते हैं। वह अपने विश्वास पर अडिग भी रहते हैं और साथ ही अपना विश्वास किसी पर थोपते भी नहीं हैं। वे सहजता से सभी में व्याप्त परम महानता के तत्व की प्रशंसा करते हैं।

उन लोगों के लिए जो इसे आवश्यक समझते हों, मैंने कुछ ऐसे लोगों के भावातीत ध्यान पर विचार भी पुस्तक में लिए हैं जो कि अन्तर्राष्ट्रीय स्तर पर

विविध धर्मों का प्रतिनिधित्व करते हैं, और भावातीत ध्यान का नित्य अभ्यास भी करते हैं। वे मुझसे अच्छा जानते हैं कि दोनों का साथ–साथ अभ्यास करने से क्या–क्या लाभ होते हैं; या लाभ के बदले परस्पर विरोध होते हैं; या फिर भावातीत ध्यान वस्तुतः विविध धर्मों के पालन करने में सहायक साबित होता है। यदि आपके मन में ऐसे कोई प्रश्न हों तो उनके विचारों को अवश्य पढ़ें। व्यक्तिगत तौर पर मेरे लिए, भावातीत ध्यान ने भीतर के स्वर्गीय साम्राज्य के द्वार खोले हैं। भगवान, भगवान पर विश्वास तथा उनकी पूजा मेरे जीवन में बहुत महत्व रखते हैं। भावातीत ध्यान कार्यक्रम और उसकी उन्नत तकनीकों ने मेरी सहायता की जिससे मेरा आध्यात्मिक विकास ठीक से हो पाया और मैं ईश्वर तथा उनकी सृष्टि की विलक्षणता को सही प्रकार से समझ भी पायी। और इस सबने प्रकृति के प्रति मेरे अपने उत्तरदायित्वों की समझ भी बढ़ायी जिससे मैंने पृथ्वी के प्राकृतिक संसाधनों का विवेकशीलता से उपयोग करना सीखा है।

आभारोक्तियाँ

स्मरणोत्सव के अवसर पर इस संस्करण के प्रकाशन हेतु सहायता प्रदान करने के लिए मैं कई लोगों को धन्यवाद देना चाहूँगी। सर्वप्रथम मैं अपनी बहन क्रिस्टीना स्टर्लिंग और उनके प्रिय पति पीटर को धन्यवाद देना चाहूँगी जो इस तृतीय संस्करण को मुद्रित करने के लिए राजी हुए। उनके लगातार सहयोग के कारण ही मुझे इस परियोजना को शुरु करने और पूरा करने की प्रेरणा मिली। मैं डॉ0 कुमुद रेड्डी को भी धन्यवाद देना चाहती हूँ कि उन्होंने इस किताब को अपनी संहिता प्रकाशन कम्पनी से छपवाने की इच्छा जताई। उनकी इस किताब की आवश्यकता की समझ तथा दी गयी वित्तीय सहायता ने ही इस किताब को साकार रूप दिया है। वह एक प्रशंसनीय महिला हैं और मेरी एक निकट मित्र भी और मैं सदा उनकी आभारी रहूँगी।

मैं उन लोगों को भी धन्यवाद देती हूँ जो कि व्यक्तिगत रूप से इस पुस्तक के कार्य से जुड़े रहे हैं: स्टूअर्ट फ्राइडमैन, पुस्तक के विलक्षण डिजाइन हेतु; टोनी इल्लिस, उनकी प्रभावशाली प्रबंधन शैली हेतु तथा कुछ करवाने हेतु उनका औरों को सौम्य तरीके से प्रेरित करने हेतु; ट्रेसी लिप्टैक, उनके सावधानीपूर्वक किये गये संशोधन हेतु–यदि आप पढ़ रहे हैं और समझ रहे हैं तो यह ट्रेसी ही के कारण संभव हो पाया है।

मैं निम्नलिखित सहयोगियों को भी धन्यवाद देती हूँ: फादर कैविन जोयस, राब्बी ऐलिन ग्रीन, आदरणीय जॉन रीगस्टैड, मिस्टर वाडी बूऔन्नौर, मिसेज सूनिता चट्टूरगून आइसन, और मिस्टर पौल फ्रैंक, उनके भावातीत ध्यान पर और धर्म पर अपने व्यक्तिगत अनुभव देने के लिए।

मैं अपने पति, जॉन डब्लू सौरफ्लैटन, पीएच.डी, सी.पी.ई., को भी बहुत धन्यवाद देना चाहूँगी जिनके निरंतर प्रेम और अनुकंपा ने मुझे मेरे काम से बाँधे रखा। जॉन के बिना यह पुस्तक नहीं होती।

मैं महर्षि युनिवर्सिटी के प्रशासकों को भी धन्यवाद देना चाहती हूँ जिन्होंने मुझे भावातीत ध्यान पर चल रही शोधों के नवीनतम परिणामों को प्राप्त करने में सहायता की जो कि किताब में प्रयुक्त किये गये हैं: डॉ. बेविन मोरिस, अध्यक्ष, उनकी गम्भीरता एवं मेरे द्वारा किये जा रहे इस अच्छे काम पर विश्वास करने हेतु; मार्था ब्राइट, इस पुस्तक में दी गयीं वैज्ञानिक तालिकाओं को उपलब्ध करने हेतु; और सर्वाधिक महत्वपूर्ण, महर्षि युनिवर्सिटी ऑफ मैनिजमेंट के मनोविभाग को, जिसके संकाय की मैं भी एक सदस्य हूँ, उनके निरंतर सहयोग हेतु जो उन्होंने इस पुस्तक को पूरा करने में दिया। मैं विशेष धन्यवाद देना चाहती हूँ डॉ. फ्रैड ट्रेविस को, जो मनोविभाग संकाय के अध्यक्ष हैं, और उनकी शानदार पत्नी नीटा को, जो इस परियोजना को सम्पन्न करने हेतु मुझे सदा प्रोत्साहित करते रहे। जो भी मैंने मांगा, फ्रैड ने हाँ में ही उत्तर दिया और बाद में गंभीरता से विचार किया कि वे अपना वादा कैसे निभाएँगे। और रोचक यह है कि वह नीटा ही थी जिसने मुझे इस परियोजना को लेने हेतु प्रेरित किया जब उसने कहा कि वह अपने बच्चों को सोने से पहले सुनाने हेतु कोई ऐसी पुस्तक पढ़ाना चाहेंगी। क्योंकि एविरी ट्रेविस मेरी धर्मपुत्री है, इसलिए मुझे अपने उत्तरदायित्व निर्वाहन हेतु यह भान होने लगा कि मुझे उसके हाथों में कोई ऐसी पुस्तक रखनी चाहिए जो उसके पसंदीदा व्यक्ति – महर्षि– के बारे में हो। नीटा, फ्रेड, मेरे ऐसे प्रशंसनीय मित्र होने के लिए धन्यवाद।

और अंततः मैं इस पुस्तक के नायक, परम पूज्य महर्षि महेश योगी को धन्यवाद देती हूँ। महर्षि सदा ही, चाहे वे जहाँ भी रहे, मेरे प्रेरणास्त्रोत रहे हैं। वे संसार हेतु अपने सार्वजनिक संदेश के ध्येय को अपने निजी जीवन में दर्शाते, झलकाते हैं।

महर्षि से मेरा मिलना, उन्हें ऐसे जानना जैसे मैं पिछले चालीस वर्षों से जानती आयी हूँ, एक ऐसे उपहार को पाने जैसा है जो कि सभी और उपहारों से अतुलनीय है। उनका प्रेम महाद्वीपों की सीमाओं के परे है; उनकी आभा हीरों की चमक से अधिक है; उनकी बौद्धिक क्षमता आइन्स्टाइन को मात देती है; वे, परम पूज्य, अपने विचारों तथा कर्मों से संसार हेतु सर्वोच्च आध्यात्मिक मापदण्ड स्थापित करते हैं। वे जीवन को सहजता से, बिना परेशानी के, दो सौ प्रतिशत जीते हैं। और इन सब के साथ है उनकी असीम मधुरता तथा शोभा, मानव जीवन की पीड़ाओं तथा समस्याओं हेतु अनन्त करुणा, और हँसी–व्यंग्य करने की तथा आनन्द उठाने की गुणवत्ता भी। महर्षि नामक एक व्यक्ति ने पूरे विश्व के लोगों को जोड़–जोड़ कर उन्हें एक वैश्विक उद्देश्य हेतु तैयार किया है: एक–एक व्यक्ति के जीवन की

समस्याओं को हल करके पूरे समाज की समस्याओं को संभालने की योजना बनाकर।

और यह सोच कर मैं बहुत प्रसन्न होती हूँ कि मैं महर्षि की छाँव तले पली–बढ़ी–शान्ति से देखते हुए और सराहते हुए कि एक महान व्यक्तित्व के पास विश्व को देने हेतु क्या–क्या प्रस्ताव हैं। वे नवयुवाओं हेतु एक आदर्श बन चुके हैं। ऐसे गुरु के चरणों में रहकर मैंने जीवन के बारे में जाना है, जो हिमालय की शान्ति छोड़कर बीसवीं शताब्दी के शोर भरे वातावरण को निकल पड़े। उनका पूर्ण शान्ति से निकलकर हमारी चमकती, शोर वाली सभ्यता में स्वयं को ढाल पाना अद्भुत, सहज तथा अपना संतुलन बनाये रखना आश्चर्यजनक रहा है। उनकी क्रियाएँ तथा व्यवहार लीलामय हैं उनकी महान प्रबुद्धता की स्थिति के लिए।

उनके प्रारम्भिक वर्षों में हमें बिलकुल पता नहीं था कि महर्षि क्या देने आये थे, किन्तु हमें उनके व्याख्यान तथा व्यक्तित्व आकर्षित किये हुए थे और हमने निर्णय किया कि हमें उस अनुभूति को पाना चाहिए जिसकी व्याख्या वे किया करते थे। यह इच्छा हमारा प्रथम कदम था जिससे हमने हमारी स्वयं की आध्यात्मिक यात्रा पर चलना आरम्भ किया। महर्षि का ध्येय हमें हमारी स्वयं की प्रबुद्धता में स्थापित कर देना है। निरंतर कई वर्षों से उनका ध्यान हमारे इसी विकास पर केन्द्रित रहा है। उनकी यह दृष्टि निःस्वार्थता से भरी है और व्यावहारिकता से भी। हमें बस उसे उसके वास्तविक रूप में पहचानना भर है।

महर्षि, धन्यबाद। आपने अपना सपना हम सबके साथ बाँटकर हमें बताया है कि मानव जीवन का सर्वोत्तम लक्ष्य कैसे प्राप्त करना है। आपने एक आंदोलन को संस्था का रूप देकर अपने उपदेशों को संरक्षित कर दिया है जिससे वे शाश्वत हो गये हैं। आपने अपनी शिक्षा को संस्था का रूप देकर उन्हें सदा के लिए स्थापित कर दिया है। आपने इस क्रन्तिकारी वैदिक शिक्षा शैली को जन्म देकर तथा उसे अपनी आत्मा से सींच कर ऐसा बना दिया है कि आने वाले युगों के विद्यार्थियों को कष्ट भोगने की कोई आवश्यकता नहीं होगी। और आपने यह सब इसलिए किया क्योंकि आप हम सबसे प्रेम करते थे और हमें सुखी जीवन देना चाहते थे।

एक खिलता हुआ पौधा माली को भला कैसे धन्यवाद दे, जिसने उसको हृदय से सींचा और उसका ध्यान रखा? केवल पूर्ण रूप से खिलकर, जिससे कि वह माली के हृदय को प्रसन्नता दे पाये।

भगवद्गीता ज्ञान की एक वैदिक पाठ्य पुस्तक है जिसमें भगवान कृष्ण महान योद्धा अर्जुन को ज्ञान देकर उसको आत्म–ज्ञानी बना देते हैं, वह भी मात्र कुछ घंटों के व्याख्यान में– एक तरह से यह पुस्तक वैदिक परामर्श देती है। अध्याय तीन में भगवान कृष्ण बताते हैं कि कोई महान व्यक्ति जन समूह को कैसे प्रभावित करता है। वे कहते हैं:

''यद्यदाचरति श्रेष्ठस्तत्तदेवेतरो जनः।
स यत्प्रमाणं कुरूते लोकस्तदनुवर्तते।।''

एक महान व्यक्ति जो कुछ भी करता है
वही सब कुछ बाकी के लोग करने लगते हैं।
जो भी मानक वह विश्व में स्थापित करता है,
विश्व उनका अनुसरण करने लगता है।
– भगवद् गीता 3.21

महर्षि ने वह श्रेष्ठतम् मापदण्ड तैयार किये हैं जिनका हम पालन कर रहे हैं– एक महान समकालीन* संत का अनुसरण एक सुन्दर नयी सहस्त्राब्दी में।
(* महर्षि 5 फरवरी 2008 को ब्रह्मलीन हो गये हैं।)

थेरिसा एम. आल्सन, पीएच.डी
अगस्त 15, 1999
मेरी भावातीत ध्यान शैली सीखने की चालीसवीं वर्षगांठ के अवसर पर

नोटः पूरी पुस्तक में भावातीत ध्यान को भावातीत ध्यान तकनीक, टी.एम, अथवा महर्षि की भावातीत तकनीक कहा गया है। सभी एक ही तकनीक की ओर इंगित करती हैं। तकनीक की परिभाषा ठीक प्रकार से जानने हेतु देखिए परिशिष्ट–अ।

दूसरे संस्करण की प्रस्तावना

–थेरिसा ऑल्सन

15 अगस्त, 1959 को जब मैं स्टडी (अध्ययन कक्ष) में महर्षि को शुभ प्रभात कहने गयी तो दस मिनट बाद एक खजाने के साथ लौटीः मेरे गुप्त "ज्ञानमयी शब्दों" के खजाने के साथ।

दस वर्ष की उम्र में मेरा भावातीत ध्यान आंदोलन में प्रवेश हुआ, जो कि मेरे प्रिय माता–पिता की खुली सोच और प्रेम के कारण संभव हो पाया था।

अलबत्ता उस समय मेरे विचार नये ध्यान साधकों के द्वारा लाये आकर्षक स्वादिष्ट फलों की ओर भावातीत ध्यान कार्यक्रमों से अधिक रहते। मैं पूरे दिन खेलती–कूदती रहती और साँझ ढले एक भारतीय योगी के व्याख्यानों को सुनने जाती–हाँलाकि पूरी तरह से न समझ पाती कि वे चेतना को शोधित करके जीवन को दो सौ प्रतिशत –सौ प्रतिशत आध्यात्मिक और सौ प्रतिशत सांसारिक–जीने के विचार से क्या कहना चाहते थे, किन्तु उनकी बातों का हर एक पल पसन्द भी करती। अब, बीस सालों के बाद, मैं महर्षि के चेतना के स्तर को उठाकर उसे परम् ज्ञान के स्तर पर स्थापित करने के वैश्विक प्रयास के लिए संपूर्ण रूप से समर्पित हूँ।

मैं वस्तुतः इस अंतर्राष्ट्रीय आंदोलन के साथ ही बड़ी हुई। जिस समय हम भूगोल में विभिन्न देशों के बारे में स्कूल में पढ़ रहे थे, तब महर्षि उन देशों के नागरिकों को '433' में लाया करते थे, जो कि उस समय हार्वर्ड बोलिवार्ड, लॉस एन्जिलिस में हमारे घर का पता हुआ करता था। मेरी उम्र के साथियों के विश्व की सामाजिक समस्याओं पर जागरूक होने के बहुत पहले से मैं वैश्विक चेतना के गहन विचारों के बारे में सुनती आ रही थी, और सुनती आ रही थी कि वैश्विक शान्ति को टी एम से कैसे सतोगुणी बनाया जा सकता है, और यह कि हमें यह करके समाज में कैसे परिवर्तनों की अपेक्षा करनी चाहिए। इसके परिणाम स्वरूप, संसार में सारे सुधार–जैसे समाज का संपूर्ण विध्वंस से ज्ञानोदय की ओर अग्रसर होना–जो कि पिछले कुछ वर्षों से होता दिख रहा है, मुझे अधिक से अधिक लोगों के ध्यान कार्यक्रम में जुड़ने के कारण से लगता है। आखिर, महर्षि ने बहुत पहले इस बात की घोषणा कर दी थी कि ऐसा होगा, और वह हुआ भी है।

महर्षि का मुझ पर पहला प्रभाव–ऐसा व्यक्ति जो कि दयालुता, सत्यता और सम्पूर्णता से रहने वाला हो, कोई ऐसा नहीं जो कि वयस्क होने के कारण स्वयं की कमियों को छुपाने की कोशिश करता हो। वह एक ऐसे व्यक्ति हैं जो कि मेरी वास्तविकता से परिचित थे, ना कि उस "मैं" से जो कि बातें करती और विभिन्न किरदार निभाती। उस समय महर्षि मेरे प्रति बहुत वास्तविक थे, ऐसे जैसे कोई बालक–बालिका ही समझ सकते हों। और उनकी वह वास्तविकता कभी नहीं बदली है।

शायद उनका रूप बदल चुका है, और उनके ध्यान का केन्द्र व्यक्तियों से उठकर समाज पर चला गया है, किन्तु उनका असल स्वभाव–उनकी वास्तविकता, अभी भी वैसी ही है जैसी तब थी।

पता नहीं कैसे मेरी माँ ने उनके व्यक्तित्व का सार इस किताब में पूर्ण रूप से समाहित कर दिया है।

1975 में देहावसान के पूर्व, यह माँ की इच्छा थी, कि इस किताब की पुनः अपडेटिंग हो और यू.एस.ए. में छपाई हो। अब हम उनकी इस इच्छा को पूरा कर पा रहे हैं।

हाँलाकि, इस दूसरे संस्करण हेतु हमने कुछ बदलाव किये हैं तथा कुछ नवीन तथ्यों को भी जोड़ा है।

जैसे–जैसे महर्षि का भावातीत ध्यान कार्यक्रम विस्तारित होता गया, कुछ तथ्यों को समझाने की अभिव्यक्तियों में भी परिवर्तन आता गया; तदनुसार हमने उन सभी अभिव्यक्तियों को समझाने का तरीका संशोधित कर दिया है।

पुस्तक का शीर्षक बदलकर ऐसा बना दिया गया है जिससे कि स्पष्ट पता चले कि वह किसके बारे में है और किस कालखण्ड से सम्बन्धित है।

हमने नये परिशिष्ट भी जोड़े हैं जो कि महर्षि द्वारा 1959 में भावातीत ध्यान तकनीक पर किये अनुमानों को तथ्यात्मक रूप से प्रमाणित करते हैं।

मूल कथानक के माधुर्य को बचाने के लिए हमने पाद टिप्पणियों को पुस्तक के अंत में दिया है। यह पाद्–टिप्पणियाँ, हमें लगता है, प्रमाण हैं कि महर्षि की भविष्यवाणियाँ सत्य हुईं। यह सोचकर कितना आश्चर्य होता है कि 1959 में कितनी असम्भव लगने वाली योजनाओं को उठाया गया था, और कितनी सरलता से तब से अब तक वह सच भी हो चुकी हैं।

हम इस दूसरे संस्करण की छपाई में अपनी सहायता प्रदान करने हेतु कई लोगों को धन्यवाद देना चाहते हैः कैरोल यंग को उनकी टाइपिंग योग्यता हेतु, कैलीफोर्निया स्थित **एज ऑफ इन्लाइटन्मेंट** के कार्यकारी प्रबंधकों को उनके इस परियोजना में दिये उत्थानात्मक प्रोत्साहन एवं सहयोग हेतु, एलिन वोह्ल और पैट हिर्स्च को

उनके संपादकीय सुझावों हेतु और पीटर वारबर्टन को सौम्य तरीके से लालफीताशाही को सुलझाने हेतु।

हमारी कृतज्ञता महर्षि को भी अर्पित है, जिन्होंने मेरी बहन क्रिस्टीना को हमारी माँ की पुस्तक के महत्व को एज आफ इंलाइटेन्मैंट में समझने की योग्यता दी, और उनके आशीर्वाद हेतु जो उन्हौंने इस दूसरे संस्करण के प्रकाशित होते समय दिया।

पुस्तक की कहानी को पूरी तरह नवीन सूचनाओं से युक्त करने हेतु टी.एम सिद्धि कार्यक्रम का भी उल्लेख किया जाना चाहिए जो कि महर्षि ने दुनियाँ में 1977 में उपलब्ध कराया। यह महर्षि का संसार में ज्ञानोदय कराने हेतु अब तक का नवीनतम कार्यक्रम है।

टी.एम. सिद्धि कार्यक्रम मनुष्य की कई क्षमताओं को उजागर करता है जिससे कि व्यक्ति अलौकिक क्रियाएँ कर पाने लगता है, जैसे कि उड़ान भरना, सामान्य क्षमता से अधिक सुन पाना, अपने आंतरिक शरीर तंत्र को स्वयं देख पाना। वैज्ञानिक शोध के अनुसार यह सब इसलिए संभव हो पाता है क्योंकि भावातीत ध्यान तथा सिद्धि कार्यक्रम के नियमित अभ्यास से शरीर तथा मस्तिष्क में सर्वोच्च तालमेल स्थापित हो जाता है–इस विषय पर शोध कर रहे वैज्ञानिक इसे मस्तिष्क का ऑप्टिमाइज़ हो जाना कहते हैं।

भावातीत ध्यान और सिद्धि कार्यक्रम में क्या अंतर है? हम जानते हैं कि भावातीत ध्यान के नियमित अभ्यास से हम विशुद्ध, अनन्त विस्तारित चेतना का अनुभव करते हैं। वह अनन्त संभावनाओं का क्षेत्र होता है, और प्रकृति के नियमों का मूलाधार कहलाता है। यह विशुद्ध क्षमताओं का स्तर होता है। महर्षि के सिद्धि कार्यक्रम के अभ्यास से हम इन क्षमताओं को क्रियान्वित कर पाते हैं क्योंकि विशुद्ध अनन्त चेतना के स्तर से क्रिया करना सीखते हैं। परिणाम होता है इच्छाओं का स्वाभाविकता से पूर्ण हो जाना। यदि मन निर्देश देता है कि उठो, तो शरीर हवा में उठ जाता है। यदि हम मन के शान्त, अनन्त विस्तारित स्तर से क्रिया करना सीख जाते हैं तो कोई भी इच्छा जो कि प्रकृति के नियमों के अनुकूल होती है स्वाभाविक रूप से पूरी हो जाती है। वास्तविकता तो यह है कि महर्षि का भावातीत ध्यान अथवा टी.एम सिद्धि कार्यक्रम करने वालों की इच्छाओं की पूर्ति सहज ही होने लगती है।

अब तक, 4000 से अधिक पुरुषों तथा महिलाओं ने, जो कि जीवन के भिन्न–भिन्न क्षेत्रों से तथा भिन्न–भिन्न स्थानों से आये थे, टी.एम. सिद्धि प्रशिक्षण प्राप्त किया है। ज्ञानोदय युग के ये नियन्त्रक तथा नागरिक अपने मैत्रीपूर्ण व्यवहार, मानसिक अथवा सत्य, अच्छे स्वास्थ्य तथा व्यवसाय और शिक्षा में उपलब्धियों हेतु जाने जाते हैं।

महर्षि ने इसी समय पर टी.एम. सिद्धि सूत्रों के कार्यक्रम को संसार में क्यों प्रस्तुत किया?

उनके भावातीत ध्यान तकनीक का प्रभाव विश्व की चेतना के 140 देशों ने अभी तक चख लिया है, जो कि उनके सामूहिक जीवन में सकारात्मक प्रभाव लाया। समय की धारा दंगों, धरनों, हत्याओं, तथा तृतीय विश्व युद्ध की आशंकाओं की ओर से परिवर्तित होकर अब ज्ञानोदय के युग के आगमन के स्वागत की ओर बहने लगी है। पिछले 20 वर्षों में सब जगह के लोगों में यह समझ बढ़ी है कि उन्हें आंतरिक विकास की और अपनी पूर्ण क्षमताएँ जागृत करने की आवश्यकता है। आज, हम अपने स्वास्थ्य का स्वाभाविक रूप से बेहतर ध्यान रख पा रहे हैं, बेहतर भोजन खा रहे हैं, विश्राम और क्रिया में संतुलन करना सीख रहे हैं। हम अपनी चेतना की सीमाओं को फैला पा रहे हैं और अपने मन को अधिक सुसंस्कृत तथा शक्तिशाली बना रहे हैं। हम अपने आंतरिक तथा बाह्य जीवन का तालमेल बैठाना सीख रहे हैं। हम उस ज्ञान में जाग चुके हैं जिससे जीवन का 200 प्रतिशत आनन्द प्रकृति के नियमों का पालन करके पाया जा सकता है।

किन्तु फिर, टी.एम. सिद्धि कार्यक्रम की क्या आवश्यकता थी?

महर्षि टी.एम. सिद्धि कार्यक्रम को प्रकाश में इसलिए लाये क्योंकि हम उसके योग्य थे। यदि वे इन्हें प्रकाश में नहीं लाते तो शायद यह सिद्धियाँ चमत्कारों की श्रेणी में रखी जातीं, या भ्रमों की श्रेणी में रहतीं। किन्तु, 1970 के दशक के अंतिम वर्षों तक वैश्विक चेतना में इतना सुधार देखने को मिल गया था कि विश्व से टी एम. सिद्धि कार्यक्रम को ग्रहण किये जाने की अपेक्षा की जा सकती थी। टी.एम. सिद्धि कार्यक्रम चेतना के उन्नत स्तरों के विकास की उपलब्धि में मील का पत्थर था। फलस्वरूप महर्षि ने हमें यह श्रेष्ठ उपहार प्रदान किया जिसकी सहायता से अब कोई भी व्यक्ति ज्ञानोदय अथवा बोधत्व को शीघ्रता से प्राप्त कर सकता था।

हमारी विस्तारित जागरूकता के साथ अब हम टी.एम. सिद्धि कार्यक्रम को आसानी से बिना किसी तनाव के स्वाभाविकता से कर पाते हैं। वैश्विक चेतना के सत्व में वृद्धि होने के साथ साथ हम इस कार्यक्रम की उपयोगिता तथा महत्ता को और अधिक अच्छी तरह समझ और आँक सकेंगे।

कुछ ही व्यक्ति, कुल वयस्क जनसंख्या के मात्र एक प्रतिशत, महर्षि भावातीत ध्यान और टी.एम. सिद्धि कार्यक्रम का अभ्यास करके पूरे समाज में एक शक्तिशाली प्रभाव उत्पन्न करते हैं। जैसे–जैसे वे प्रकृति के नियमों के सरलतम, सूक्ष्मतम स्तर को जागृत करते हैं वैसे–वैसे उनकी स्वयं की चेतना में भी सामंजस्य, संसक्तता और व्यवस्था के गुणों की वृद्धि होती जाती है। और इसी के साथ–साथ समाज की सामूहिक चेतना भी विकासशील स्पन्दनों से दीप्तिमान होती है जिससे सारे सामूहिक तनावों को समाप्त करते हुए सामूहिक सत्व उत्पन्न होता है जिसके फलस्वरूप सारे हिंसा व द्वन्द निष्प्रभावी हो जाते हैं। परिणामतः पूरे राष्ट्र में अकस्मात प्रयासहीन

बदलाव देखने को मिलता है–हिंसात्मक उबालों और विद्रोहों से सामंजस्य और शान्ति का। यही है टी.एम. सिद्धि कार्यक्रम का मानवजाति को सबसे बड़ा योगदान – विश्व शान्ति स्थापित करने का अजेय तरीका।

क्या यह कारगर है? 1978 के अक्टूबर महीने में 'एज ऑफ इंलाइटनमेंट' की विश्व सरकार ने, महर्षि के मार्गदर्शन तले, दुनियाँ के सर्वाधिक पीड़ित पाँच स्थानों में शान्ति की पुनर्स्थापना के लिए 'एज ऑफ इंलाइटेनमेंट' के गवर्नरों को भेजा। इसके छह सप्ताह बाद इन क्षेत्रों में व्याप्त हिंसा और नकारात्मकता बिलकुल शान्त हो चुकी थी। दर्ज सूचनाओं के अनुसार जब 'एज ऑफ इंलाइटेनमेंट' के इन गवर्नरो ने अपने स्थान छोड़ने आरम्भ किये तो हिंसा ने पुनः अपना सर उठाना प्रारम्भ कर दिया। प्रत्युत्तर में विश्व सरकार ने और अधिक गवर्नरों को इन क्षेत्रों में एक व्यवस्थित तथा शान्त वातावरण को संरक्षित करने के लिए भेजा और पुनः शान्ति स्थापित हो गई, हिंसा पुनः लुप्त हो गयी। इन व्यक्तियों में उत्पन्न सत्व ने निश्चय ही समाज को भी प्रभावित किया।

अब पूरे विश्व के लोग महर्षि के टी.एम. तथा सिद्धि कार्यक्रम सीख रहे हैं जिससे कि किसी भी देश के नागरिक हिंसा और अव्यवस्था की दशा पैदा नहीं होने देंगे, और फलस्वरूप शाश्वत विश्व शान्ति स्थापना में अपना योगदान देंगे।

महर्षि ने भावातीत ध्यान साधकों हेतु टी. एम. सिद्धि पाठ्यक्रम का गठन किया है जो कि सरल है, आनन्ददायक है और रोचक तथा व्यस्त दिनचर्या में भी अपना स्थान बना पाने योग्य है। ध्यान साधक इन "सिटीजन एडवांस्ड कोर्सेज" के बारे में अपने स्थानीय टी.एम. प्रोग्राम केन्द्रों से जानकारी ले सकते हैं।

भावातीत ध्यान ने मेरे लिए क्या किया है? इतने वर्षों से विचारातीत होते–होते और अनन्त विस्तारित विशुद्ध चेतना में गोता लगाते–लगाते मेरे भीतर एक गहरी आन्तरिक शान्ति विकसित हो गयी है जो कि जटिलतम परिस्थितियों में भी अविचलित रहती है। यह तूफानी सागर में किसी नाव से संलग्न एक लंगर के समान है जो उस नाव को सुरक्षित तथा स्थिर रखे हुये है। इस आंतरिक शान्ति के कारण मैं पूरे दिनभर के कार्य अधिक सामंजस्यपूर्ण तरीके से कर पाती हूँ। फलस्वरूप मैं अधिक नम्य, बाहरी परिस्थितियों को अधिक सरलता पूर्वक निभाने में समर्थ हूँ जबकि भीतर से स्थिर और शान्त भी हूँ। मेरा स्वास्थ्य सुधर चुका है, मन अधिक स्पष्ट और तीक्ष्ण हो गया है, और मैं सभी के प्रति अधिक कृतज्ञ भी हो गयी हूँ।

मैंने, कई और लोगों के समान, अनुभव किया है कि भावातीत ध्यान तथा टी.एम सिद्धि कार्यक्रम के दौरान चेतना किसी महा–द्रव्य की लहरों की भाँति घटती बढ़ती हैं तथा विस्तारित होकर शरीर, घर, परिवेश, संसार और तो और इस आकाशगंगा

की सीमाओं को पार कर जाती है जब तक कि वह अंततः सृजनात्मक प्रज्ञा के बन्धनमुक्त व अव्यक्त स्पन्दनों से नहीं मिल जाती जो कि सम्पूर्ण सृजन के मूल में पाये जाते हैं।

सीमाओं के पार होता चेतना का यह विस्तार मुक्ति और पूर्णता के भाव को जन्म देता है; और इसके साथ ही यह भावना भी देता है कि मैं कुछ भी हो अथवा कर सकती हूँ, जैसी मैं इच्छा करूँ।

किन्तु मन की यह अजेय भावना हृदय की चेतना के विस्तारित होने से उद्भूत् सौम्यता के वशीभूत समस्त सृष्टि के प्रति अनन्त प्रेम के कारण विगलित हो जाती है और फलस्वरूप अपनी आत्मा सर्वत्र दिखने लगती है।

ये अनुभव, जो कि महर्षि का भावातीत ध्यान करने वाले साधकों हेतु सामान्य होते हैं, बिलकुल शुरुआती होते हैं जो कि आंतरिक व्योम–यात्रा का प्रारम्भ होते हैं। पाने हेतु बहुत कुछ और है; और महर्षि के आशीर्वाद से, और आधुनिक विज्ञान के निष्कर्षों से पुष्ट प्राचीन वेदों के ज्ञान से शीघ्र ही वह सब भी हमारे पास होगा।

जो कहानी मेरी माँ ने यहाँ लेखबद्ध की है, सत्य है। बहुत पहले मई की उस साफ सुबह का मुझे स्पष्ट स्मरण है जब मैंने उनसे पूछा था कि, "ये योगी कौन होते हैं?" जैसा कि वह पृष्ठ संख्या 12 में बताती हैं। बचपन से ही मेरी माँ की स्मृति फोटोग्राफिक रही है। बाद के वर्षों में भी, जब वह चाहतीं, किसी भी पुरानी बात को ठीक–ठीक स्मरण कर लेती थीं। हममें से तत्समय उपस्थित उन लोगों के लिए उस दौरान की कतिपय घटनाओं की अपनी यादों को माँ की कहानी से मिलाना और उन्हें सही पाना एक रोचक अनुभव होता है।

एक तरह से, यह पुस्तक आप सभी के लिए एक भेंट है; भेंट जिसे हम आपके साथ बांट रहे हैं और आपको उन अंतरंग प्रारम्भिक दिनों का हिस्सा बना रहे हैं जिन दिनों महर्षि '433' में थे।

जय गुरु देव
थेरिसा एम. आल्सन
लॉस एन्जिल्स, कैलीफोर्निया
मार्च, 1978

भूमिका

कभी–कभी किसी सड़क किनारे बने किसी मकान में सालों–साल तक कोई परिवर्तन देखने को नहीं मिलता है। तकरीबन हर दस वर्ष में उसके मालिक बदल जाते हैं, क्योंकि उस परिवार के बच्चे बड़े हो जाते हैं और नयी जगहों के लिए निकल पड़ते हैं। यदि वह अपनी जगह पर खड़ा रहने दिया जाता है तो उसमें पुनः जीवन–चक्र प्रारम्भ हो जाता है। और ऐसे में पुरातन शालीनता का तरुणता के रोमांच के साथ संगम देखने को मिलता है। ऐसी किसी जगह पर रहने वाला परिवार सच में ही भाग्यशाली होता है।

1950 से 1952 तक मेरे पति रोलैंड और मैं एक अच्छे घर की तलाश में थे। उनका टेलीफोन कम्पनी से सम्बंधित विशेष काम, जिसके कारण हम लोगों का उपनगरीय इलाके में आवासित होना आवश्यक था, सम्पन्न हो चुका था। अब वह लॉस एन्जलिस के व्यापार केन्द्र के समीप वाले कार्यालय में लौट आए थे, और हम सब शहर की सुविधाजनक जीवन–शैली में लौटने पर प्रसन्न थे। हम स्थानान्तरण के प्रति शीघ्रता में नहीं थे, क्योंकि हमारी सबसे बड़ी लड़की मैलिन्डा अपनी दसवीं कक्षा उत्तीर्ण करने के समीप थी। उसकी 1952 में परीक्षा उत्तीर्ण करने के पश्चात नये घर की तलाश गंभीरता से चल पड़ी।

जब हमने दो मंजिला, केप कॉड, जो कि भूरे तख्तों से बना मकान था और हार्वर्ड बूलीवार्ड में स्थित था, को देखा तो हमारे बीच जो घटा उसे पहली नजर में प्यार कह सकते हैं। पहले दिन हमने इस मकान को देखा, तो दूसरे दिन हम इसमें अपने को व्यवस्थित करने लगे और जल्द ही हमारे छोटे–छोटे बच्चे बड़े–बड़े पुराने पेड़ों के समीप लुका–छुप्पी खेलने लगे। मेरे पति, मैं, हमारी चार बेटियाँ (अठ्ठारह साल से चार साल की उम्र की), उनके पालतू जानवर तथा मित्र–गण ने '433', जैसा कि हमने इस मकान का नाम रखा, को पसन्द कर लिया और परिवार का हिस्सा मान लिया। और कालांतर में '433' ख्यातिप्राप्त हो गया और इसे दूर–दूर के शहरों तथा इलाकों का प्रेम भी मिला।

रोलैंड, मकान, और मैं एक रहस्य के भागीदार थे। हम सबने जीवन की शुरुवात एक ही वर्ष से की थी, 1909 से। 1959 तक हमारी दो बड़ी लड़कियों की शादी के

जब हमने भूरे तख्तों से बना दोमंजिला मकान 'केप कॉड' देखा,
तो 'पहली नज़र में प्यार' की घटना घट गयी।'

बाद हम अपनी गतिविधियों को कम करने के बारे में सोचने लगे। जब–तब हम सेवानिवृत्ति के बारे में बात करते, सोचते कि जल्द ही हमारे सक्रिय दिन बीत जाएँगे। यह सोचना हमारी बहुत बड़ी भूल थी; पर हम यह भला कैसे जान सकते थे कि हिमालय में रहने वाला एक योगी भारत छोड़ कर, और यात्रा करके, हमारे '433' में रहने वाले परिवार में मिलने वाला है? कभी भी इतना रहस्यमयी पूर्व इतने अज्ञानी पश्चिम से न मिला होगा जितना कि महर्षि और उनकी ओर आकृष्ट हुए लोग आपस में मिले।

प्रति–दिन के छोटे–छोटे मनोरंजक व अटपटे प्रसंग, एक मनभावन चरित्र की झलक देने के लिये तथा महर्षि के कुछ ज्ञानमय संदेशों को परस्पर बाँटने की इच्छा से यह पुस्तक आपके सामने प्रस्तुत है।

प्रथम अध्याय

यह सब हुआ हॉलीवुड में

हमारे बच्चे औरों के बच्चों से एक बात में अलग थे–वे ऐसे कि जहाँ औरों के बच्चे रास्तों में घूमते हुए कुत्ते व बिल्लियों को घर ले आते थे, वहाँ हमारे बच्चे लोगों को।

बिलकुल, हर बात में माता–पिता कहीं न कहीं बच्चों के लिए प्रेरणास्रोत बनते हैं, और इस संदर्भ में मुझे अपराध के लिए क्षमाप्रार्थी होना पड़ेगा। 1952 में, पहले दिन से जबकि हमारा चार बेटियों वाला परिवार '433' (जैसा कि हम अपने सोलह कमरों वाले, हार्वर्ड बोलिवार्ड स्थित, पुराने मकान को प्यार से कहते थे) में प्रविष्ट हुआ, हमारे साथ अतिरिक्त लोग भी रहने लगे। हमारा प्रथम अतिथि एक विधुर मित्र था जो कि अपनी बारह साल की बेटी की देखभाल के लिए किसी योग्य व्यक्ति को ढूंढ नहीं पाया था। हमने उन दोनों को यह सोचते हुए जगह दे दी कि शीघ्र ही उन्हें कोई देखभाल करने वाला मिल जाएगा, पर हमने यह सपने में भी नहीं सोचा था कि शीघ्र ही वह एक विधवा स्त्री, एक बच्चे की माँ, से शादी रचा लेगा, और यह नये अतिथि भी, अपने कुत्ते के साथ, हमारे घर 'कुछ समय के लिए' अतिथि बनकर आ जायेंगे। जैसे ही यह लोग अपने प्यारे–से घर चले गये, वैसे ही एक लम्बी कतार जिसमें कि युवा कलाकार, नर्तक, विद्यार्थी, शिक्षक, गायक और यहाँ तक कि 'सैडलर्स वैल्स' (एक ख्यातिप्राप्त ब्रिटिश बैले कम्पनी) के बैले मास्टर भी, हमारे साथ कुछ दिनों, सप्ताहों, महीनों और एक मामले में एक साल तक घर बसाने आ गये।

हमारी सबसे बड़ी लड़की, मैलिंडा, नाट्यशाला के सदस्यों के लिए उत्तरदायी थी , क्योंकि शादी के पूर्व उसको भी नाटकों में आशाजनक भविष्य दिखता था। हाँलाकि वह 'आशाजनक' के परे न जा पाया परन्तु रोचक था। हमारी दूसरी बेटी मैरी जो कि लॉस एन्जलिस स्थित कैलीफोर्निया विश्वविद्यालय की स्नातक थी विद्यार्थियों के लिए उत्तरदायी थी। मेरे पति रोलैंड भी उत्तरदायी थे ..... बिलों के (भुगतान के) लिए!

1959 तक पन्द्रह वर्षीय टीना ने घर का नेतृत्व संभाल लिया था, और अधिक अतिथिओं को घर लाने के विरुद्ध आंदोलन शुरु कर दिया था। उसका कहना था,

"अतिथियों के अधिक होने से काम बहुत बढ़ जाता है। और बर्तन धोने में कोई मदद को नहीं आता है– विशेषकर कि थेरिसा।"

दस वर्षीय थेरिसा अपने उपर वार होने पर अधिकतर अपने कमरे में घुस जाती। उसके साथ सियामीज जुड़वा बिल्लियों का जोड़ा–मी लिंग और सू लिंग, होता।

थेरिसा एक मैत्रीपूर्ण किन्तु शान्त छोटी–सी लड़की थी जो कि जीवन में बहुत–सी चीजों में आनंदित होती थी जैसे कि, छोटे शिशु, जानवर ,बूढ़े व युवा, मनोरंजन के साधन और भोजन, किन्तु किसी प्रकार से बर्तन धोने के आनंद से बच कर निकल जाती।

हाँलाकि हमारे मित्र–अतिथिगण थोड़े असुविधाजनक हो जाते हों, किन्तु उनमें से हर एक अपने तरीके से हमारे जीवन का संवर्धन भी करता। हमें प्रोटेस्टैंटिज्म (हम कैथोलिक थे) के दो से तीन संप्रदायों की सूचना स्वतः मिल जाती– क्रिश्चियन विज्ञान, नये विचार, आध्यात्म, सम्मोहन विद्या, तथा अन्य सभी कला विषयों की भी। हमारे पुराने फैशन वाले किचन में बातचीत जोरों से होती और कभी–कभी आवेशपूर्ण भी हो जाती। बातचीत में तो कमी न आती किन्तु थालियों का अम्बार बढ़ता जाता।

1959 के अप्रैल माह में हमारा परिवार अन्य मित्रों तथा सदस्यों के बिना था, जिसमें टीना प्रसन्न थी। किन्तु रोलैंड और मुझे बहस–मुबाहसों की आदत पड़ चुकी थी, और इसलिए हम दोनों में विभिन्न विषयों पर रखे गए वक्तव्यों में शामिल होने की प्रेरणा जगी थी। और हम ऐसे–ऐसे विषयों पर आधारित पुस्तकें पढ़ने लगे थे जो कि हमें पता भी नहीं था कि दुनियाँ में हैं।

ऐसी ही एक पुस्तक को पढ़ने के फलस्वरूप हमारे जीवन में एक अति–उल्लसित करने वाला अनुभव आया ... एक गुरु से भेंट– महर्षि महेश योगी।

इस पुस्तक की विषयवस्तु सुदूर पूर्व के गुरुओं से संबन्धित थी। पुस्तक को सरसरी दृष्टि से पढ़ने के पश्चात् मैं अपने पति से बोलीः

"यह पुस्तक एक इंजीनियर द्वारा लिखी गयी है जो भारत–भ्रमण पर गया था। वहाँ वह योगियों और साधुओं से मिला जो कि अद्‌भुत चमत्कारों, जैसे कि पानी पर चलना, में निपुण थे। कितना रोचक है, है ना?"

"यह मुझे इंजीनियरिंग तो नहीं लगती," मेरे पति बोले, जिनके पास विज्ञान की एक डिग्री थी। "यह सब छलावा भी तो हो सकता है।"

उक्त कारण से हमने इस पुस्तक को न खरीदने का निश्चय किया।

फिर कुछ ही दिनों के भीतर मेरे पति ने बिलकुल वही पुस्तक लाकर मुझे आश्चर्यचकित कर दिया।

"किसी ने मुझे आफिस में दे दी थी। सोचा कि हम इसे पढ़कर कुछ आनन्द ले सकते हैं," वह बोले।

पुस्तक छोटी–सी थी और पढ़ने में आसान भी।

मैं यह सोचने लगी कि इसका कुछ भाग तो कल्पित होगा, पर फिर सोचने लगी कि काफी हिस्सा तथ्यात्मक भी तो होगा ही। कुछ भी हो, मुझे वह बहुत मोहक लगी, और मेरी गुरुओं तथा पूर्व को जानने की जिज्ञासा और भी बढ़ गयी।

रात्रि के भोजन के समय मैंने पूरे परिवार को संक्षेप में पुस्तक की विषयवस्तु के बारे में बताया। दूसरे दिन मैं इसी विषय पर अन्य पुस्तकें खरीद लाई। अपनी इस नयी खरीद के बारे में मैंने परिवार को रात्रि भोजन के समय बताया।

"आप सब यह जानने में रुचि लेंगे कि पूर्व में ऐसे भी लोग हैं जो कि केवल प्रकाश मात्र पर जीवित रहना जानते हैं। ऐसा लगता है कि वे हिमालय प्रान्त में प्रातः तीन से चार बजे उठ जाते हैं और कुछ विशेष तरीके से साँस लेते हैं। अगले दिन तक वे पूर्णतः जीवित रह जाते हैं।"

"उन बर्तनों के बारे में सोचिये जो वे बचाते हैं," टीना बोली।

"आगे और भी है, यदि कोई भूखा हो तो वे हवा में से गर्म भोजन प्रकट कर देते हैं।"

मैं परिवार वालों की संशयात्मकता को दोष नहीं दे सकती थी। और फिर मेरे वर्णन करने के तरीके में भी कुछ कमी रह गयी थी।

"तुम सबको इन पुस्तकों का अध्ययन करना चाहिए," मैंने कहा।

मैंने पुस्तकों के समूह का वाचन अप्रैल माह के अंतिम शुक्रवार तक पूरा कर लिया। शनिवार के दिन, टाईम्स अखबार के महिलाओं वाले खंड के पीछे एक छोटा–सा विज्ञापन छपा था, जो कि ऐसा थाः

महर्षि महेश योगी
हिमालय से आये हुए
मैस्क्वैर क्लब में बोलेंगे
मई 1 से मई 5 फोन.....

"जरा सोचो तो," मैंने अपने पति से कहा, "और रोचक बात यह है कि पूर्व का एक गुरु हॉलीवुड अभिनेताओं के क्लब में आया है। कितनी विषमता है! क्या तुम जाकर उन्हें सुनने के इच्छुक हो?

रोलैंड ने कुछ समय सोचा, "सुनने में रोचक तो लगता है। क्यों न इस अवसर का लाभ उठाया जाए।"

तो मैंने विज्ञापन में दिये गये फोन नम्बर पर कॉल किया। एक पुरुष की सुखद ध्वनि ने उत्तर दिया। मैंने कहा कि हम लोग आना चाहते हैं। वो चकित–सा हुआ और फिर थोड़ा निश्चिंत लगा। क्योंकि मैस्क्वायर क्लब में बड़े कमरे नहीं हैं तो मैंने पूछा कि क्या हमें समय से थोड़ा पहले आ जाना चाहिए।

वह बोला, "मुझे नहीं लगता है। अभी तक आपने ही कॉल किया है।

मुझे दुःख हुआ। पिछले छह सालों से मैं एक नाट्यशाला में कार्यरत थी, और अब "बाहर निकल कर" टिकट बेचने की इच्छा से व्याकुल हो गयी। हमारे परिचित मित्रों में से मुझे कोई ऐसा न सूझ रहा था जिससे मैं टिकट खरीदने को कहती। मैं रविवार पूरे दिन इसी चिंता में घुलती रही। अंततः मेरे पति बोले, "चिंता करना छोड़ो। यह तुम्हारी परेशानी नहीं है। यह अच्छा ही शगुन है और वे लोग पूरा हॉल भरा पाएँगे।"

"बिलकुल। तुम सही हो। जब तुम सोचते हो कि लोग सुनने आने ही वाले हैं तभी तुम्हें सुनने कोई नहीं पहुँचता है।"

हमने सोमवार सायं जल्दी खाना खाया, परिवार में बच्चों को नहीं बताया कि हम कहाँ जा रहे हैं और चल पड़े। यह मेरे जीवन में पहली बार होगा जब मैं किसी व्याख्यान को सुनने समय से पहले पहुँच गयीं। सुदूर पूर्व से आये किसी गुरु का हॉलीवुड एक्टर्स क्लब में आने का विचार ही बहुत रोमांचक था। मैं प्रतीक्षा भी नहीं कर पा रही थी।

हम लोग हमेशा ही भीड़ में जुटे लोगों का अध्ययन करना पसन्द करते थे, जैसे निःसंदेह वे हमारा करते होंगे। अधिकतर मेरे पति और मैं जहाँ भी जाते "साधारण" से दिखते। पर आज रात 40 से 45 लोगों का एकत्रित समूह साधारण व्यवसायिक लोगों का था। इनमें से कुछ युवा थे, पर अधिकतर हमारी उम्र के ही थे, और कपड़ों तथा आदतों में औसत ही थे।

हम सब विश्राम कक्ष में एकत्रित थे। एक छोटे–से मंच के सामने अर्ध चन्द्राकार तरीके से आरामदेह कुर्सियाँ रखी गयीं थीं। एक छोटी–सी बेंच जिसमें कि एक मृगछाल बिछी थी सीधे हॉलीवुड के दर्जनों नामी सितारों के चित्रों के नीचे रखी हुई थी। बेंच के सामने दो या तीन फूलों के गुलदस्ते सजे थे। एक आधुनिक टेप रिकार्डर और स्पीकर बेंच के समीप व्यवस्थित थे।

"इन सब में कुछ वास्तविक नहीं लग रहा," मैंने अपने पति के कान में फुसफुसाकर कहा।

बहुत अधिक बात नहीं हुई। एक सजीला सा युवक सामने आया और उसने टेप–रिकार्डर चेक किया। फिर, बगल के दरवाजे से गुरुजी आए।

वे धीमे–धीमे, शान्त, गौरवशाली तरीके से हमारी ओर आगे बढ़े। बनावट में वे पतले–से थे और कद में छोटे थे। वे सिलवट रहित सफेद रेशमी वस्त्रों में ढंके थे और भूरे रंग का शॉल कन्धे पर था।

ऐसा लगा किसी ने आह भरी। परन्तु कुछ भी सोचने या बोलने की इच्छा नहीं थी, बस बारम्बार उनमें कुछ देखने की इच्छा थी जो कि हमारी समझ के परे था।

अपने हाथों में वे सुन्दर गुलाबों को लिए हुए थे। कंधों तक फैले हुए लम्बे रेशमी काले बालों के भीतर से एक शान्त सूरत झलकी। लम्बी दाढ़ी ने उनकी ठोढ़ी ढँक रखी थी। जब उन्होंने लकड़ी की खड़ाऊँ में से अपने भूरे और कोमल चरण बाहर निकालकर मृगछाला पर पालथी मारी तो देख कर हम सभी अत्यन्त मोहित हो उठे।

वो शान्त बैठकर अपने गले में लटकी माला जपने लगे। हम सब सहज और शान्त थे। मुझमें उनकी आँखों में झाँकने की तीव्र इच्छा थी किन्तु लम्बे समय तक उन्होंने ऊपर की ओर देखा ही नहीं।

"बेचारा प्राणी। अपने घर से इतनी दूर। इतनी दूर कि सोचना भी कठिन। यह बोले भी तो क्या?" मैंने सोचा।

उन्हौंने अपना गला साफ किया और आँखें खोलीं। लगभग अभिवादन की मुद्रा में उनकी बड़ी–बड़ी, चमकदार भूरी आँखें कमरे में उपस्थित सभी लोगों से मिलीं। मैं उतावली हो रही थी कि उनकी आँखें मुझ पर भी पड़ें। अंततः उनकी दृष्टि मुझपर पड़ी भी। मैं मुस्कुरा उठी पर तभी वो बोलने लगे।

उनकी वाणी सबका पूरा ध्यान खींचे हुए थी। शुरु में तो उनकी वाणी में ध्वनि थी ही नहीं। उनकी बोली की शान्ति कानों को नहीं मन को संबोधित करती जान पड़ रही थी। वे एक महान लक्ष्य के बारे में बोल रहे थे जिसके कारण वे भारत की संतों की घाटी को छोड़ कर निकल पड़े थे। एक ऐसा लक्ष्य जो कि पूरी दुनियाँ में सुननेवाले लोगों को बताना था कि जीवन आनन्द है, कि जीवन में प्रबुद्धता पाने का मार्ग आनन्दप्रद है, पीड़ा रहित है, और मनुष्य इस अवस्था तक प्राकृतिक सहायता तथा सहजता से पहुँच सकता है।

उनकी वाणी अधिक स्पष्ट हो गयी और कानों पर धीमे–धीमे पड़ने लगी। उनके शब्द दृढ़ तथा प्रभावी थे। उनके वचनों पर संदेह का कोई विचार तक न था। अनेक उदाहरणों के साथ वे सरलता से बोल रहे थे।

"हम अंधकार को दूर करने का प्रयास नहीं करते हैं। केवल दीपक जलाते हैं और अंधकार स्वतः दूर हो जाता है।"

पूरा कमरा प्रकाशमय–सा लग रहा था। क्षण भर के लिए मैंने अपनी दृष्टि उनपर से हटाकर बाकी लोगों को देखा। सब के सब आनन्द विभोर थे। सब के चेहरों पर मुस्कान थी और सभी उनके शब्द आनन्द से सुन रहे थे। मैं भी इन शब्दों के आनन्द को पूरा पाने के प्रयास में थी।

उन्होंने फिर एक बड़ा लाल गुलाब का फूल निकाला और अपने कुछ विचार उसके माध्यम से बतलाए। जब वह इस गुलाब को आगे–पीछे लहराते मैं उनके हाथों को देखती.... कितने निश्चित, दृढ़, सुन्दर। देखते–देखते उन्होंने अपनी हथेली खोलकर सब के सामने झुकाई।

पता नहीं कैसे मेरा हृदय उस खुली हुई हथेली में जा गिरा।

जैसे वे बोलते गये, मेरा ध्यान ऐसी चीजों के प्रति जागने लगा जो कि वे सीधे–सीधे नहीं बोल रहे थे। सबसे अधिक मेरा मन न्यु–टेस्टामेंट में कही गयी बातों पर केन्द्रित होने लगा, जो कि तरोताजा नवीनता के साथ मुझमें आने लगा।

कितनी बार वे कहते, "जीवन आनन्द है," और जब वे ऐसा कहते, तो मुझमें आनन्द पाने की आकांक्षा प्रबलता से उठ जाती। मैं आकांक्षाओं में घिर चुकी थी।

थोड़ी देर की शान्ति के पश्चात ऐसा लगा कि व्याख्यान पूरा हो चुका है, और वे फिर से शान्ति में बैठ गए। पूरे वातावरण में उनकी बातों का प्रभाव व्याप्त था।

मैं यूँ ही शान्त रहना चाह रही थी पर मेरे बगल वाली महिला बोली।

"क्या तुम्हें आनन्द आया?"

"हाँ, अत्यधिक।"

अब मेरा मन भी सजग हो चुका था। मैंने पूछा, "क्या तुम इस व्यक्ति के बारे में कुछ जानती हो?"

"हाँ बिल्कुल," वे बोली, "मैं इनसे हवाई से आने वाले विमान में मिली।"

उनकी विमान में कल्पना करना बहुत मोहक था।

"ये हवाई में क्या करने गये थे?"

वह महिला अपने स्वयं के अनुभवों सहित बताने लगी कि कैसे इन्होंने उसकी कितनी सहायता की। मैं उस महिला की पूरी कहानी सुनना चाहती थी, किन्तु महर्षि के धीमे–से शब्दों का जादुई प्रभाव भी नहीं खोने देना चाहती थी।

न जाने कैसे मैंने बगल में खड़ी महिला का बोला हुआ यह वाक्यांश सुन ही लिया, "और वह एक किराये के फ्लैट में रह रहे हैं। जो वो करना चाहते हैं उस काम के लिए यह जगह बिलकुल उपयुक्त नहीं है। जिस प्रकार की जगह उनको चाहिए वो है एक बड़ा पुराना–सा घर।''

यह शब्द "बड़ा, पुराना घर" मेरे कानों में घंटियाँ बजाने लगा। हमारा मकान भी तो एक बड़ा, पुराना घर था– बहुत बड़ा और बहुत पुराना, और खाली–सा भी क्योंकि हमारी दो बड़ी लड़कियों का विवाह हो चुका था।

मैंने अपने पति की बाँह झकझोरी।

"रोलैंड, इस व्यक्ति को कुछ दिन रहने के लिए एक मकान की आवश्यकता है। क्या हम इन्हें अपना घर प्रस्तावित करें?

मैंने स्वयं को ऐसा कहते सुना और स्वयं हतप्रभ रह गयी। कुछ ही समय पूर्व मैंने निश्चय किया था कि अब किसी को अपने घर में रहने के लिए आमंत्रित नहीं करूँगी। मुझे ऐसा लगा कि रोलैंड इस सुझाव को कभी न मानेंगे।

पर आश्चर्य, मेरा सुझाव स्वीकृत था।

'एक गम्भीर चेहरे ने बढ़ी हुयी दाढ़ी और रेशमी काले बालों के बीच से देखा।'

"मुझे कोई आपत्ति नहीं है यदि तुम चाहती हो तो," उन्होंने कहा।

"मैं जाकर अपनी बेटी को लेकर अभी आती हूँ," बगल में खड़ी वह महिला बोली।

थोड़ी देर में हम एक पतली और सुन्दर, अच्छे कपड़ों में सज्जित नारी, जिसका नाम "मिसेज ली" था और जिसकी आँखें बड़ी और चमकदार थीं, से मिले।

वो हमें अपने पीछे–पीछे ले गयी और जल्द ही हम तख्त, माइक्रोफोन, और खूबसूरत हाथ तथा शान्त शक्ल वाले व्यक्तित्व के समीप थे। अभी भी मेरी उनकी आँखों में गहरा झाँकने की आकांक्षा बनी थी, किन्तु उनकी पलकों ने उन्हें ढाँक रखा था। वहाँ खड़े–खड़े हमारे पास कहने को कुछ था भी नहीं। मिसेज ली प्रसन्नतापूर्वक बातें करती जा रही थीं जैसे कि वे सदा से ही पूर्व के काले बालों वाले गुरुओं को जानती आयी हों।

"यह लोग आपको अपने घर में निवास करने का आमंत्रण देना चाहते हैं, महर्षि।"

इस वाक्य के साथ मैं पूरे होश में आ गयी।

"हाँ बिलकुल। हमारे पास एक बड़ा और पुराना मकान है और हम चाहते हैं कि वो आपके उपयोग में आये। हमें अत्यधिक प्रसन्नता होगी।"

पलकों के नीचे ढ़ँकीं आँखें धीमे–धीमे से उपर उठीं और हमारी आँखों में देखने लगीं।

"यह तो बहुत अच्छा होगा।" उन्होंने कहा।

हम कुछ देर तक खड़े रहे।

"कितना प्रशंसनीय व्याख्यान था।" मैंने कुछ बात शुरु करने के उद्देश्य से कहा। उत्तर में वे थोड़ा मुस्कुराये। भीतर से मेरे मन ने शिकायत की कि इस व्यक्ति को घिसे–पिटे वाक्यों की आवश्यकता नहीं है।

अब उनका ध्यान बाकी लोगों की ओर खिंच गया जो कि उनकी ओर आने लगे थे। मिसेज ली ने कहा कि वे हमारे साथ विस्तारपूर्वक बातें कल करेंगी, यदि हम अगले व्याख्यान में आने वाले हैं तो। रोलैंड और मैंने सिर हिलाया।

"निश्चित रूप से हम सारे व्याख्यानों को सुनना चाहते हैं।"

जैसे ही हम दरवाजे से बाहर निकले हमे आभास हुआ कि हमने कुछ भी भुगतान नहीं किया था। हमने चारों ओर देखा कि क्या कोई चंदा लेने के लिए नियुक्त है। जिस युवक ने टेप रिकार्डर चेक किया था बगल से गुजरा। हमने उसे रोका।

"क्या कोई आज रात्रि के आयोजन हेतु धन एकत्र नहीं कर रहा है?"

वह युवक आश्चर्यचकित–सा लगा।

"मेरे विचार में हमें एकत्र करना चाहिए," वह बोला।

"यदि आप लोग चाहते हैं तो कुछ इस मेज पर छोड़ जाइये।"

यह एक गौरवशाली शाम का बिलकुल उचित समापन था। हमारी सांसारिक दुनियाँ में ऐसी भी जगह थी जहाँ लोग ज्ञान के शब्दों में इतने विस्मित हो गए थे कि पैसे के संबंध में तो पूर्णतया भूल ही गए थे।

"यह हॉलीवुड नहीं हो सकता," मैंने सोचा।

घर वापसी के समय मैंने रोलैंड से कहा, "तुम्हें पता है, मुझे बहुत आश्चर्य हुआ जब तुम उन्हें घर बुलाने वाली बात पर तैयार हो गए। मैं सोच रही थी कि तुम निश्चित रूप से मना करोगे।"

रोलैंड मुस्कुराये, "किसी कारण से मुझे यह व्यक्ति अच्छा लगा। मुझे प्रसन्नता है कि हमने उन्हें आमंत्रित किया और उन्होंने आमंत्रण स्वीकार भी कर लिया।"

"मैं भी ऐसा ही अनुभव करती हूँ," मैंने कहा। "फिर भी, किसी कारण से, मुझे यह सब कुछ उस पल की अनुभूति दे रहा है जब नाटक का पूर्व–परिचय सम्पन्न हो चुका हो और दर्शक पर्दों के उठने की प्रतीक्षा कर रहे हों।"

द्वितीय अध्याय

आना .... रेशम का और खड़ाऊँओं का

अगले दिन जब मैं उठी तो मैं एक साथ दो स्थानों में थी। मेरा शरीर घर पर और मन मैस्क्वायर क्लब में। मेरे मामले में किसी भी नाटक, व्याख्यान या व्यक्तित्व की असली जाँच अगले दिन सुबह उठने पर होती है। कई यादें जल्द ही मेरे मन से विदा हो जाती हैं, जबकि कई अधिक गहराई तक पहुँच जाती हैं। निश्चित रूप से सुदूर पूर्व से आया यह गुरु आसानी से भुला पाने वालों में से नहीं था।

पिछले दिन के व्याख्यान की सरलता और मधुरता याद करते–करते लेटे रहने में मुझे आनन्द आ रहा था। हर एक पल की यादें आनन्ददायी थीं।

उनमें हॉलीवुड की जटिलता और पूर्व की सरलता का कितना विचित्र–सा संगम था! मैस्क्वायर क्लब के भीतर का यह निजी हॉल पहली बार इतने सहज और भोले व्यक्ति के द्वारा इस्तेमाल हुआ होगा, जो कि मेरे लिए अविश्वसनीय था; ऐसे शब्द उसमें कभी न बोले गए होंगे जैसे कि कल बोले गए। फिर भी वह शब्द मेरे कुछ ढूंढते हुए से जीवन में कितना अधिक अर्थ लिए हुए थे। उनमें अंतर्निहित विचारधारा, जितनी शुरु में दिखती थी, उससे कहीं अधिक गंभीर थी। और फिर जिस सुन्दरता के साथ उसे अभिव्यक्ति दी गयी थी वह तो देखने लायक थी। और वह व्यक्तित्व! कितनी विचित्र गौरवपूर्णता लिए था! मैं जल्दी से बिस्तर पर बैठ गयी।

"रोलैंड, मैं कितनी खुश हूँ कि मैंने उस गुरु को घर में आने को आमंत्रित किया।"

रोलैंड ने अपनी टाई बाँधना छोड़ कर मेरी ओर देखा और हँसे। "तुम्हारा मतलब वह योगी? हाँ बिलकुल। मेरे ख्याल से हमारा प्रस्ताव स्वीकार कर लिया गया होगा। हाँ, अगर तुम मन बदलना चाहती हो तो कोई भी बहाना बनाया जा सकता है।"

"अरे नहीं, नहीं। हमारा प्रस्ताव सच में बहुत अच्छा है।"

इस वार्ता ने मुझे बिस्तर से उठने की और तैयार होने की पर्याप्त उर्जा दे दी।

नीचे भोजन कक्ष में नाश्ते के समय मैंने टीना को चल रहे मामले के बारे में बताया।

"तुम सोच भी नहीं सकती कि अगले कुछ दिनों के लिए हमारे साथ रहने कौन अतिथि आ रहे हैं।"

"हमारे साथ रहने के लिए? ओह! नहीं! फिर से नाटक मंडली के कुछ लोग। अपना वादा तो याद है न आपको? अगली बार जब आपको कोई 'रोचक' लोग मिलें तब हम कुछ बदलाव के लिए उनके यहाँ रहेंगे।"

मुझे हँसना पड़ा। मैं टीना को दोष नहीं दे सकती थी। अपने घर पर बुलाये हुए अधिकतर मित्र, और इसमें लड़कियाँ भी शामिल थीं, 'कुछ दिन' के लिए आने वाले होते थे, अंत में महीनों तक हमारे यहाँ रह जाते।

पर इस बार मामला बिलकुल अलग था!

"मुझे अपना वादा याद है, पर इस बार हम नये अतिथि के यहाँ नहीं रहेंगे। वह भारत से आए हैं। और फिर डैडी भी वहीं पर थे और उनके यहाँ आने पर वे भी प्रसन्न थे।"

टीना थोड़ी और जिज्ञासु हुई।

"अगर डैडी ने उन्हें यहाँ बुलाया है तो वह ठीक ही होंगे। क्या वह लम्बे, और युवक हैं?"

मैंने अपनी टीना की ओर देखा। अपने पन्द्रह के हिसाब से कद में लम्बी, जिसके मोटे गुलाबी गाल उसके मुँह को मुस्कुराता हुआ बनाते थे, और अपने नृत्य की क्लास के कारण बिलकुल सुडौल। अब मैं उसे महर्षि और उनकी लम्बी दाढ़ी और रेशमी वस्त्रों के बारे में कैसे बताती?

"डैडी और मैं कल रात उनका व्याख्यान सुनने गये थे।"

टीना ने एकदम–से सारी रुचि खो दी।

"ओह! उन्हीं लोगों जैसे," वह बोली।

"मैं ऐसा नहीं समझती कि वो 'उन्हीं ' लोगों जैसे हैं। वो उन लोगों से जिनसे हम अब तक मिले हैं सर्वथा भिन्न हैं। उनको देख कर ऐसा लगता है कि वो सीधे बाईबल के पुराने टेस्टामेंट से निकल कर आए हैं, या फिर नये टेस्टामेंट से। शायद हमने यह सब कुछ सपने में देखा।"

निश्चित रूप से, आज के समय में किसी ऐसे व्यक्ति से मिलना जो कि रेशम के वस्त्र पहनता हो, लकड़ी की खड़ाऊँ पहनता हो, गुलाब के फूलों को लिए चलता हो और ऐसे विलक्षण भाषण, वो भी मैस्क्वायर क्लब में, देता हो, सच में अविश्वसनीय है।

"लेकिन ऐसा व्यक्ति सच में है," मैं आगे बोली। "वे हिमालय से आये एक योगी या पवित्र पुरुष हैं।

मैं साधु संतो के विषय में बहुत अधिक नहीं जानती पर समझती हूँ कि वे लोग बहुत कुछ जानते हैं।"

टीना कुछ देर तक सोच में पड़ गई।

"लेकिन वह इस जगह पर क्या करने आये हैं, और अभी कहाँ रह रहे हैं?"

"वो हॉलीवुड में रह रहे हैं, पर वहाँ बहुत शोर–शराबा है, और जो कुछ वो लोगों

रेशम का और खड़ाऊँओं का आना।'

को सिखाना चाहते हैं उसके लिए उन्हें कोई शान्त स्थान चाहिए। डैडी और मुझे लगा कि हमारा घर कुछ दिनों के लिए उनके कार्य हेतु सर्वोत्तम रहेगा। हम दोनों ही भावातिरेक में उन्हें आमंत्रित कर बैठे, पर दोनों को वह उसी समय पसन्द भी आ गये थे।''

टीना ने मुझे असमंजस भरी दृष्टि से देखा।

"समझदार माता–पिता सच में कहीं नहीं होते हैं," वह हँसकर बोली।

अपने स्कूल जाने की जल्दी में टीना ने थेरिसा को आवाज दी। वह हर दिन हॉलिवुड हाई स्कूल को जाते समय अपनी छोटी बहन को व्याकरण विद्यालय में छोड़ जाती थी। थेरिसा, जो कि पिछले बरामदे में अपने जूतों में पालिश कर रही थी, हमारी बातें भी छुपे हुए सुन रही थी।

"माँ, ये योगी कौन होते हैं ?"

हमारे चार बच्चों में सबसे छोटी थेरिसा ने अपनी दस वर्ष की उम्र का अधिकतर समय चोरी–छिपे बातें सुनने में लगाया था। उसके इस सीधे प्रश्न ने मुझे चौंका दिया, जैसे उसके कई और प्रश्न भी मुझे चौंकाते आए थे। मेरा योगियों से परिचय पिछली रात्रि से ही प्रारम्भ हुआ था, इसलिए अपनी बेटी को उनके बाबत बताने में मैं सही शब्दों का चयन करना चाहती थी।

"सामान्यतः हम योगियों को भारत के साथ जुड़ा हुआ देखते हैं, जहाँ कि वो पवित्र पुरुष माने जाते हैं। वैसे ही जैसे हमारे यहाँ चर्चों के पादरी। तुम्हारे डैडी और मैं किसी योगी से पहली बार मिले और हमें वह पसन्द भी आए। तुम भी उन्हें पसन्द करोगी, ऐसा हमारा विश्वास है। वह देखने भालने और पहनावे में हम लोगों से भिन्न हैं। पहनावे में वे सफेद लबादा पहने रहते हैं और लकड़ी की खड़ाऊँ, जो कि पट्टे जैसे दिखती है, पहनकर नंगे पाँव ही चलते हैं। जहाँ वह भारत में रहते हैं वहाँ योगियों का बाल काटना वर्जित होता है, तो उनके बाल बहुत लम्बे हैं और दाढ़ी भी है। बोलने में वे शान्त और नम्र तरीके से बोलते हैं, और उनका मानना है कि वे लोगों को उनका जीवन अधिक आनंददायी रूप में जीना सिखा सकते हैं। डैडी और मैं उनके विषय में और जानने के लिए इच्छुक थे तो हमने उन्हें एक सप्ताह अपने साथ रहने को आमंत्रित कर लिया।" थेरिसा बहुत उत्साहित हो गयी।

"तो फिर मैं उन्हें मिल सकती हूँ?"

"हाँ, बिल्कुल। डैडी और मैंने उन्हें आगे का शयनकक्ष देने की सोची है, पर स्वाभाविक रूप से वह पूरे घर का इस्तेमाल करेंगे ही।"

"वो यहाँ कब पहुँच रहे हैं?" टीना ने दरवाजे से बाहर निकलते हुए पूछा।

"मैं ठीक से नहीं जानती, शायद कल।" मैंने पूरा वाक्य अपने को ही सुनाया, जैसा कि होता ही था जब लड़कियाँ बाहर जाने वाली होतीं थीं।

शाम होते ही मैं और मेरे पति व्याख्यान में जाने को तत्पर हो रहे थे।

मिसेज ली हमें मैस्क्वायर क्लब के दरवाजे पर मिलीं।

"हम आगे के व्याख्यानों को हॉलिवुड बेसमेंट प्रेस्बॉयटिरियन चर्च में नियोजित कर रहे हैं, वह केवल एक ब्लाक की दूरी पर ही है। ओह! हाँ, ... एक कमेटी कल आपका घर देखना चाहेगी कि वह सुविधाजनक रहेगा कि नहीं।

"एक कमेटी? हाँ बिलकुल, कभी भी आएँ।"

प्रेस्बॉयटिरियन चर्च के रास्ते में रोलैंड और मैं हँस पड़े।

"हिमालय से आये हमारे योगी जल्दी ही पश्चिम के तौर–तरीकों से परिचित हो गये हैं। अभी से ही कमेटी बनाकर काम करने लगे हैं।"

चर्च के बेसमेंट में रविवार को होने वाले स्कूल कार्यक्रम के लिए आरक्षित चरमराती लकड़ी की कुर्सियों पर लगभग सौ लोग एकत्रित थे। एक छोटे से मंच पर एक बेंच पर मृगछाला बिछी हुई थी और साथ में फूलों के कई गुलदस्ते। एक टेप रिकार्डर रिकार्डिंग हेतु तैयार रखा हुआ था और छोटी–सी उस बेंच के सामने माइक्रोफोन रखा था। वह माइक्रोफोन मुझे नहीं भा रहा था। मैंने रोलैंड से कहा, "उनके सामने रखा वह माइक्रोफोन कुछ अच्छा नहीं लग रहा है।"

"यदि इतने बड़े हॉल में उनके सामने यह न रखा जाए तो उन्हें कोई सुन भी तो नहीं पाएगा।"

हमेशा की तरह रोलैंड सही थे। मैं बरबस अपने आपको किप्लिंग के बारे में सोचने से नहीं रोक सकी जिसने कहा था कि "पूर्व पूर्व है और पश्चिम पश्चिम, इन दोनों का मिलन असंभव है।" यहाँ पुरातन ज्ञान नवीन आविष्कारों के साथ कितनी सरलता के साथ मिलता दिख रहा था।

मुझे मानना पड़ा कि किप्लिंग भी गलत हो सकते हैं, और मैं तो चाह ही रही थी कि वे गलत हों।

हम सबके बैठने के पश्चात गुरुजी एक आकर्षक नाक–नक्श के नवयुवक के साथ बाहर आए। हमें बाद में पता चला कि उस युवक का नाम रिचर्ड सेडलाचेक था। रिचर्ड ही वह व्यक्ति था जिसने समाचार–पत्र में विज्ञापन छपवाया था और टेलीफोन की कॉलों को संभाला था। वह एक भवन निर्माण ठेकेदार था और यह सब कामकाज उसके लिए थोड़ा विचित्र रहा होगा।

महर्षि, महान गुरु, अपनी गौरवपूर्णता के साथ धीमे–से बेंच पर बैठे, फिर रिचर्ड की ओर देखकर उन्होंने अपना सिर हिलाया। श्रोताओं को एक बार देखकर रिचर्ड शर्माकर मुस्कुराया, फिर कुछ कागज के पन्नों को पलटाकर उसने पढ़ना शुरु किया।

"देवियों" और पन्ना पलटाकर, "सज्जनों।"

उस क्षण से हम सबने उसे बहुत पसन्द किया। वह एक वयस्क गायक मण्डली का लड़का लग रहा था जिसके बाल घुँघराले और गाल गुलाबी थे। वह रुका और महर्षि की ओर देखने लगा जो कि सिर झुकाए माला जप रहे थे। सिवाये आगे पढ़ने के कोई और रास्ता नहीं था। मुझे ऐसा लगा जैसे महर्षि ने उसे प्रोत्साहित करने को कुछ संकेत किया, पर दिखा कुछ नहीं।

थोड़ी गहरी साँस लेकर रिचर्ड ने महर्षि का संक्षिप्त इतिहास सुनाया। उसने बताया कैसे महर्षि ने तेरह साल मौन में रहने के बाद मद्रास (भारत), में 1956 से भावातीत ध्यान सिखाना आरम्भ किया।

तीन सालों तक यह युक्ति सभी प्रकार के लोगों को सिखाने के बाद जब उन्हें लगा कि यह सबको लाभ दे रही है तब वे इसके बारे में पूरी दुनिया को बताने निकल पड़े। अकेले ही वह भ्रमण करते हुए भारत से बर्मा, मलेशिया, सिंगापुर, हाँगकाँग, हवाई, सेन–फ्रान्सिस्को और अब लास–एन्जलिस पहुँचे थे। रिचर्ड के सीधे–सादे तरीके ने सभी को प्रभावित किया।

हम सब एक बड़े परिवार की तरह महसूस कर रहे थे जो कि अपने प्रिय पुत्र के वक्तव्य को सुन रहे हों। उसने अच्छा प्रदर्शन किया जब तक कि वह महर्षि के गुरुदेव के नाम तक नहीं पहुँचा, जो कि बोलने में कठिन–सा था: हिज होलीनेस, स्वामी ब्रह्मानंद सरस्वती, जगतगुरु, भगवान शंकराचार्य, ज्योतिर्मठ। इस मौके पर उसके साथ सभी की गहनतम सहानुभूति थी और सबने तालियाँ बजायीं। जब वह मंच छोड़कर जाने लगे तो महर्षि ने मुस्कुरा कर विदा किया।

हम सब का समूह आराम से व्याख्यान को सुनने के लिए तैयार था। फिर से वही सरल, सुन्दर आशामय शब्द।

"मन का स्वभाव चंचलता नहीं है। उसका स्वभाव आनन्दमग्न हो जाना है। मन के लिए अधिक आनन्द चाहना स्वाभाविक है। बस उसे इस के लिए सही दिशा मिलनी चाहिए। केवल अंतर्मुखी होने की बात है... स्वर्ग का साम्राज्य भीतर है, जैसा कि भगवान ईसू ने कहा है।"

रोलैंड और मैंने एक दूसरे को देखा। हम दोनों चिंतामुक्त हो गए। हमें निःसंदेह आशा थी कि इस संत के द्वारा बोले गए यह सुन्दर शब्द पूर्ण सत्य हैं।

फिर भी, ईसू के बारे में इतनी सहजता और आदर से सुनने पर हमें अच्छा लगा। तब तक हम ईसाई धर्म को बहुत गहराई से परिभाषित नहीं कर पाये थे। हमने केवल उसे थोड़ा समझने और जीवन में उतारने का प्रयास भर किया था। मुझे किसी कारणवश लग रहा था कि मैं ईसाईयत को मानने और इस व्यक्ति को सुनने के चुनाव में इस व्यक्ति को ही सुनना पसन्द करूँगी।

क्या कोई मछली पानी में प्यासी रह सकती है? नहीं। तभी रहेगी जब वो प्यासी रहना चाहे, नहीं तो उसे तो केवल अपना मुँह खोलना है, और पानी उसके भीतर भर जाएगा। मनुष्य पीड़ित होने के लिए नहीं जन्मा था। उसे पीड़ा में रहने का कोई अधिकार ही नहीं है। पीड़ा सर्वशक्तिमान, परम दयालु परमपिता के नाम पर धब्बा है। मनुष्य को केवल अपने भीतर स्थित स्वर्ग को जानना है और बाकी सब अपनेआप आ जाएगा – सारी शक्ति, सारा आनन्द, सारी सृजनात्मकता। सर्वशक्तिमान दयालु परमपिता ने आनन्द को सर्वत्र फैला रखा है।"

पता नहीं कैसे, पर वे आनन्द, आह्लाद, यहाँ तक कि सर्वशक्तिमान परम दयालु परमपिता को भी, अपनी हथेली पर ले आये।

"स्वर्ग का साम्राज्य मेरे भीतर है, और 'मेरे' का अर्थ सभी लोगों और वस्तुओं के 'मेरे'। स्वर्ग का साम्राज्य सभी के भीतर है, और इससे अन्तर नहीं पड़ता कि वह कौन है। यह प्रत्येक वस्तु के भीतर है। उसका आनन्द उठाना ही चाहिए। आनन्द सर्वत्र है। आवश्यकता केवल प्रतिदिन सुबह शाम कुछ मिनट खजाने में बिताने की है, फिर बाहर आकर बाजार में खर्च करें।"

हँसी की एक लहर भीड़ में व्याप्त हो गयी। यह उदाहरण सभी को बहुत पसन्द आया। महर्षि की ओर सारे श्रोताओं का ध्यान था। यद्यपि वह हमारे तरीकों से अनभिज्ञ प्रतीत होते थे तथापि उन्होंने तुरन्त प्रतिक्रिया की और इसी उदाहरण को विस्तारित रूप से बताना शुरु कर दिया। अब सर्वशक्तिमान, परम दयालु परमपिता एक करोड़पति बन गये।

"यदि किसी करोड़पति पिता का पुत्र निर्धनता और चिथड़ों में बाजार में भटकता हो तो वह अपने करोड़पति पिता को दुःखी ही करेगा। वह अपने पिता को अकारण निर्धनता में रह कर लज्जित ही करेगा। उसके लिए तो सभी कुछ उपलब्ध है। उसे केवल भीतर की ओर मुड़ना भर है। मनुष्य ने अपना सारा समय सुख ढूंढने में लगाया है। बाहरी संसार की चकाचौंध में खोकर वह अपने भीतर के ऐश्वर्य को भूल ही गया है। वह बाजार में भला क्या खर्च करेगा यदि वह खजाने में ही नहीं जाता है।

और तरीका सरल है, शीघ्रफलदायी है, आज के जेट युग जैसा ही। लम्बे समय तक प्रयास नहीं करते रहना है। केवल सही युक्ति पता होनी चाहिए।"

वह बोलते गये। कभी उनके शब्द सागर की गहराई लेकर चल पड़ते और कभी पूरे हॉल में सौम्य हवाओं के जैसे बह पड़ते। मैं नहीं जानती थी कि वह सरल–सी युक्ति क्या है, परन्तु इतना जानती थी कि मुझे उसको जानने की इच्छा अवश्य थी।

अब वह बोलना समाप्त कर चुके थे, और उनसे प्रश्न पूछने हेतु कई हाथ खड़े थे। आध्यात्म या योग के विषय में कोई ज्ञान न होने के कारण मेरे पास पूछने को कुछ विशेष न था, परन्तु मैंने उस सरल–सी युक्ति के विषय में जानना चाहा। मैं शायद ठीक से पूछ भी नहीं पा रही थी, क्योंकि वे मेरे प्रश्न का उत्तर ही नहीं दे रहे थे, केवल मुस्कुरा कर सिर हिला दे रहे थे।

सारी शाम मेरे मन में ईसू द्वारा न्यु टेस्टामेंट में बोले गए वह सुन्दर शब्द गूँज रहे थे, और ऐसा कई औरों के साथ भी हो रहा होगा, क्योंकि कुछ प्रश्न जो कि पूछे गये वे इस प्रकार थे:

"क्या ईसू का मतलब यही था जब वह बोले 'मेरा केन्द्र प्रकाश है'?"

"क्या यही इच्छाशक्ति का समर्पण है?"

"क्या यही मोक्ष है?"

"क्या कोई परमपिता के साथ भौतिक स्तर पर एकाकार हो सकता है?"

"बाईबिल का न्यू टेस्टामेंट सत्य है कि काल्पनिक?"

उन्होंने सभी प्रश्नो के उत्तर सरल तरीके से लेकिन अपनी पृष्ठभूमि के अनुसार दिये।

वे बोले कि उन्होंने न्यु टेस्टामेंट पढ़ा तो नहीं है, किन्तु अंतिम प्रश्न के उत्तर में उन्होंने कहा, "सत्य है।"

'परम पूज्य स्वामी ब्रह्मानन्द सरस्वती, जगद्गुरु, भगवान शंकराचार्य ज्योतिर्मठ'

कोई घर नहीं जाना चाहता था परन्तु अन्ततः हमें जाना ही था। हमें चैन मिला जब देखा कि किसी ने दरवाजे के सामने एक छोटी टोकरी रख दी थी जिस पर लिखा था, "दान पात्र।"

मिसेज ली ने हमें बताया कि कमेटी शनिवार को हमारे यहाँ आयेगी, क्योंकि बढ़ती हुयी प्रश्नावली को देखते हुए व्याख्यान आने वाले सप्ताह में भी चलेंगे।

मैं शनिवार को उनके आने की उत्सुकता से बाट जोह रही थी। यद्यपि घर की साज–सज्जा तो नयी नहीं थी पर वह अपने–आप में जैसा भी था आकर्षक लगता था। ताजे फूल चौतरफा खिले हुए थे। नीचे की मंजिल में गन्दगी का निशान भी न था, और आगे के शयनकक्ष को ब्रश से पूरा साफ किया गया था। अपने शयनकक्षों को हमने विशेष नहीं, बस थोड़ा बहुत ठीक किया था।

आखिरकार कमेटी पहुँच गयी। उसमें मिस्टर और मिसेज ली और रिचर्ड सेडलेचैक और अन्य दो या तीन व्यक्ति थे। उनकी झिझक को हमने यह कह कर दूर किया कि यदि हम उनकी जगह होते तो हम भी ऐसा ही करते। उन्होंने घर का निरीक्षण तेजी से किया।

"भारत में लोगों की मान्यता कुछ और है," मिसेज ली बोलीं, "पर मुझे लगता है महर्षि को यह जगह पसन्द आने वाली है, और बाकी के लोग जो यहाँ आएँगे वे भी इसे पसन्द ही करेंगे। हम ठीक से जानते नहीं हैं कि वे स्वयं कब आएँगे।"

उनके जाने के बाद हम लोग बैठक में बैठ गए। फिर थोड़ी ही देर में फोन की घंटी बजी। वह फोन मिस्टर ली का था।

"महर्षि अभी इसी समय घर देखने आना चाहते हैं। वह दस मिनट में पहुँच सकते हैं," वे बोलीं।

मैं घबरा गयी।

"टीना, जल्दी से एक सफेद चादर लाना। नहीं, कुछ पंच (पेय) तैयार करना। या नहीं, कुछ और फूल लाना।"

"तुम्हें सफेद चादर क्यों चाहिए?" टीना ने पूछा। "तुमको क्या हो गया है? तुम्हें तो लगता है कि हमारे यहाँ पहले कभी कोई आया ही नहीं।"

"यह अलग है। वह हमेशा बेंच पर मृगछाल बिछाकर बैठते हैं, तो मेरी समझ में एक कुर्सी के उपर कुछ बिछा तो देना ही चाहिए।"

"मृगछाल!" टीना अवाक रह गयी। पर एक सफेद चादर लाकर उसने एक कुर्सी पर बिछा दी। रोलैंड ने पंच तैयार किया। एकदम से समय तेज बीतता लगने लगा और हम बैठे के बैठे ही रहे।

एक घंटा बीत गया। मैं शान्ति से बैठ भी नहीं पा रही थी। मैंने थेरिसा को देखा, वह मायूस दिख रही थी।

"क्यों न हम जाकर घर के सामने घूमें। मन बहल जाएगा।"

बाहर थेरिसा और मैं सड़क के उपर नीचे घूमने लगे। मुझे ऐसा लग रहा था जैसे कि मैं कोई वायलन हूँ जिसके कि तार बहुत ही कसे हुए हों। फुटपाथ पर उपर नीचे घूमते हुए मैं आकाश को देखने लगी। वह एक साफ और चमकीली संध्या थी।

हम घर के बाहर खिले सफेद जिरेनियम चुनने लगे कि तभी एक कार घर के सामने आकर रुकी।

थेरिसा ने अब तक महर्षि को देखा नहीं था, और जैसे ही वह कार से उतरे, वह उनकी ओर दौड़ने लगी। दोनों की आँखें आपस में मिलीं और दोनों एक दूसरे को देखकर मुस्कुरा उठे। महर्षि अपनी धीमी गौरवशाली चाल से हमारी ओर बढ़ने लगे। रोलैंड भी उनका स्वागत करने के लिए बाहर आये। थेरिसा और मैंने उन्हें सफेद जिरेनियम भेंट किये।

"बहुत अच्छे हैं," वे बोले।

"भीतर आइये," कहकर रोलैंड उन्हें सफेद चादर बिछाई हुयी आराम कुर्सी तक लाये।

वह उस पर सुखासन की मुद्रा में बैठ गये। टीना उनसे मिलने बाहर आयी और जैसा कि अपेक्षित था, वह उनसे घुल मिल गयी और वे आपस में बातें करने लगे। मैं तो केवल उन्हें देख–देख कर आनंदित हो रही थी।

हमने उन्हें पंच प्रस्तुत करना चाहा पर उन्होंने जल पीने की इच्छा व्यक्त की। टीना और थेरिसा ने उन्हें वह लाकर दिया। फिर हमने उन्हें हमारा घर देखने के लिए आमंत्रित किया।

सू–लिंग और मी–लिंग नामक सियामीज जुड़वा बिल्लियाँ उनके साथ–साथ आवासीय कक्ष से पुस्तकालय में आ गयीं। स्टडी रूम की ओर मुड़ने पर वे थोड़ा रुके, फिर बिना कुछ बोले खाने का कमरा देखने हॉल की ओर चल दिये। थोड़ी–थोड़ी देर में वह पीछे चलती परेड को अपना सर हिलाकर सहमति प्रकट करते चलते। हमें आशा थी कि उन्हें यह सब पसन्द आ रहा है।

जब हम सीढ़ियों के पास आ गए तो रोलैंड ने महर्षि से पूछा कि क्या वह उनके लिए तैयार किया गया कमरा देखना चाहेंगे। सिर हिलाकर वे उपर की ओर चले। दोनों बिल्लियाँ उनके आगे दौड़ पड़ीं।

सामने वाला शयनकक्ष काफी बड़ा और हवादार था, उसमें दो तरफ दो खिड़कियाँ थीं। वह हमारी दो बड़ी बेटियों के लिए, जब वह घर पर रहा करतीं थीं, सजाया गया था, और इसी कारण से सजावट में थोड़ा अधिक ही था। वह दरवाजे में ही रुक गए। जब हम अपने छोटे से हॉल से आगे उन्हें स्नानागार दिखाने ले गए तो वह वहाँ एकदम शान्त खड़े हो गये। फिर घर की दूसरी ओर इशारा करते

हुए पूछने लगे, "वहाँ क्या है?"

"ओह! महर्षि," मैं हँसकर बोली, "वह टीना का कमरा है।"

जब मैंने सिर हिलाते हुए उसे देखा तो मुझे उसकी टेढ़ी भौवें देखकर आश्चर्य–सा हुआ।

"हम भी वहाँ कम ही जाते हैं," मैं कहने लगी।

उत्तर आयाः "मैं देख सकता हूँ?"

मुझे लगा कि मैं फँस गयी।

हर किसी बड़े घर परिवार में कोई ऐसा कमरा अवश्य होता है जो कि अतिथियों के आने पर बन्द ही रहता है। यह कमरा ऐसा ही एक कमरा था। हम टीना को उसकी स्वतंत्रता देना आवश्यक समझते थे और उसपर कम से कम प्रतिबंध लगाते थे। उसका कमरा पूरे तरीके से उसका राज्य हुआ करता था। केवल उसकी पसन्दीदा बिल्ली सू–लिंग बिना रोक–टोक उसमें आया–जाया करती थी।

यद्यपि उसने सुबह ही अपना कमरा साफ किया था, फिर भी उसे खोलते समय मुझे झिझक हो रही थी। वह हमेशा कहती थी, "मैं अत्यधिक व्यवस्थित कमरे में आराम नहीं कर पाती हूँ।"

ऐसे संकट में हम सब दरवाजे के सामने सर्वाधिक बुरे की अपेक्षा करते खड़े थे। मैंने टीना की आँखों को एक झलक देखा, जब वह वयस्कों द्वारा अपने कमरे में हो रही घुसपैठ को देख रही थी। मैं दरवाजे को बंद ही रहने देना चाहती थी पर उसे खोलने पर भी विवश थी। आख़िर टीना का जीवन भी तो सँवरने वाला था।

मैंने महर्षि के पीछे आगे बढ़ने पर उनसे एक गहरी आह सुनी।

दीवारों का हर एक इन्च, जो कि गुड़ियाओं के समूह से नहीं सजा था, वह स्कूल के कार्यक्रमों, और विभिन्न खेलों से सजा था। कई सारे नृत्य के, कलाकारों के, नाटक संबन्धी पोस्टरों ने भी अपना स्थान बनाया था।

परन्तु बिस्तर ठीक से व्यवस्थित था और सारे कपड़े संभाले गए थे।

महर्षि की दृष्टि, सारी सजावट देख लेने के बाद, चार बड़ी खिड़कियों पर, जो कि बाहर की बेलों और पेड़ों को छूती थीं, रुक गयी। दोपहर की हवा में लहराते परदे इस सजे हुए कमरे को एकान्त और सादगी का वातावरण प्रदान कर रहे थे।

"यदि आप यहाँ रहना चाहते हैं तो हम दीवारों में से यह चित्र हटा सकते हैं।"

वे थोड़ा मुस्कुराये।

"यह बहुत अच्छा होगा।"

मैंने सोचा था कि सब कुछ ठीक हो रहा होगा फिर मेरी तिरछी दृष्टि टीना पर पड़ी। मैंने जल्दी आँखें बन्द कीं और सब लोगों को नीचे अधिक सुरक्षित स्थान पर ले जाने लगी।

जब परिवार के सदस्य फिर एकान्त में मिले तो मैंने टीना को बाँहों में ले लिया। वो रोने के समीप थी।

"यदि यह व्यक्ति इतना पवित्र है तो फिर वह मेरे कमरे के प्रति मेरी भावनाएँ क्यों नहीं समझता है! मेरे कमरे को कोई नहीं ले सकता। वह सामने वाला शयनकक्ष क्यों नहीं ले सकते?" उसकी आँखें लाल अंगारों जैसी धधक रहीं थीं।

"मेरी इच्छा भी यही थी टीना। परन्तु किसी कारणवश उन्हें तुम्हारा कमरा ही पसन्द आया। मुझे लगता है यह तुम्हारे लिए सम्मान की बात है।

टीना तैयार न हुयी।

हमने शान्त हो जाना सबसे ठीक समझा, और गुड़ियाओं को डब्बों में पैक करना शुरु कर दिया। यह हमारे लिए भी विस्मयकारी था, पर अंततः हमने कमरे को एक व्यवस्थित रूप दे ही दिया, और फिर स्नानागार पर ध्यान देना शुरु कर दिया।

यद्यपि वह बड़ा और पुराना था फिर भी हमने उसे आधुनिक रूप देने का प्रयास किया। लड़कियों ने फैशन संबन्धी दीवार–कागज उसकी दीवारों पर लगाने हेतु चुना।

यद्यपि हिमालय से आये इस अतिथि के लिए हमने यह दीवार–कागज न चुना होता, पर फिर भी, इस पर बने फैशन मॉडल पूरे वस्त्रों में थे और उनके साथ बने कुत्ते बाहर आकर भौंक नहीं सकते थे।

हमे कमेटी ने समझाया कि हमारा घर लगभग दस दिनों हेतु चाहिए होगा।

मेरे पति और मैंने इस बात पर फिर चर्चा की। केवल एक ही समस्या थी और वह थी मेरी गर्मियों में नाटक मंडली की नौकरी, जिसमें कि मैं शिक्षा और उद्योग संस्थान में जन–सम्पर्क का कार्य कई वर्षों से संभाल रही थी। मेरे विश्वविद्यालय और उद्योगों से संपर्क मुझे जागृत रखते, और परिवार के बाकी सदस्य जो कि घर ही रहते, कभी–कभी मेरे काम में साथ आकर मनोरंजन भी कर लेते।

समस्या गर्मियों की छोटी ऋतु के कारण बना दबाव था। गलतियाँ भारी पड़ सकती थीं क्योंकि उन्हें ठीक करने का समय नहीं होगा, और सारे कर्मचारीगण परेशान और दबाव में होगे। परन्तु नाट्यशाला मई से पहले खुलने वाली नहीं थी, और मेरा सोचना था कि मैं अपने बाकी के काम समाप्त कर लूँ ताकि जून में होने वाले भारी कामों के लिए तैयार रहूँ।

ऐसा लग रहा था कि महर्षि हमारे साथ आठ मई से पन्द्रह मई तक रहेंगे। निश्चित तौर पर केवल दस दिनों में कोई बड़ी समस्या नहीं होने वाली थी, इसलिए हमने अपने दिमाग को आराम देना ठीक समझा।

मंगलवार की शाम को, यानि आठ मई को, व्याख्यान हॉल में घोषित किया गया कि महर्षि अब से 433 साउथ हार्वर्ड बोलिवार्ड में रहेंगे।

मेरे पति और मैं एक दूसरे को देखने लगे। वे मुझसे मुस्कुराने की अपेक्षा में देखते हुए मुस्कुरा रहे थे। मेरे तो पेट में गुदगुदी हो रही थी।

हमने एक और प्रेरणामय व्याख्यान सुना और अपनी कुर्सियों पर जम गए, जैसे कि और भी कई लोग। जो लोग व्याख्यानों को नियमित सुनते आ रहे थे वे हँसते–हँसते और ज्ञान की बातें सुनते और भी प्रगाढ़ बन्धन में बँध गये।

यद्यपि महर्षि अपने वक्तव्यों में एक भी शब्द निरर्थक नहीं बोलते थे फिर भी उनको समझने में कोई विशेष प्रयास नहीं करना पड़ता था। हमेशा ही ऐसा होता था कि उनसे पहले कुछ ही लोग हॉल छोड़ कर जाते थे। अधिकतर रुककर महर्षि को बधाई देना चाहते थे। कुछ बधाई के साथ प्रश्न भी पूछते थे। सभी के साथ वे गौरवपूर्णता, उदारता और बिना हड़बड़ी मचाए बात करते थे। हर व्यक्ति जो उनके सीधे सम्पर्क में आता, वह लौटते समय संतुष्ट और मुस्कुराता हुआ ही होता।

अन्ततः हम उनके आसन के पास गये और पूछा, "महर्षि हम आपको आज रात अपने घर ले जा रहे हैं। क्या आप जाने के लिये तैयार हैं?"

"हाँ, चलें।"

और जैसे ही उन्हौंने आसन छोड़ा, मेरे पति ने मृगछाल लपेट कर अपनी बाँहों में दबा ली।

हम गुरूजी को अपनी कार तक लाये। रिचर्ड सेड्लाचेक एक स्पोर्ट्स कार में आये। उसी कार में, जिसमें हमने और अन्य कई ने महर्षि को आते–जाते देखा था। हमने सफेद लबादे में हवा में लहराती काली दाढ़ी वाले, हाथ में गुलाबों का गुलदस्ता लिये रहने वाले योगी की छवि का आनन्द लिया जो कारमेन घिया स्पोर्ट्स कार में स्वाभाविक रूप से विहार करते थे!

"ये रहीं उनकी वस्तुएँ।" रिचर्ड ने मुझसे कहा।

इसके साथ ही उसने हौले से एक लिपटी हुई छोटी कालीन मेरे हाथों में थमा दी।

मैंने उसे देखा– एक दोनों छोरों पर बंधी हुई उत्कृष्ट पुष्पाकृति वाली कालीन। परन्तु निश्चय ही वह वजन में हल्की न थी।

कितनी मोहक! एक गुरु के अलावा और कौन ऐसा हो सकता है जो कि अपनी वस्तुओं को एक कालीन में लपेट कर संसार का भ्रमण करता हो? मैंने सोचा।

लिपटी कालीन और मैं कार में पीछे बैठ गये। व्याख्या करना बहुत कठिन है कि उस कालीन को पकड़े रहना कितना माधुर्य प्रदान कर रहा था। मैंने उसे यों थपथपाना आरम्भ किया मानों वह कम्बल में लिपटा कोई नवजात शिशु हो परन्तु फिर मुस्कराते हुए ममता भरी इस भंगिमा का परित्याग भी कर दिया।

ये मेरे को क्या हो गया है? मैंने सोचा। फिर भी मैं उसे कोमलता से थामे हुए थी।

कार की अगली सीटों में सामान्य बातचीत चालू थी। महर्षि और मेरे पति चर्चा कर रहे थे कि लास एंजिल्स कितना विशाल नगर था, और कई अपार्टमेन्ट्स और गगनचुम्बी इमारतों के निर्माणाधीन होने के चलते भविष्य में और कितना विराट स्वरूप लेने वाला था। शीघ्र ही हम घर पहुँच गये और भीतर भी।

हम अपने अतिथि को उनके कक्ष तक लाये। कड़क सफेद चादरों और सफेद कम्बलों के साथ शय्या आमन्त्रित करती प्रतीत हो रही थी, या हमीं को ऐसा लग रहा था।

बिना किसी विशेष कारण के महर्षि ने कम्बलों को हटाया और लिपटी हुई कालीन को खोला।

"सब कुछ ठीक तो है?" रोलैंड और मैंने एक साथ चिंतित होकर पूछा।

तब, लगभग शर्माकर, ताकि हमारी भावनाओं को ठेस न पहुँचे, उन्हौंने उत्तम श्रेणी की रेशमी चादरें, तकिया और बिछौना निकालते हुए कहाः

"यह सब भारत में स्थित मेरे भक्तजनों ने दिये हैं।"

मैंने पहले कभी रेशमी चादरें नहीं देखी थीं। मैंने फिर से अपने योगी की ओर देखा, सफेद रेशमी वस्त्रों में एक शान्त, निरहंकारी व्यक्ति, जो कि कमरे में खड़ा था, परन्तु कुछ और अनुभूति भी हो रही थी।

जब हम उन सुन्दर चादरों को बिछा रहे थे, मैं हर पल का आनन्द ले रही थी। वह साधारण शैय्या, जिसमें हमारे बच्चे कभी सोते थे, अब राजसी वैभव का प्रदर्शन कर रही थी। हमारे अतिथि, मैंने उड़ती नजर से देखा, का वही सरल और राजसी व्यक्तित्व सामने था।

कार्य समाप्ति पर उन्होंने हमारे काम पर दृष्टि दौड़ायी।

"सुन्दर," वे बोले।

"अति सुन्दर," हम सबने हामी भरी।

मैं चकित थी कि इस छोटी सी दिखने वाली कालीन में और क्या हो सकता है?

इसका उत्तर मुझे शीघ्र ही मिल गया क्योंकि जब मैंने हमारी चादरों को उठाना आरम्भ किया तो उन्होंने अपना सिर हिलाकर मुझे मना किया, और कालीन में से एक गाढ़ा भूरा पहनावा निकाला जो कि एक शॉल जैसा दिखता था।

"लेकिन यहाँ की रातें बहुत सर्द होती हैं, केवल इस शॉल से आपका काम नहीं चलेगा।"

उनके नेत्र सुन्दर आनन्द से भर गये।

बोले, "यह मुझे गर्म रखेगा।"

वह कोमल और भार में हल्का सा था। बिलकुल, कैशमेर उन्हें गर्म रखेगा।

वे उसकी तह खोलते चले गये जब तक कि उसने पूरी पलंग को ढाँक नहीं

लिया। उनको दी गयी इस प्यारी सी भेंट ने, जो कि हमारे सामने बिछी थी हमें उनके व्यक्तित्व के बारे में और भी प्रभावित कर दिया। हमने उन्हें उनकी अल्मारी दिखाई। वे हँसे और बोलेः "मुझे इससे क्या काम?"

फिर उन्होंने अच्छे से तह किये रेशम के कुछ वस्त्र कालीन से निकाले, एक छोटा सा धातु का डब्बा भी निकाला जिसमें शौचालय संबंधित सामान था, एक छोटी सी घड़ी और एक पेन निकाली, और इसके साथ हमारे योगी का सारा सामान बाहर था।

हमारे परिवार में शाम प्रार्थना के कर्मकांड की प्रथा थी तो हमने महर्षि को साथ आने का आग्रह किया।

हम सब स्टडी में एकत्रित हुए। रोलैंड ने अपनी प्रार्थना से शुरुवात की जिसमें उन्होंने ईश्वर से सही निर्देशन और विवेक माँगा। उन्होंने बाइबिल का एक पन्ना यूँ ही खोल दिया और थेरिसा को दे दिया, जिसने मार्क, अध्याय 13, आयत 24–27 पढ़ना शुरु कियाः

''परन्तु उन दिनों में, उस संकट के बाद, सूर्य अंधेरे में ढंक जाएगा, और चन्द्रमा की चमक मंद पड़ जाएगी; आकाश के तारे नीचे गिरने लगेंगे, और स्वर्ग की ताकतें क्षीण पड़ जाएँगी। और तब वे मानव के पुत्र को बादलों के उपर से उर्जा और तेजस्वी रूप से आता देखेंगे। और तब वो अपने देवदूतों को भेजेंगे और चारों दिशाओं में से अपनी इच्छानुरूप उनको इक्ट्ठा करेंगे, और धरती के गहनतम हिस्सों से लेकर स्वर्ग के उच्चतम हिस्सों से अपनी पसन्द इकट्ठा करेंगे।''

फिर हम सब शान्ति से बैठे रहे। हमारा छोटा सा कर्मकांड आधे घंटे तक चला। जब वह पूरा हो चुका तो गुरुजी, जो कि हमारे परिवार के बीच बैठे थे, बोले, "यह एक अच्छा मौन था, पर मैं इसमें शक्ति का समावेश करुंगा। मैं कल इसके बारे में दीक्षा दूंगा।"

हमारे लिए इस रहस्य को छोड़कर उन्हौंने विदा ली और अपने कक्ष में चले गए।

पलंग पर जाते समय रोलैंड और मैं अपने आस–पास हो रही विचित्र घटनाओं के बारे में बात करने लगे।

"तुम क्या सोचते हो, यह व्यक्तिगत निर्देश भला क्या होगा?", मैंने पूछा।

रोलैंड बोले, "शायद हम उस युक्ति के बारे में सीखेंगे जो आनन्द के स्तर पर ले जाती है और जिसके बारे में वह बोलते रहते हैं। मैं ऐसी ही आशा करता हूँ। हमने उसके बारे में इतना कुछ सुना है कि मुँह में पानी आने लगता है।"

जैसे–जैसे मुझे नींद आने लगी, मैं एक तर्क तक पहुँचने का प्रयास करने लगी जो कि हमारा एक हिमालय से आए संत के साथ एक छत के नीचे रहना समझा दे, और मैं टीना के बारे में सोचने लगी जो कि आगे के कमरे में भेजी जा चुकी

थी, और अभी भी अपने पुराने कमरे में दृष्टि गड़ाए थी; और मैं थेरिसा के विषय में सोचने लगी जो कि महर्षि के साथ प्रसन्न और सहज थी, और ऐसे थी मानों उनके बीच कोई विभाजन न हो।

मैंने अपनी आँखें बन्द कीं, और सियामीज बिल्लियों के मसखरेपन पर मुस्कुराने लगी, और हमारे नये अतिथि के संबंध में अचरज करने लगी– कुछ भी हो यह हमारी छत के नीचे रहने वाले अब तक के सारे अतिथियों में सबसे रोचक और रहस्यमय थे।

तृतीय अध्याय

मौन से निकलता ...... हास्य

सुबह हमारे सम्मुख एक संवेदनशील परिस्थिति थी। पिछली रात हमारे योगी ने कहा था, "मैं कल सुबह आप लोगों को दीक्षा दूंगा।"

अब रोलैंड और मैं इस व्यक्तिगत दीक्षा के बारे में सोच रहे थे।

"तुम्हें क्या लगता है, हम किस मामले में पड़ रहे हैं?" मैंने अपनी अलमारी से एक उपयुक्त वस्त्र निकालते हुए अपने पति से पूछा।

"मुझे नहीं लगता है कि इस मामले में हमें कोई चिन्ता करनी चाहिए। उनके व्याख्यानों से जो मैं समझा हूँ वह यह है कि वे हमें कोई शब्द अनवरत बोलने को कहेंगे। जब हम उस शब्द का उपयोग ठीक करेंगे तो हमारा मन स्वाभाविक रूप से शान्त हो जाएगा और हम भावातीत स्तर पर पहुँच जाएँगे।"

मैंने फिर से रोलैंड को देखा। उन्होंने कुछ अधिक नहीं कहा परन्तु यह उनका तरीका था कि वह बिना फालतू की बातों के सीधे मर्म तक पहुँच जाते थे।

"यदि यह अब इतना सरल ही है तो वह सीधे हमारे कान में शब्द क्यों नहीं फुस्फुसा देते हैं और दीक्षा के धर्मानुष्ठान में क्यों पड़ते हैं? मैंने अपने जीवन में इतने धर्मानुष्ठान देखे हैं कि मैं थक चुकी हूँ। मैं और अधिक में नहीं पड़ना चाहती।"

"हमे पता नहीं है कि कोई धर्मानुष्ठान है भी कि नहीं। पर यदि तुम नहीं चाहती हो तो हमें इसे निभाने की आवश्यकता भी नहीं है।"

"क्या तुम सोचते हो कि हमें कुछ प्रतीक्षा करनी चाहिए जब तक कि हम इस विषय में कुछ और जान लें या फिर कम से कम किसी ऐसे व्यक्ति से मिल लें जो कि दीक्षित हो चुका हो?"

अपने वस्त्र हड़बड़ाहट में पहनते–पहनते मैं लगातार प्रश्न पूछती जा रही थी और सावधानी से उन्हें पहनती भी जा रही थी। भीतर से मुझे लग रहा था जैसे मेरा कोई महत्वपूर्ण कार्य आज की तिथि में है परन्तु ठीक से स्मरण भी नहीं कर पा रही थी।

"कदाचित् वह आज सुबह इस विषय को नहीं उठाने वाले," रोलैंड बोले। "यदि ऐसा होता है तो हम इस मामले को उसके हाल पर छोड़ देंगे।"

जैसे ही मैंने उपर से आती सीढ़ी पर खड़ाऊँ की आवाज सुनी मैं जल्दी से बाहर दौड़कर कुछ जिरेनियम के अंतिम फूल ले आयी। क्यों? मैं नहीं जानती। मैंने कुछ फूल रोलैंड को दे दिये जो उन्होंने सहजता से ले लिए। हमें बोलने का मौका तक नहीं मिला। जैसे ही महर्षि हमसे नीचे उतरकर हॉल में मिले, वे मुस्कुराये और बोले, "आओ।"

यह एक विवशता है कि इस शब्द को यहाँ लिखना पड़ रहा है। वह "आओ," जो कि धीमे से बोला गया था, प्रचुर शक्ति को लिये था। जिस स्वर में वह बोला गया था वह प्रेम का स्वर था, जो कि हमारे अंतःकरण के मूल को संबोधित था।

हम बिना किसी प्रतिरोध के उनके पीछे स्टडी में चले, और जो कमरा हमने पिछली रात छोड़ा था उसे सर्वथा भिन्न रूप में पायाः मोहक गंध, छोटे दिये, छोटी–छोटी तश्तरियाँ, मोमबत्तियाँ, उनके गुरुदेव की एक तस्वीर, फूलों के ढेरों गुलदस्ते। वे वही फूल थे जो कि हमने पूरे घर में जगह–जगह सजा रखे थे। यहाँ वे कितने भिन्न दिख रहे थे। संक्षेप में कहूँ तो मैं अचरज में थी कि इन फूलों को यहाँ किसने सजा रखा था।

कोई शब्द नहीं बोले गए, और उस शान्ति में, जब हम उनके साथ खड़े थे, संसार का कुछ हममें से छूट गया। ज्ञान, गाम्भीर्य और शुद्धता का भाव कक्ष में भर गया। मैं ऐसा सोचने पर विवश हो गयी, कि यह व्यक्ति हमसे अवश्य ही मौन द्वारा संवाद करता है।

उन्हौंने हमसे हमारे फूल एक मेज पर रखवा दिये। शीघ्र ही हमें हमारी युक्ति समझा दी गयी और उसे उनके सम्मुख बैठ कर आँखें बंद करके अभ्यास करने का निर्देश दिया गया।

शुरु के कुछ सेकेंडों में ही मुझे अपना पूरा शरीर जीवंत होता लगा, और फिर एक गहरी गर्माहट का अनुभव हुआ, एक आनन्द उमड़ा, प्रेम उमड़ पड़ा।

कुछ देर पश्चात एक शान्त ध्वनि धीमे से बोली, "अपनी आँखें खोलें।" रोलैंड और मैंने अपनी–अपनी आँखें खोलकर एक दूसरे की आँखों में देखा। मैं रोलैंड के चेहरे को देख कर आह भर बैठी। उसमें शान्ति थी परन्तु एक चमक भी। चेहरे पर खिंची तनाव की रेखाएँ मिटती दिख रही थीं।

उनकी आँखें बड़ी और चमकदार दिख रही थीं। मुझे आशा थी कि मेरी भी ऐसी ही हों।

महर्षि ने आनन्द तक पहुँचाने के अपने वादे को पूरा किया था।

हम कुछ देर तक बैठे रहे, फिर रोलैंड बोले, "जो शब्द आपने मुझे दिया क्या उसका कुछ अर्थ भी होता है?"

"नहीं,," उत्तर आया। "उसका कुछ भी अर्थ नहीं है। इसी कारण से वह आपको आपके चेतन विचारों से ले जा सकता है। यदि आप उसे भोलेपन से बच्चे की तरह

बोलते चले जाएँ तो आप बहुत गहराई में जा सकते हैं। वह एक नाव की तरह है जो कि आपको आनन्द तक पहुँचा देगी।"

"यह किस प्रकार का 'शब्द' है; क्या यह ईसाइयों के लिए है?"

महर्षि मुस्कुराए। "यह शब्द ईसाई शब्दों से सदियों पहले से जाने जाते रहे हैं, और इन्हें कहने का प्रभाव ज्ञात रहा है। यह पुरातन वैदिक सभ्यता का ज्ञान है जो पीढ़ी दर पीढ़ी बचाया जा रहा है। यदि आपके पास कोई क्रिश्चियन शब्द होता तो आप उससे अपने विचार जोड़ लेते और मन के चेतन स्तर तक ही सीमित रह जाते। मेरे मंत्र केवल शब्द हैं। वे किसी भी धर्म के नहीं है। क्या आप संतुष्ट हैं?"

"हाँ, बिल्कुल, निश्चित रूप से। मैं आपको हमारे घर आने के लिए धन्यवाद देना चाहता हूँ और इस कृपा के लिए भी," रोलैंड बोले।

मुझसे महर्षि ने पूछा, "आप कैसा अनुभव कर रही हैं?"

मैं एक अधीरतापूर्ण, ऊँची हँसी में हँसी। वे आश्चर्यचकित से लगे।" मैं इतना अधिक कहना चाहती थी, पर मैं कोई भी प्रश्न अथवा भावना व्यक्त नहीं कर पायी। उत्तर में बस फुसफुसायी, "धन्यवाद।"

उनके द्वारा दिये गए फूल को लेकर बैठे–बैठे मैंने उपर देखकर उनके चेहरे पर एक मुस्कान देखी।

"इसे कुछ मिनट हर दिन सुबह और शाम करें। हम इसके बारे में व्याख्यानों में और भी चर्चा करेंगे।

व्यक्तिगत निर्देश पूरा हो गया था।

रोलैंड काम पर चले गए। मैं हमेशा नाट्यशाला में ग्यारह और साढ़े–ग्यारह के बीच पहुँचा करती थी। इस दिन मुझे सच में काम पर जाने की इच्छा नहीं थी। टिकट बेचने की परियोजनायें मुझे जँच नहीं रही थी।

ऑल्सन परिवार की व्यवहारकुशल बेटी, टीना, ने मुझे याद दिलाया कि महर्षि ने अब तक नाश्ता नहीं किया।

"हे भगवान," मैं चौंकी, "तुम क्या सोचती हो वह क्या खाते होंगे?"

"दिखने में वह इलियास या जॉन द बाप्टिस्ट जैसे दिखते हैं; निःसंदेह खाते भी प्राकृतिक शहद और लोकस्ट ही होंगे," टीना ने सहजता से कहा।

"वाह टीना, तुम बाइबिल के बारे में इतना जानती हो! बधाई हो।"

सामान्यतः शाम की प्रार्थना में टीना जब कभी बच सकती थी तब अनुपस्थित ही रहती थी, इसलिए उसके मुँह से बाइबिल के शब्द सुनकर मुझे प्रसन्नता हुई, फिर भले ही वह शहद और लोकस्ट ही क्यों न हों।

मैं स्टडी में गयी। वहाँ महर्षि पालथी मार कर शान्ति से दीवान पर बैठे थे। मैं कुछ बोलने के विचार से नहीं गयी थी, पर उन्होंने अपना सिर उठाकर 'हुम?' किया, जिसका अर्थ हम सब जल्दी ही समझ गए थे, "क्या है?"

"आपके नाश्ते में क्या दूँ?"

"थोड़ा गर्म दूध और थोड़ा शहद," उनका उत्तर आया।

टीना का अन्दाजा आखिर बहुत गलत नहीं था। दूध और शहद तैयार करते हुए मैं एक के बाद एक गिलास छाँटती रही और तुरन्त उन्हें अलग करती रहीं जब तक मैंने क्रिस्टल के बने अपने सबसे अच्छे गिलास को नहीं पा लिया। सामान्यतः मैं इसे नाश्ते के समय हेतु उपयोग न करती।

आखिर मैं इसे कब के लिए बचाए हूँ?

मैंने उसे एक ट्रे पर सजाया और उस पर अपना श्रेष्ठ नैप्किन रखा। ट्रे अभी भी कुछ ठीक नहीं लग रही थी; एक फूल के साथ वह बेहतर लगने लगी।

अपने सेवा करने के तरीके को देखते हुए मैं सोचने लगी कि पता नहीं भारत में उनके भक्त उन्हें नैप्किन आदि कैसे भेंट करते होंगे– संभवतः तितलियों की पंखुड़ियों से बने नैप्किन होते होंगे।

उन्होंने क्रिस्टल ग्लास और वस्त्र अपनी स्वाभाविकता के साथ ग्रहण किया। मैं फिर भी वहाँ रुकी रही क्योंकि अब मुझे स्टडी का वातावरण अच्छा लगने लगा था। मैं उनको ऐसी बढ़ी हुई दाढ़ी के साथ दूध पीता देखने को भी लालायित थी। उनमें तुनकमिजाजी तो थी किन्तु उसमें अस्वाभाविकता नहीं थी। उनको देखते हुए मुझे आभास हुआ कि उन्हें हाथ साफ करने के लिए एक गीला कपड़ा चाहिए पड़ सकता है। मैं शीघ्रता से एक गीला किया हुआ कपड़ा ले आयी। मेरी इस छोटी सी सेवा से वह प्रसन्न दिखे।

मैं उनसे बातें करने को तरस रही थी पर समझ नहीं पा रही थी कि शुरु कहाँ से करूँ।

उस अजीब सी शान्ति को तोड़ कर उन्हौंने मुझसे पूछा, "आपको ऑफिस जाना होगा?" मुझे याद नहीं आया कि मैंने उनसे इस विषय पर कोई चर्चा की थी।

"मैं सोचती हूँ महर्षि कि जब तक आप यहाँ हैं, मैं काम पर नहीं जाऊँगी। निश्चित रूप से मैं ऐसी व्यवस्था कर सकती हूँ।"

थोड़ी देर रुक कर मैं फिर से बोली, "और फिर यहाँ पर भी कोई तो आपकी सेवा हेतु होना चाहिए। आपका भोजन कौन तैयार करेगा?"

"आपको आपका काम अच्छा नहीं लगता?"

"बहुत अच्छा लगता है। मैं जब चाहूँ आ या जा सकती हूँ, जब तक कि कुछ परिणाम देती रहूँ। पर वह स्थान बिलकुल दुःखद है। हर कोई तनाव से पूर्ण रहता है और सारी गर्मियों में हम अनावश्यक हलचल करते रहते हैं। सच में भयावह। निश्चित रूप में मैं नाटकों और कलाकारों में आनन्द पाती हूँ परन्तु तनाव अत्यधिक रहता है। इन गर्मियों को मैं घर पर ही बिताना चाहूँगी।"

पता नहीं क्यों, पर घर में चल रहा इन दिनों यह कार्यक्रम नाटकों को, जो कि अब तक आकर्षक लगते थे, नीरस और अरुचिकर बनाये हुए था।

महर्षि के अगले शब्द मेरे मन में ऐसे छप गये कि उन्हें मैं कभी भूल न पायी। वे यूँ थे:

"काम को देखो।
काम को करो।
पीड़ा से दूर रहो।"

एक सीधा–सादा नियम, जिसने मुझे उस दिन से अब तक मार्गदर्शित किया है, और जिसके कारण मैं जीवन में जो चाहती थी उसे पा पायी। मुझे पता चल गया कि "पीड़ा से बचे रहना" कितना सरल है यदि कोई सच में ऐसे रहना चाहे तो; और यदि वह अपने काम में व्यस्त रहे तो पीड़ित होने का मौका ही कहाँ मिलेगा।

मैं महर्षि को एक अलग दृष्टि से देखने लगी, और फिर मेरे भीतर विचार आया, क्या पता महर्षि को हमारी उतनी आवश्यकता नहीं है। शायद हमें ही उनकी आवश्यकता है।

सामने के दरवाजे की घंटी ने हस्तक्षेप किया। मैं उसे खोलने गयी और देखा कि एक प्यारी–सी लड़की अपने दो बड़े सूटकेसेज के साथ खड़ी थी। मेरे बिना आमंत्रित किये वह बिना झिझक के भीतर आ गयी।

"मेरा नाम शीला देवी है। मैं हवाई से महर्षि के लिए खाना पकाने और उनका ध्यान रखने आयी हूँ।"

मेरा मन कहने को था कि, "तुमने आने में इतना समय क्यों लगा दिया," पर फिर लगा कि शायद वह मेरे इस व्यंग्य से प्रसन्न न होगी।

यह कहने के बदले मैंने टीना को बुलाकर शीला से मिलवाया। जब मैंने शीला के आने के बारे में महर्षि को बताया तो उनकी आँखों में चमक आ गयी।

"एक पुण्यात्मा। हवाई में इन्होंने मेरी सेवा की। वह एक बहुत अच्छी रसोइया हैं और लेखन का कार्य जानती हैं इसलिए ऑफिस भी संभाल लेती हैं। अब आपको मेरी चिन्ता नहीं करनी पड़ेगी।"

इस बारे में मैं बहुत प्रसन्न तो न हुई। मैं अभी से ही उनके बारे में "चिन्ता करना" पसन्द करने लगी थी, परन्तु मेरे मन के किसी कोने में वह नयी सीखी बात भी छुपी थी, "काम को देखो। काम को करो।"

महर्षि के साथ व्यक्तिगत निर्देश के दो घंटे बाद मैं अपने आफिस में थी। सारे ऑफिस मंच के नीचे स्थित थे। अपने काम करने के स्थान का सर्वेक्षण करने के बाद मैं उन भूरी दीवारों को देखकर, जो कि वर्षा से खराब हो चुकीं थीं, दुःखी हो उठी। महर्षि की उपस्थिति में अपनी सहजता को अनुभव करने के बाद यह सब असह्य था।

मैंने अतिशीघ्रता से उत्पादन प्रबंधक को ढूंढा और उससे पूछा कि क्या मेरा नया आफिस रंगा जा सकता है। नाट्यशाला के बजट के प्रति उसकी निष्ठा हर चीज पर अधिकतर "नहीं" में ही अभिव्यक्त होती थी, और मेरा यह प्रश्न निस्संदेह अपवाद नहीं था।

मैं घर पर रुकने को अत्यधिक लालायित थी। मैंने नौकरी छोड़ने तक की धमकी इतने प्रभावशाली ढंग से दे डाली कि उसे पल भर में समझ आ गया कि मैं सच बोल रही हूँ। (ग्रीक थिएटर में मेरा नौकरी छोड़ने की धमकी देना एक कीर्तिमान था!) पर वह मुझे नौकरी छोड़ने देना नहीं चाहते थे। उस भावनात्मक स्थिति में एक भावना आयी कि मैं इस समय यहाँ थी और घर पर नहीं क्योंकि इस समय यह ऐसा ही होना था। शीघ्रता से रंग लगाने वाले बुलाए गये, और दीवारों को पीला और छत को नीला रंगाने का निर्णय बिना किसी विलम्ब के ले लिया गया। मेरे ऑफिस के अच्छे पहलू उसकी मोटी दीवारें और सिरे पर बैठा हुआ दरवाजा था। मैंने बत्तियाँ बुझाईं और भावातीत ध्यान शैली का अपना दूसरा अनुभव लेना शुरु कर दिया।

थोड़ी देर में मैं आनन्दमय सजगता में थी और मुझे अपने काम में निष्ठा से लगने की इच्छा होने लगी। पूरे दिन मेरे भीतर सृजनात्मक विचार आते रहे और मुझे बिलकुल भी थकान नहीं लगी।

मैं देखकर चकित थी कि भावातीत ध्यान शैली इतनी जल्दी इतनी प्रभावशाली हो सकती थी। पर यह जानना उतना महत्वपूर्ण भी नहीं था। जो बात महत्वपूर्ण थी वह यह कि मैं उसे पसन्द कर रही थी।

शाम को जब मैं घर पहुँची तो मैंने पाया कि कई सारे लोग घर में घूम रहे थे। सब के सब व्यस्त और प्रसन्न, पता नहीं किन पन्नों को पढ़ते हुए। रसोइघर से सब्जी की मनमोहक सुगंध आ रही थी, पर पड़ताल करने पर मैंने पाया कि वह केवल गंध मात्र थी– कुछ भी तत्व नहीं था।

पीछे के बरामदे में रेशम के कुछ छोटे–से वस्त्र सुखाने हेतु टंगे थे। मैंने इन्हें महर्षि के बैग–नुमा कालीन में देखा था, तो पहचानने में देर न लगी। शीला कपड़ों में इस्तरी करने भीतर आयी। वह एक बढ़िया काम करने वाली सेविका थी किन्तु बातचीत में विशेष निपुण नहीं थी। मेरे मन में अनेक प्रश्न पूछने को थे। क्या वह सच में धुलाई, इस्तरी करना और खाना पकाना पसन्द करती थी? उत्तर में वह 'हाँ' बोली; फिर थोड़ी देर में आगे "महर्षि के लिए" बोली।

उसे पूरे ढंग और निष्ठा से इस्तरी करते हुआ देखकर मैं थोड़ा हँसी और बोली, "मैं खुश हूँ कि यह काम तुम कर रही हो, मैं नहीं।" बिना यह सोचे कि शीघ्र ही एक दिन मैं भी उस गुट की सदस्या हूँगी जो कि यह काम करने को रुका होगा।

कदाचित भावातीत ध्यान का प्रभाव शाम को भी मुझे प्रभावित किये हुए था, क्योंकि मैं बैठक में जाने से पहले स्टडी में जा पहुँची– और यह एक अच्छी ही बात थी।

महर्षि अभी भी दीवान पर बैठे हुए थे, आराम से और घर जैसी सहजता में। उन्होंने मेरा हार्दिक स्वागत किया।

"आपका दिन अच्छा बीता, महर्षि?" मैंने पूछा।

"बहुत अच्छा।"

"आपको आज शाम के अपने वक्तव्य हेतु तैयारी करने का समय मिला?"

"मैं सीधे बोलता हूँ। बिना तैयारी किये।"

मुझे उन उत्तम व्याख्यानों का विचार आया जो हमने सुने थे, उनमें से हर एक श्रेष्ठता का परिचायक। महर्षि राज–घराने की अंग्रेजी बोलते थे, जो कि उनकी अपनी देशीय शैली के कारण कुछ सौम्यता लिए होती थी। वे व्याख्यान इतनी सरलता से दिये गये थे कि धीमे–धीमे उनके शब्दों की गहराई किसी के भी मन में समा जाती। और परिणाम स्वरूप जो समझ में आता वह स्वाभाविक, कठिनाईरहित तरीके से।

मैं एकदम से होश में आयी। "व्याख्यान" शब्द से मुझे याद आया कि आने वाले व्याख्यान चर्च के तहखाने में नियोजित नहीं होने वाले हैं, इस बात की घोषणा की जा चुकी थी।

" महर्षि, क्या आपकी कमेटी आगे के व्याख्यानों के आयोजन हेतु स्थान निश्चित कर चुकी है?"

महर्षि जल्दी से उठे और पाँव खड़ाऊँ में डाले।

"आओ," वे बोले।

जब हम हॉल से आगे जा रहे थे तभी रोलैंड घर पहुँचे और महर्षि के साथ उनका अभिवादन हुआ। महर्षि ने आगे के हॉल से बैठक में जाने वाले शटर वाले दरवाजे खोले।

हम अवाक् देखते रह गये।

क्या यह हमारी बैठक ही है?

सारे बड़े फर्नीचर पीछे की दीवारों से सटा दिये गये थे, और तीस फोल्डिंग कुर्सियाँ उनके स्थान पर लगा दी गयी थीं। टेप रिकार्डर पूरे तरीके से तैयार था, एक कुर्सी पर सफेद चादर बिछी थी, एक नीची टेबल और फूलों के कई गुलदस्ते थे– सब कुछ, माइक्रोफोन के सिवा!

महर्षि प्रसन्न मुद्रा में सारी स्थिति का सर्वेक्षण कर रहे थे। रोलैंड और मैं हल्के आघात में थे और अपनी सहजता बटोरने के प्रयास में थे। महर्षि रुके हुए थे। हमेशा की तरह कुछ बोल नहीं रहे थे।

अंततः मुझे एक विचार आया—इस सब से हानि तो कुछ होनी नहीं है; और हमें व्याख्यान सुनने केवल नीचे की मंजिल पर आना पड़ेगा। अपने पति की ओर मुड़ते हुए मैंने साहसपूर्वक कहा, "क्या यह अच्छा नहीं है? आयोजन तो अच्छा किया गया है और फिर इससे हमें व्याख्यान सुनने कहीं दूर जाना भी नहीं पड़ेगा और, अपनी आवाज धीमी करते हुए ताकिं रोलैंड ही सुन पाएँ, "यह सब कुछ दिनों की ही तो बात है।"

"बहुत अच्छा," महर्षि बोले।

उस शाम हम सभी तैयार हुए, "बहुत बढ़िया।" हर कोई अपने घर जैसी सहजता में था और आनन्दमग्न था।

महर्षि को हमारे साथ आये अभी कुछ ही दिन हुए थे और हमारे पूरे घर का वातावरण बदल चुका था। सुबहों को स्टडी से धूप की सुगन्ध आती थी जो कि किसी नयी व्यक्तिगत दीक्षा के होने का सूचक होती थी। घर के हर संभव कोने में और—और गुलदस्ते जमा होते जाते। व्यक्तिगत निर्देश के भेंट स्वरूप हर किसी मेज पर फलों की टोकरियाँ इकट्ठा हो जातीं। लोग प्रातः आठ बजे से लेकर देर रात तक आते जाते रहते। टेलीफोन की घंटी अनवरत बजती ही रहती। सियामीज बिल्लियों का जोड़ा हमेशा किसी न किसी के पैरों तले आता ही रहता। हर कोई हर किसी को "धीमे बोलो" कहता रहता। वाशिंग मशीन के निकट जाना असंभव हो जाता। शीला कपड़े धोने का उत्सव मनाती। हमारे मैले कपड़े महर्षि के तौलियों वाले कमरे तक में वर्जित थे। दर्जनों सब्जियाँ किचन के चूल्हे पर होतीं और चारों ओर अव्यवस्था फैली दिखती।

साँझ का व्याख्यान नये, उत्सुक चमकते चेहरों को गुरुजी के शब्द सुनने ले आता।

पूर्व की परम्परा के अनुसार लोगों को उनके जूतों को उतारने को कहा जाता। पुरुष व नारियाँ प्रसन्नता से अपने जूते उतार देते और वे दर्जनों की संख्या में फर्श पर यहाँ वहाँ फैले दिखते, जहाँ पर भी उन्हें खोला जाता।

वह एक प्रसन्न कोलाहल की स्थिति होती, पर होता वह कोलाहल ही!

उपर की मंजिल में रोलैंड और मैं भावातीत ध्यान शैली का अभ्यास कर रहे थे, और उसका आनन्द ले रहे थे, और साथ—साथ दिन भी गिन रहे थे कि कब यह सब पूरा हो जायेगा। दसवें दिन के आने पर हमने राहत की साँस ली।

"कल्पना करो यदि मैंने अपनी नौकरी छोड़ दी होती," मैंने अपने पति से कहा। यदि मैं इस सब कोलाहल में यहाँ रहती तो पूर्ण रूप से पागल हो चुकी होती। मुझे इतना तो कहना ही पड़ेगा, यद्यपि महर्षि बिलकुल एक श्रेष्ठ ज्ञानी व्यक्ति हैं, और उनसे मिलना एक दुर्लभ सौभाग्य रहा है। मुझे आशा है कि उन्हें हमारे साथ रहने में आनन्द आया होगा।"

रोलैंड विचारमग्न तरीके से मुस्कुराए। "जल्दी ही यह सब पूरा हो जाएगा," वे बोले।

प्रातः जल्दी मैंने अपने सारे मैले कपड़े समेटे और "हाँ, अब" की भावना से वाशिंग मशीन की ओर लपकी। पर कुछ लाभ नहीं! उपर तक सुन्दर रेशम से भरी वह ध्वनि करती हुयी चलती जा रही थी।

"मैं कल तक रुक सकती हूँ पर और नहीं," मैं स्वयं से बोली। जब मैं भोजन कक्ष से होते हुए उपर जाने लगी, मैं दर्जनों लोगों से मिल पड़ी जिनके हाथ फूलों से भरे थे।

"क्या आप बता सकते हैं कि घर की मालकिन कहाँ होंगी?"

"मुझे नहीं पता," मैं बोली।

आखिरकार, मैं नौकरानी ही लग रही थी। मेरे हाथ मैले कपड़ों से भरे थे, मेरे बाल भी बने हुए नहीं थे; मैंने कॉफी भी नहीं पी थी, और इतने सारे मुस्कुराते, प्रसन्न मुखड़ों का दर्शन प्रातः इतनी जल्दी कुछ झुंझलाने वाला ही था।

दोपहर में मैंने नाट्यशाला से अपने पति को बाहर खाना खाने के कार्यक्रम से फोन किया। जब हम घर लौटे तो व्याख्यान आरम्भ हो चुका था।

महर्षि ने कुछ लोगों को हमें आरामकुर्सियाँ देने के लिए उठवा दिया। किसी अज्ञात कारण से मुझे संदेह हो रहा था। एक बार फिर उनके चमत्कारिक शब्द सुनायी देने लगे, ऐसे गहराई तक जाने वाले शब्द जो मैने किसी और से नहीं सुने थे। जहाँ हम बैठे थे वहाँ से लोगों के चेहरों की प्रसन्नता साफ दिख रही थी। मी लिंग और सू लिंग अतिथिओं के बीच यहाँ–वहाँ "देखो, मैं कितनी आकर्षक हूँ!" के भाव में घूम रहीं थीं। यदा–कदा वह किसी बिल्लियों से घबराने वाले की गोद में कूद जातीं और अपने भोले भाव से उनके होश उड़े हुए चेहरों को देखतीं। वे अपनी बिल्ली जात के घमंडीपने का खरा नमूना थीं।

महर्षि के बोलते समय सबकी दृष्टि उन पर टिकी थी।

"मनुष्य के मस्तिष्क में वह सामर्थ्य होती है कि वह परम आनन्द, पूर्ण प्रसन्नता, पूर्ण शान्ति, पूर्ण सृजनात्मकता, पूर्ण ज्ञान की अनुभूति कर सकता है।' जीवन की पूर्णता को मानव जान सकता है, अनुभव कर सकता है और लगातार उसे जी भी सकता है। यह सामर्थ्य है, यह परमपिता परमात्मा की कृपालुता है।

"यह सामर्थ्य बिलकुल है। पूर्णता की सम्भावना बनी है। केवल उसे अनुभव में उतारना भर है। जो करना है वह केवल यह कि भावातीत ध्यान को दैनिक दिनचर्या में जोड़ देना है। बस। और ध्यान जैसा पश्चिम में समझा जाता है, वैसा होता नहीं है।"

"पश्चिम में ध्यान केवल एक सतही अनुभव का विषय है, सतही इसलिए क्योंकि यहाँ एक पंक्ति, या वाक्य, या विचार लिया जाता है और फिर उसके बारे में सोचा जाता है।"

"केवल विचार के क्षेत्र में मन को रखना वैसा ही है जैसे कि किसी तालाब के बारे में पूरा जानने की इच्छा रखना और केवल उसकी सतह पर तैरते रहना। यह गलत नहीं है, तालाब के कई कोने और रास्ते उस पर तैरने से पता चल सकते हैं। बहुत अच्छा, वह सब जानने का प्रयास होना चाहिए, परन्तु गहराई में अज्ञात कोनों की जानकारी भी होनी चाहिए।"

"किन्तु हर समय जीवन के चेतन स्तर पर रहने से, विचार के स्तर में रहने से, जीवन के सारे स्तरों के बारे में जानकारी नहीं मिल सकती। पानी की सतह के भीतर बहुत गहराई है। उसमें गोता लगाना आवश्यक है। उपर आना आवश्यक है।"

घर में और जगहों की बातचीत की गूँज भी दीवारों से आ रही थी। मेरा मन उन आवाजों को बंद करके केवल महर्षि की आवाज सुनने को था। मैंने सही शब्दों की खोज में जाने कितने सारे शब्द बोले थे और कितने सारे सुने थे। और यहाँ पर वे मेरे ही घर की सुलभता में मुफ्त मिल रहे थे। मेरी इच्छा उन्हें और सुनने की थी।

"भावातीत ध्यान वह युक्ति है जो कि हमारे मन को जीवन की सतह से हमारी गहराई की स्थिति तक लाती है। विचार की तरंगें अधिक शक्तिशाली हो जाती हैं। और इसी कारण से उनकी शक्ति बढ़ जाती है। जब विचारों की शक्ति बढ़ जाती है तो पूरा जीवन अधिक ऊर्जावान् बन जाता है। पूरा जीवन मन का खेल ही तो है। यदि मन क्षीण है तो जीवन भी शिथिल है, उपलब्धियाँ भी कम हैं, और दुखःद घटनाएँ बहुतायत में हैं।

"यदि मन शक्तिशाली है, विचार शक्ति अधिक है, तो उपलब्धियाँ भी अधिक होंगी, और दुःखद घटनाएँ नहीं होगीं।"

सभा की समाप्ति पर जब किसी ने व्याख्यानों की कड़ियों की समाप्ति पर कुछ नहीं कहा और महर्षि को धन्यवाद भी नहीं दिया तो मुझे कुछ अजीब सा लगा।

लोगों को दरवाजे से बाहर जाते देख कर मुझे विचित्र किस्म की प्रसन्नता हुयी। "बॉय, बॉय," हँसकर और प्रसन्नता से हमने जोर से कहा।

शीघ्र ही पूरा मकान शान्त हो गया और हम स्टडी में महर्षि को शुभ रात्रि करने गए।

"यहाँ बैठो," उन्होंने रोलैंड और मुझे अपने पास आकर बैठने का संकेत दिया। बिल्लियाँ हमारे पैरों के पास आकर सिमट गयीं। टीना भीतर आयी और हमारे साथ बैठ गयी। थेरिसा पूरे दिन की क्रियाशीलता से आनन्दित हुई और उससे भी अधिक चढ़ावे के फलों को खाने में आनन्दित थी। सोने से पहले अपना अंतिम फल खाते हुए वह भी भीतर आयी।

धीमे–धीमे मुझे उस सभा का आनन्द और हार्दिकता अनुभव में आने लगी। हर कोई अपनी सहजता में था, दिन भर की अनुभूतियों के बारे में चर्चाएँ हो रही थीं।

महर्षि टीना से उसके दिन भर के विवरण सुनकर मुस्कुरा रहे थे; और तभी मुझे लगा कि मैं उन्हें जाने देना नहीं चाहती। यह व्यक्ति जो कि पहनावे और विचारों में विदेशी था, हमारे परिवार के सदस्यों जैसा ही हो चुका था। हम उनके साथ कितनी सहजता अनुभव करते थे और वे हमें कितना प्रसन्न रखते थे।

घर में उनकी मात्र उपस्थिति आनन्दित करने वाली थी। नहीं, निःसंदेह हम उनसे अलग नहीं होना चाहते थे।

रोलैंड को भी ऐसा ही लग रहा होगा। हम दोनों आश्चर्यजनक तरीके से महर्षि को और ठहरने के लिए मनाने लगे। वो रोलैंड को तो कभी मुझे देखने लगे। थेरिसा फर्श पर बैठी थी। उसने अपने फल को नीचे रखा और महर्षि की आँखों में देखा।

"कृपया मान जाइये," वो बोली।

"मेरी समझ में आपका अभी चले जाना ठीक नहीं होगा महर्षि," मैंने कहा। "लोगों ने वो सब समझना अभी शुरु ही किया है जो आप उन्हें सिखा सकते हैं। ओह! अभी नहीं जाइये।"

"पर वे सब लोग क्या आप लोगों के लिए चिन्ता का विषय नहीं हैं?"

"अरे नहीं, नहीं, बिलकुल नहीं। मैं तो पूरे दिन घर में रहती हूँ। और हम सब गर्मियों में खाना बाहर ही खाते हैं, और जब नाटकों का समय आता है तो सारा परिवार सहायता को वहाँ चला जाता है। मेरे विचार मे मैं संभाल सकती हूँ। आपका क्या विचार है रोलैंड?"

रोलैंड कुछ उलझन में लगे। वे औरतों के मन बदलने की आदत की कहावत से परिचित थे। जब वे भी महर्षि से गर्मियों में रुकने की विनती करने लगे तो मैं मन ही मन मुस्कुराई। एक व्यावहारिक सुझाव जो उन्होंने दिया वो यह है, "यदि आप सच में पूरी दुनियाँ में घूमना चाहते हैं तो आपको पर्चियाँ, कार्ड्स, आदि, जिन्हें हम 'प्रचार' कहते हैं, उनकी आवश्यकता पड़ेगी।"

गुप्त रूप से हम महर्षि के दुनियाँ भर घूमने के विचार पर हँस चुके थे। भला कोई ऐसे विचित्र पहनावे में, बिना पैसे, बिना पहचान, बड़े–बड़े शहरों और स्थानों के ज्ञान से अनभिज्ञ, कैसे दुनियाँ भर में घूम सकता है?

टीना अधिक नहीं बोली, परन्तु महर्षि ने जब उसकी ओर देखा तो वह सिर हिलाकर मुस्कुरायी।

कुछ क्षणों के लिए हम शान्ति–से बैठे रहे, अपनी आँखों और हृदय में प्रार्थना करते हुए, निर्णय की प्रतीक्षा करते हुए। अचानक सू–लिंग और मी लिंग लगभग एक साथ मीयाऊँ बोलीं, जो कि एक बहुत अच्छी ध्वनि तो नहीं थी किन्तु उसमें कुछ ऐसा था कि महर्षि को हँसी आ गयी। हमने उन्हें पहले इतनी हार्दिकता से हँसते हुए नहीं देखा था। वह एक गहरी हँसी थी, हार्दिक भी और बच्चों की हँसी जैसी भी। उसमें प्रफुल्लता थी। और हँसी में हमारे प्रति अपनापन सा था।

हम वहाँ हर क्षण का लुत्फ उठाने बैठे थे। उनकी हँसी के अंतिम ठहाकों के अंत होने की प्रतीक्षा में थे।

"महर्षि आपकी इस हार्दिक हँसी से हम समझे कि आप और रुकने वाले हैं, है ना?"

"मैंने चले जाने की तैयारी ही नहीं की थी," वे बोले और पुनः हँसने लगे।

और हम सब भी हँसने लगे। एक आश्चर्य भाव में मिली हुयी हँसी।

सीढ़ियों से ऊपर को जाते हुए मेरे पति और मैं एक विचित्र किस्म का आनन्द अनुभव कर रहे थे। सारी दिक्कतें और परेशानियाँ अब हमें गौण लग रहीं थीं। हमें आभास था, यद्यपि थोड़ा–सा, कि हमारे जीवन में कुछ बड़ा घटित हो रहा है।

यह सब किसी नाटक में बिना लिपि के अभिनय करने जैसा था, कुछ और नहीं बस "सुनकर अभिनय करते रहने जैसा।"

एक बात निश्चित थी, महर्षि "सुनकर अभिनय" नहीं कर रहे थे। यह भाँपना कि कोई सूक्ष्म शक्ति सब कुछ नियंत्रित कर रही है सरल था, और इस सब का हिस्सा होना आनन्ददायी था। हमारा घर हमेशा एक प्रसन्नता, प्रफुल्लता से भरी स्थिति में रहा था, पर अब महर्षि के आगमन के बाद वह पूर्णता में स्थापित था।

वह अब हमारे अतिथि नहीं बल्कि परिवार के सदस्य बन चुके थे। हमारे मन में प्यारी, सहज भावना भरी हुई थी। इस भावना में कल की या परसों की चिंता के लिए स्थान नहीं था, केवल वर्तमान के पल थे और उन्हें पूरी तरीके से जी लेना था।

चतुर्थ अध्याय

क्या किसी ने राष्ट्रपति को बुलाया

1909 में अपने निमार्ण के बाद से इस घर ने कई परिवारों को आश्रय दिया था। हम प्रायः अचरज किया करते थे कि जितना यह हमें उपयोगी लगता था, चाहे जो भी आवश्यकता इससे पड़ जाए, उतना औरों को भी लगता होगा कि नहीं।

कोई यूँ ही विचार करे तो उसे लगेगा कि यह मकान इन गर्मियों में होने वाले कार्यक्रम हेतु ही बनाया गया होगा। कल्पना करें कि किसी स्थापत्यविद् के सामने यदि समस्या रखी जाएः

"हमें एक मकान चाहिए जो कि छह जनों के परिवार के लिए हो। उसमें चार लड़कियाँ होंगीं और उनके मित्रगण भी हो सकते हैं। कालान्तर में एक योगी भी इनमें सम्मिलित हो जाएगा जो प्रतिदिन पचास या अधिक लोगों से व्यक्तिगत साक्षात्कार हेतु मिलेगा। इसमें एक स्वागत कक्ष, एक ऑफिस, लगभग दर्जन लोगों हेतु ध्यान करने हेतु स्थान, और शौचालय की उचित व्यवस्था होनी चाहिए। स्वाभाविक ही है कि मकान को बस के आने-जाने के मार्ग के समीप होना चाहिए, शहर के मध्य भाग में होना चाहिए, किन्तु आस-पास का वातावरण शान्त भी होना चाहिए। और इस सब का आयव्ययक भी संतुलित रहना चाहिए।"

असम्भव यद्यपि यह लगे, परन्तु हमारे घर में यह सब कुछ था।

अध्ययन कक्ष, जो कि महर्षि का स्वागत कक्ष बन चुका था, मकान के पिछले भाग में स्थित था। उसमें जाने के रास्ते में एक ओर छोटा-सा पुस्तकालय था और दूसरी ओर संकरा हॉल था जो कि सामने के हॉल से पीछे के हॉल में ले जाता था। दो बड़ी खिड़कियाँ महर्षि को ताजी हवा और बगीचे का मनोरम दृश्य देती थीं।

सभी के आश्चर्य का विषय जमीन में लगे वे बड़े पेड़ थे-एक बड़ा बाँज का पेड़ घर के सामने के हिस्से में छाँव देता था; साइकामोर, जकारन्डा (कैलीफोर्निया में अपने सुगन्धित फूलों के लिए ख्यतिप्राप्त), फूलते हुए आड़ू और बाग के नींबू हमें छाया, सुगन्ध और अनेक चिड़ियों के गाने सुनने को देते थे।

महर्षि का शयनकक्ष सीढ़ियों से ऊपर बाकी शयनकक्षों से हटकर था जिससे उन्हें बगीचे का मनोरम दृश्य देखने को मिलता था।

जो एक चीज उनके पास नहीं थी वह था एक टेलीफोन।

"क्या आप स्टडी तक के लिए टेलीफोन का तार बढ़ा कर वहाँ एक टेलीफोन की व्यवस्था नहीं कर सकते?" मैंने अपने पति से पूछा जब महर्षि को हमारे साथ रहते कुछ समय हो गया।

"महर्षि फोन से भला क्या लाभ लेंगे?" उन्होंने पूछा।

"हो सकता है कि वे उसे प्रयोग ही ना करें, पर इतने सारे लोग हमारे यहाँ फोन करते हैं और उनसे बात करने की इच्छा प्रगट करते हैं। अधिकतर तो वह जो भी उनके कमरे के पास आता–जाता है उसके हाथों उत्तर भेज देते हैं, पर यदा–कदा उन्हें भी दूसरे कमरों में बात करने जाना पड़ता हैं। स्टडी में यदि फोन आ जाए तो कितना अच्छा हो।"

हमने अभी तक वहाँ फोन न रखा था क्योंकि वह पढ़ने का कमरा था।

जब रोलैंड महर्षि को "शुभ रात्रि" कहने गए तो वह मुस्कुराए।

"कल आपके पास अपना फोन होगा। क्या आपके लिए ठीक है?"

महर्षि की आँखों में अनपेक्षित चमक आ गयी।

"बहुत अच्छा", वे मुस्कुराये।

किसी कारणवश हम एक योगी को टेलीफोन के साथ संबन्धित देख नहीं पाते हैं। हम उन्हें हिमालय की गुफाओं में ही कल्पित कर पा रहे थे। उस समय तक हमें ज्ञात नहीं था कि महर्षि ने पहाड़ों की गुफाओं में बिताया भी होगा तो बहुत कम समय बिताया।

प्रातः, टेलीफोन जोड़ने वाले कर्मचारी के आने के पूर्व जब महर्षि के पास कुछ समय था तो मैंने उनसे कुछ प्रश्न किये।

"महर्षि, क्या आप सच में भारत में गुफाओं में रहते हैं?"

"अधिकतर समय जब मैं उत्तरकाशी में होता हूँ। पर पिछले कुछ वर्षों से मैं बाहर घूम–घूम कर लोगों को भावातीत ध्यान की इस शैली के बारे में बता रहा हूँ।

"क्या किसी गुफा में रहना सुविधाजनक रहता है?"

महर्षि हँसे। "भावातीत की चेतना में बिलकुल सुविधाजनक होता है।"

मुझे पता था वे आत्म–चेतना की बात कर रहे हैं, परन्तु उस समय मैं "भावातीत" का अर्थ पूर्ण रूप से समझी नहीं थी। केवल इतना कि वह स्तर बाकी सारे स्तरों से गहरा और सूक्ष्म होगा। उसके बारे में ठीक से विचार कर पाना मेरे लिए कठिन था।

"परन्तु क्या गुफाओं में जंगली जानवर नहीं होते हैं?"

महर्षि वास्तव में अत्यन्त मुदित लगे। उनकी हँसी गहरी और हार्दिक थी।

"कुछ घूमते हुए भिक्षु और सन्यासी अवश्य गुफाओं में रह जाते हैं, पर मैं उत्तरकाशी में जहाँ रहता हूँ वह एक आश्रम है, और उसके तहखाने में थोड़ा बहुत

स्थान है। भीतर प्रवेश हेतु जगह कम है और एक बार में एक ही व्यक्ति भीतर जा सकता है। वहाँ भीतर जाकर बिलकुल शान्ति हो जाती है, कोई ध्वनि नहीं। गर्मियों में ठंडक रहती है और जाड़ों में गर्माहट।

"मैं कभी ऐसे स्थान में ध्यान नहीं कर सकती। ऐसा लगेगा जैसे किसी ने जीवित दफना दिया हो।''

महर्षि यह सुन कर कि मैं वहाँ जाने की नहीं सोच रही, निश्चिंत लगे।

"वह आवश्यक भी नहीं," वे बोले। "वह एक सन्यासी का मार्ग है। सांसारिक लोगों हेतु मेरे द्वारा दिये गए मंत्र ही पर्याप्त हैं, बस उन्हें ध्यान करना है, चाहे वे जहाँ भी हों। आप यहाँ अपने सुविधा संपन्न घर में भी ध्यान कर सकती हैं।"

"आप उत्तरकाशी में अपने भोजन हेतु क्या करते हैं?"

"भोजन हमेशा तो आवश्यक लगता नहीं, किन्तु जब आवश्यकता होती थी तो गाँव से एक व्यक्ति आकर मेरे लिए पका देता था। मैं अपने मौन के समय किसी को देखकर या किसी से बात कर उसे तोड़ना पसन्द नहीं करता।"

जैसे वे बोल रहे थे उनकी ध्वनि कोमल और मंद होती जा रही थी; और आँखें अर्द्धनिमीलित–सी हो गयीं। हम कुछ क्षणों के लिए शान्त बैठे रहे। फिर दरवाजे पर हल्की दस्तक हुई और बाहरी दुनियाँ की हलचल भीतर आ गयी। उन्हें साक्षात्कारों में सम्मिलित होना था। और मुझे अपने काम हेतु पहले से ही देरी हो चुकी थी।

नाट्यशाला में एक संदेश, "Have turban will travel", मेरे कमरे के दरवाजे पर टंगा था। मेरे सारे सह कलाकारों और साथियों ने एक परिवर्तित 'मैं' के अति–उत्साही सुझावों से लाभ उठाया था; एक सहृदयी मजाक तो अपेक्षित था ही।

नाट्यशाला के निर्देशक से समय–समय पर प्रोत्साहन के दो शब्द सुनना अच्छा लगने लगा था। वे भी ध्यान के प्रति थोड़े प्रवृत्त थे पर उनका तरीका कुछ अलग था। "तुम जो भी कर रही हो, करती रहो। तुम्हारे लिए अच्छा है," वे बोले।

भावातीत ध्यान ने मेरे भीतर अपने काम के लिए अव्यक्त रूप से छिपी हुई निष्ठा को जगा दिया था। मैं जितनी उपलब्धियाँ पा चुकी थी उससे कहीं अधिक पाने की चाह मेरे भीतर आ गयी। और थोड़े ही अतिरिक्त प्रयास से मैं कहीं अधिक परिणाम देने लगी। तो निर्देशक का मुझे प्रोत्साहन देना आश्चर्यजनक नहीं ही था।

दोपहर के समय मैंने घर पर फोन किया। एक प्रसन्न ध्वनि ने उत्तर दिया। वो महर्षि थे। वे किसी नये खिलौने के साथ जैसे बच्चा खेलता है ऐसे बोल रहे थे। बातचीत को लम्बा रखना सम्भव नहीं था क्योंकि मेरे पास कहने को कुछ विशेष था भी नहीं। और उनकी वाणी को सुन कर बोलने की कम उन्हें सुनने की इच्छा अधिक थी। अंत में वे "जय गुरु देव" बोले और फोन रख दिया।

पहले कभी उन्हें यह कहते नहीं सुना था और मैं अचरज में थी कि इसका अर्थ क्या होगा?

साँझ के व्याख्यान में महर्षि का मन आनन्दित लग रहा था। बैठक का कमरा भर चुका था। कुर्सियाँ लाईब्रेरी में और सामने के हॉल में बढ़ाई जा चुकीं थीं। हम कई लोग सीढ़ियों पर बैठे थे। सब के सब यद्यपि देख नहीं पा रहे थे पर सुन अवश्य रहे थे।

नए आए हुए लोगों की सुविधा हेतु उन्होंने भावातीत ध्यान से होने वाले लाभों को पुनः बताया।[2]

"अधिक इच्छाएँ जगाएँ। अधिक परिणाम पाएँ। एक श्रेष्ठ और लम्बी आयु को प्राप्त करें।"

किसी ने प्रश्न पूछा कि कैसे भावातीत ध्यान से यह सब सम्भव हो पाया है?

उनका उत्तरः

"जैसे–जैसे मन विचारों की सूक्ष्मता को अनुभव करता है, साँसों की गति धीमी होती जाती है, गहरी होती जाती है। कम आक्सीजन की आवश्यकता होती है। शरीर सहजता की अवस्था में आने लगता है। फेफड़ों में दबाब कम पड़ने लगता है। योग्यताओं में वृद्धि होने लगती है। मन सबल होने लगता है। कुंठायें और तनाव लुप्तप्राय हो जाते हैं।"

एक ज्ञानी व्यंग्यकार ने टिप्पणी कीः

"क्या अपने युग में आयु की वृद्धि चाहना समझदारी की बात है? हम एक परमाणु युग में रह रहे हैं और कभी भी हमारे चीथड़े उड़ सकते हैं।"

महर्षि गम्भीर हो गए। बोलेः

"यदि संसार की जनसंख्या का दसवाँ भाग भी भावातीत का ध्यान करता है, युद्ध असम्भव हो जाएँगे।[3] शान्ति की तरंगें इतनी शक्तिशाली होती हैं कि वो लड़ाई की वृत्तियों को दबा डालेंगी। लड़ाई का स्रोत हर व्यक्ति के भीतर है, न कि सरकारी नीतियों में। वह पीड़ा और परेशानियों के समूह का प्रस्फुटन होती हैं। सरकारी नेता युद्ध के प्रमुख नहीं होते हैं। वे केवल लोगों की इच्छाओं का पालन करते हैं।"

विश्व शान्ति से संबंधित प्रश्न पूछे गए और महर्षि द्वारा उनके उत्तर दिये गये। व्याख्यान के बाद कुछ लोगों ने इस विषय को और टटोला।

"हमें जो करना चाहिए," एक अभ्यासी युवक बोला, "वह यह कि राष्ट्रपति को बुलाना चाहिए।"

कुछ पुरुष व महिलाएँ इस सुझाव के समर्थन से पीछे हट गए। पर कुछ नवयुवकों को विचार अच्छा लगा और वे इसे महर्षि को सुनाने चले गए। महर्षि उन पर मुस्कुराए और उनसे इस पर और सोचने को कहा।

जब सारे नये लोग जा चुके थे तो सब पुराने ध्यान लगाने वाले महर्षि के साथ स्टडी में बैठे।

"वो जो भारतीय शब्द आप बोल रहे थे, वे क्या थे, महर्षि? हम पूरी तरह निश्चित नहीं हैं कि हम आपको ठीक से सुन रहे थे।"

हर किसी ने मिसेज ल्यूट्स को कृतज्ञता भरी दृष्टि से देखा। हम सब जानने के इच्छुक तो थे किन्तु पूछना कोई नहीं चाहता था। मिसेज ल्यूट्स ने महर्षि के लिए अनेक सभाएँ आयोजित की थीं और उनके साथ रहने में वे तनावमुक्त दिखती थीं।

"आह! 'जय गुरु देव' का अर्थ बिलकुल सरल है। उसका अर्थ है, 'दिव्य गुरु की जय'। अच्छा है ना?"

"बहुत अच्छा", हम सब बोले।

हममें से हर किसी ने अपने सीमित संस्कृत ज्ञान से प्रयास किया और देर–सबेर गुरुओं के आशीर्वाद का कुछ अंश तो पा ही लिया।

"इस प्रकार हम सारे दिव्य गुरुओं को सम्मान देते हैं," बोले महर्षि।

उस शाम "शुभ रात्रि" कहने के बजाय हमने एक–दूसरे से "जय गुरु देव" कहा। सबको इसे बोलने से जुड़ी भावना अच्छी लगी और शीघ्र ही घर के चारों ओर लोग इसे ही बोलने लगे। हम "जय" को "जे" बोलते। अब "हैलो", "गुडबॉय", "थैंक्यू", सब कुछ के बदले इसे ही बोला जाने लगा। यह पत्रों, कार्ड्स, आमंत्रणों आदि में भी प्रयोग होने लगा।

महर्षि के बोलने के तरीके में परिवर्तन भी सुनने योग्य था। जब वह "जय गुरु देव" बच्चों से कहते तो उसकी ध्वनि हमसे या परिवार जनों से बोली गयी ध्वनि से भिन्न होती, या फिर किसी नये व्यक्ति से भेंट पर बोली गयी ध्वनि भी सर्वथा भिन्न होती। जब वह इसे अपना सिर हिलाते हुए बोलते तो व्यंग्य की भावना जुड़ जाती। टेलीफोन पर बात करते समय जब मात्राओं को खींच कर करते तो आशीर्वाद का भाव आ जाता।

लगभग एक सप्ताह बीत गया था जब लोग महर्षि का नये टेलीफोन के साथ खेल देखकेर फुसफुसाने और हँसने लगे थे। दुनियाँ के सारे भागों से उन्हें फोन आने लगे। बर्मा, मलेशिया, हाँग–काँग, हवाई और निश्चित रूप में, भारत से आए नये उच्चारण '433' की बोलचाल में जुड़ते गये।

हम लोग लम्बी दूरी की फोन कॉलों के आदी तो नहीं थे किन्तु फिर भी उन्हें आपात्कालीन स्थिति में उपयोग करते थे।

एक रात मध्यरात्रि के पश्चात् महर्षि जी के लिए एक फोन भारत से आया। क्योंकि मैं उस समय जगी थी तो मैंने फोन उठाया था और महर्षि को बुलाने गयी

थी। बातचीत हिन्दी में हो रही थी पर महर्षि की ऊँची होती आवाज से मुझे लग रहा था कि हो सकता है उनके घर में सब कुछ ठीक न हो।

"क्या कुछ अशुभ समाचार है, महर्षि?" मैंने पूछा जब वह फोन का चोंगा रखने लगे।

"आह! जय गुरु देव," वे बोले जब उन्होंने मुझे देखा। "कुछ गड़बड़ नहीं, बहुत अच्छा। किसी ने मुझे अभी अपने भावातीत ध्यान के अनुभव बताये। उनके केन्द्र में बाकी लोग चिंतित थे कि मैं क्या खा रहा हूँ।"

मैं अपने कमरे में लौट आयी। रोलैंड, जो कि जल्दी सो गये थे, फोन की घंटी सुन कर उठ चुके थे।

"कुछ गड़बड़ है क्या?" उन्होंने पूछा।

"नहीं, कुछ नहीं। भारत से एक मित्र का फोन था।"

"सोने से पहले मैं कुछ अचरज में थी कि उन लोगों के पास हमारा टेलीफोन नम्बर कैसे पहुँचा होगा।

हम तब समझे जब बिल आया। हमारे यहाँ से बातचीत और स्थानों को होती रही होगी; और हमारे परिवार की फिजूलखर्ची में तीस–चालीस डालरों के व्यय का पता भी नहीं चला। हमने कभी घर के खर्चे हेतु रखे सारे पैसे खर्च न करने के बारे में सोचा ही नहीं।

अभी तक के उनके व्यय बहुत कम रहा करते थे। कुछ सब्जियाँ और दही उनकी आवश्यक्ताएँ थीं, परन्तु इस बिल ने हम सबको परेशानी में डाल दिया। लाचारी में हम उन्हीं की एक मुद्रा में आ गए, "अब क्या करें?"

रोलैंड और मैंने इस विषय पर और बातचीत की।

"वे पैसे को हाथ नहीं लगाते हैं। जो कुछ भी उन्हें चाहिए होता है स्वयं ही उनके पास आ जाता है। मेरे विचार में उन्हें पता तक नहीं कि फोन कॉलें कितनी खर्चीली होती हैं।" रोलैंड ने अपना तर्क प्रस्तुत किया।

"शायद आपको उनके साथ बैठ कर उन्हें हमारा कर सम्बन्धी हिसाब समझाना चाहिए, कि कितनी शीघ्रता से शुल्क में वृद्धि होती है। वे इतने शिष्ट और भद्र हैं कि हमेशा बात करते समय अगले आदमी के फोन रखने तक बात करते रह जाते हैं।"

"मैंने पहले भी यहाँ कर–संबन्धी जानकारी देने का प्रयास किया था किन्तु बिना किसी लाभ के," रोलैंड ने मुझे अचम्भे में देखा। "पर मैं सोचता हूँ कि अब कुछ तो करना ही होगा।"

रोलैंड की अपने परिवार के प्रति उदारता किसी से छिपी न थी। यदि कभी हमने उनसे डाँट खाई होगी तो वह काल–कर के संबन्ध में ही खाई होगी, और वह भी

इसलिए कि उन्हें हमारा एक ही बात को फोन पर दोहरा कर पैसे का अपव्यय व्यर्थ लगता था।

"हमे भीतर जाना चाहिए और इस विषय पर बात करनी चाहिए," मैं बोली।

महर्षि शान्तिपूर्वक स्टडी में बैठे थे, उनका एक हाथ टेलीफोन पर था।

"आह! जय गुरुदेव, जय गुरु देव," उन्हौंने हमारा अभिवादन किया।

"जय गुरु देव, महर्षि," रोलैंड बोले। जब भी वो कोई कड़वी बात कहने को होते तो उनकी वाणी भारी हो जाती। "मैं आपसे टेलीफोन के संबंध में कुछ कहना चाहता हूँ।"

महर्षि ने फोन को प्यार से थपथपाया और मुस्कुराए।

"ओह, बढ़िया, बहुत बढ़िया।"

"हाँ, ठीक है," रोलैंड आगे बोले। "हम सब प्रसन्न हैं कि यह आपके काम आ रहा है, किन्तु अचरज में हैं कि क्या आपको हमारे यहाँ की बिलिंग पद्धति के बारे में कुछ ज्ञात है कि नहीं।"

फिर वह मैसेज यूनिट्स के बारे में एक विस्तृत जानकारी देने लगे, और विदेश बात करने के बारे में कर–व्यवस्था बताने लगे। महर्षि सुनते दिख रहे थे। कभी–कभी उनके मुँह से 'हुम' की आवाज सुनायी देती थी और कभी वे जम्हाई लेते दिखते।

"अमेरिका के राष्ट्रपति के पास भी इतना बड़ा बिल नहीं आता होगा।"

रोलैंड ने बिल को हवा में लहराया।

बातचीत की शुरुआत से महर्षि पहली बार रुचि लेते लगे।

"क्या किसी ने राष्ट्रपति को आमंत्रण भेजा?" वे प्रसन्न भाव में बोले।

"नहीं। महर्षि, क्या आप हमारी टेलीफोन व्यवस्था समझते हैं?" रोलैंड अचरज में रुके।

"भारत में हर कोई राष्ट्रपति को आमंत्रित करता है। इस तरीके से सब कुछ उनकी जानकारी में रहता है।"

"मुझे नहीं लगता कि यहाँ कोई राष्ट्रपति को आमंत्रित करता है। कम से कम मैंने तो ऐसा कभी सुना नहीं। उन तक एक पत्र तक पहुँचाना कठिन होता है," रोलैंड आगे बोले।

मैंने रोलैंड के समर्थन में कुछ कहना चाहा, पर महर्षि की बड़ी भूरी आखों को एक बार देखकर कुछ कहते नहीं बना।

महर्षि का उदास चेहरा रोलैंड के लिए भी कुछ पीड़ादायक ही था। "फिर भी, आप फोन का जी भर उपयोग कर सकते हैं," पर रुक गए। "और, चलिए," एक हँसी के साथ बात समाप्त हुयी।

वापस अपने शयनकक्ष में मेरे पति और मेरा ह्रदय क्षुब्ध था। क्यों, पता नहीं। हम वैचारिक रूप से संतुष्ट थे पर फिर भी कुछ गलत हुआ लग रहा था।

"मुझे लगता है कि हमें इस बात पर उन्हें टोकना नहीं चाहिए था," रोलैंड बोले। "वह उसमें आनन्दित थे। और फिर निःसंदेह उन्हें अपने भावातीत ध्यान केन्द्रों की जानकारी भी चाहिए पड़ती होगी।"

"तुमने उन्हें फोन इस्तेमाल न करने को नहीं कहा, बस थोड़ा सावधानी बरतने को कहा।"

रोलैंड ने मुझे देखा, और बोले, "मैं अभी भी समझता हूँ कि मुझे ऐसा नहीं करना चाहिए था।"

परन्तु बिल की याद आते ही पुरानी भावना आंशिक रूप से लौट आयी।

"यह बिल तो अचम्भा है," वे बोले। हम इसका कुछ हिस्सा चुका देंगे और कुछ कमेटी को दे देंगे। किन्तु, इस विषय के बारे में बात तो नहीं करनी थी।"

ग्लानि मत महसूस करो। प्रातः पहला काम जो मैं करूँगी वह यह कि उन्हें पुनः लम्बी दूरी की कॉलें करने को मना लूँगी।"

हम कम से कम दो सालों तक नहीं समझ पाए कि टेलीफोन की उपयोगिता कितनी हो सकती है। उसकी विस्तृत पहुँच से महर्षि पल भर में दुनियाँ के कई बड़े नगरों के लोगों को अपना संदेश सहजता से दे पाते थे। टेलीफोन के बिल तब उसकी सहायता से हो रही उपलब्धियों के सामने कम लगने लगे।

शीघ्र संवाद हिमालय से आये हमारे योगी हेतु उतने ही आवश्यक थे जितने किसी व्यवसायी के काम हेतु, और उसकी सहायता से बहुत कम व्यय में बहुत शीघ्र ही एक विश्व स्तरीय संस्था खड़ी हो गयी।

किन्तु आज की शाम पूरी नहीं हुई थी।

"वैसे रोलैंड, बिजली का बिल आया है। तुम्हारी अल्मारी में है।

मैंने उसे खोला तक नहीं था। बिल मुझे मायूस कर देते थे।

"अरे नहीं! जरा देखो तो इसे। इस बिल को। क्या यहाँ कोई भी बिजली बुझाने की याद नहीं रखता?"

किसी बड़े घर में बहुत ध्यान रखना पड़ता है कि सभी स्थानों की बिजलियाँ समय पर बंद हैं कि नहीं, यदि बिल को काबू में रखना हो तो। हम इन दिनों नींद आने के कारण सारे लोगों के चले जाने से पहले ही सो जा रहे थे। तो इस कारण कदाचित् रात भर कई बत्तियाँ जली रहती होंगी। मैं बिल के अंकों को न जानने के ही पक्ष में थी। मैंने उसे देखा भी नहीं था।

"मैं अभी जाकर बत्तियों को देख आती हूँ," मैं बोली।

अभी मैं नीचे जाती सीढ़ियों के आधे रास्ते पर ही थी कि एक सफेद झलक को बैठक में चलते देखा।

अपनी शान्त गौरवशाली, मंथर चाल में महर्षि हर एक कमरे से दूसरे में जा रहे थे, और उनकी ऊँगली सारी बत्तियों को बुझाती जा रही थी।

पंचम अध्याय

घर अर्थात '433' में

महर्षि के व्याख्यान सभी के द्वारा पसन्द किये जाने लगे और ध्यान के साधक जब कभी संभव होता उन्हें सुनने अवश्य आते। किन्तु सू–लिंग और मी लिंग नामक सियामीज बिल्लियाँ हर रात आतीं। बच्चों की तरह वो सबका ध्यान अपनी ओर खींचकर प्रसन्न होतीं और महर्षि के पैरों के समीप लोटकर सबका मनोरंजन करतीं। महर्षि इन दोनों को पसन्द तो करते किन्तु इनसे कुछ दूरी भी बनाए रखना ठीक समझते। ऐसा वे अपने हाथ में पकड़े गुलाब को लहराकर, या जो भी उनके पास हो, उससे उनके सिर में थपथपाकर करते।

आश्चर्यजनक था कि यद्यपि अभी तक बिल्लियों ने अपना सारा समय टीना के साथ उसके कमरे में बिताया था किन्तु अब वे घर के उस भाग में जाती तक नहीं थीं, और उसके स्थान पर महर्षि के साथ स्टडी की खिड़कियों से आते–जाते खेलती थीं।

क्योंकि वह हिमालय की ठंडी हवाओं के आदी थे इसलिए दोनों खिड़कियों को खुला रखते थे, यद्यपि सारी गर्मियाँ समुद्र से पश्चिमी हवाओं के झोंके आते रहे। स्टडी की एक खिड़की में परदा नहीं था क्योंकि हम उसे बहुत कम खोलते थे।

अक्सर महर्षि पूछा करते थे, "यह कौन–सा पौधा है जो इतनी सुगन्ध देता है?"

हम उत्तर देते, "जैस्मिन।" और वे कहते, "जैसामाइन?" हम पुनः कहते, "नहीं महर्षि, जैस्मिन। वास्तव में यह स्टार जैस्मिन कहलाता है।" हम उनके लिए कुछ बढ़िया, तारों की आकृति के फूल तोड़ते पर वह पुनः कहते, "जैसामाइन।"

1959 के पतझड़ में एक बहुत सभ्य दम्पत्ति, जैसामाइन व डेविड वैरिल, ध्यान साधकों के समूह से जुड़े। जैसामाइन वैरिल एक अत्यधिक प्यारी महिला थीं। उनकी बड़ी बड़ी आँखें भूरी और चमकदार थीं। हेलिन ल्यूट्स ने उन्हें महर्षि से मिलवाया।

"महर्षि ये हैं जैसामाइन वैरिल।"

महर्षि ने उनको देखा और मुस्कुराये, "आह! ठीक जैस्मिन," वे बोले।

सू लिंग और मी लिंग बारी–बारी से स्टडी की खुली खिड़की से भीतर आयीं।

अपनी हल्की सी कूद के सहारे वे बाहर रखे जैस्मिन के फूलों वाले गमले से महर्षि के दीवान के पीछे पहुँच गयीं।

महर्षि उनसे हौले–से कुछ बोले, और वे अपने रास्ते से घर के बाहरी बरामदे से होते हुए बगीचे के पक्के हिस्से में चलीं, फिर खिड़की से कूद कर पुनः भीतर भी आ गयीं।

थोड़ी–थोड़ी देर में वे महर्षि के साथ बैठे लोगों को चौंकाने आ जातीं, जो कि व्यक्तिगत निर्देश से एक दिन पहले महर्षि से साक्षात्कार हेतु बैठे होते।

अपने अनोखे तरीके से हमारी बिल्लियाँ '433' की शान में वृद्धि करतीं और मनोरंजन तथा बातचीत का विषय बन जातीं। हर कोई उनकी उपस्थिति में आराम पाता और हँसने हेतु विषय पाता। व्याख्यान के दौरान वे बीच–बीच में अपनी मीयाउँ की ध्वनि से उसे अलंकृत करतीं। वे आवाजें सहज रूप से महर्षि के व्याख्यानों की रिकार्डिंग में चली जातीं।

मुझे लगने लगा था जैसे उनके स्वभाव में एक निश्चित सकारात्मक बदलाव आया था। यदि जानवर अपने आस–पास के लोगों के भावों को झलकाने लगें तो उनमें सुधार की अपेक्षा होनी ही चाहिए। दूसरी ओर, संभवतः ध्यान के कारण मैं उन्हें थोड़ा और सहन कर पाने में सक्षम हो चुकी थी।[4] यद्यपि मैं उन्हें प्यार करती थी फिर भी मुझे लगता था कि मेरा उन पर पूर्ण नियन्त्रण नहीं है और जिस सेवा की वे मुझसे अपेक्षा करती थीं मैं उससे कुढ़ती ही थी।

सू लिंग द्वारा एक नीलमी पक्षी का पीछा करने और उसे दबोचने से एक सुहानी अपराह्न में व्याप्त शान्ति टूटी। दूर की दृष्टि की कमजोरी के कारण वो अधिकतर अपने शिकार में धोखा खा जाती, और कभी–कभार ही सफलता उसके हाथ लगती। थेरिसा और मैं नीलमी पक्षी को बचाने भागे, देखा कि उसके केवल कुछ पंखों को क्षति पहुँची है, किन्तु आवाज ठीक है।

हम सू–लिंग को फटकारने ही वाले थे जब हमने महर्षि को उनकी खुली खिड़की से झाँकते देखा। वे हमे कुछ उलाहने की दृष्टि से देख रहे थे।

"महर्षि, यह दुष्ट बिल्ली इस चिड़िया को मार ही डालती यदि हमने इसे पकड़ा न होता। इसके साथ मैं क्या करूँ?"

"कुछ नहीं," महर्षि बोले, "यह तो प्रकृति है।"

"बिल्ली की प्रकृति भूखी न होने पर भी जान लेने वाली क्यों होनी चाहिए?"

"प्रकृति माँ इन सब बातों की नियन्ता हैं, और छोटे जन्तु इन नियमों को मानने के सिवा कुछ कर भी नहीं सकते। जैसे जब रात होती है तो सारे पंछियों को सो जाना होता हैं।"

उनकी आँखों में आगे बोलते–बोलते चमक आ गयी।

"मनुष्य की प्रकृति ही ऐसी है कि वह अपनी इच्छा का मालिक है। वह जितनी देर तक चाहे उठा रह सकता है और सुबह होने पर भी आराम से लेटा रह सकता है, किन्तु छोटे जन्तुओं और पक्षियों को सुबह जगना होता है।"

मैं पलट के बोली, "सियामीज बिल्लियाँ इतनी उन्मुक्त हैं कि वे प्रकृति को भी कभी–कभार नकार देती हैं। वे पूरे दिन हमारे बिस्तर पर सोती रहती हैं यदि मैं उन्हें भोजन दे दूँ तो।"

"प्रकृति माँ ने बिल्लियों से कहा, ' रात को जागे रहो और मीयाउँ करो,' किन्तु आदेश मानना भी अच्छा है।"

क्षण भर के लिए उनकी आँखें मेरी आँखों को भेद गयीं।

क्या यह पूरा संवाद एक सौम्यता से दिया भाषण तो नहीं था? निस्संदेह, अपने तरीके से मैं भी महारानी सियामीज बिल्लियों की तरह उन्मुक्त थी। बिना समझे मेरे दिमाग में कुछ आया। यद्यपि महर्षि अपनी बतायी हुयी पद्धति को बिलकुल उसी तरीके से करने पर जोर देते थे, मैंने कुछ ही समय पहले उस में अपनी सुविधा पूर्वक कुछ बदलाव किये थे।

पर वो भला इसे कैसे जान सकते थे, मैंने सोचा। मैंने इसकी चर्चा किसी से भी नहीं की।

किन्तु यह विचार पुनः आता रहा, और मैंने युक्ति को जैसा बताया था वैसा ही रखना ठीक समझा, यदि उनकी इच्छा ऐसी ही थी तो। और मैंने बिल्लियों के साथ भी थोड़ा और धैर्य बरतना सीखा; जैसी वो थीं उस हिसाब से प्रयास तो अवश्य किया ही था।

जो सैकड़ों लोग हमारे द्वार के भीतर महर्षि के साथ दो शब्द बोलने आते वे उन दो शब्दों के बाद ही गायब नहीं हो जाते– जैसा हम मन–ही–मन चाहते, किन्तु हमारे साथ ही रहने लगते। वे हमारे धुले कपड़े ढूँढते रहते चाहे हम उन्हें कहीं भी छुपा लें। वे हमारी व्यक्तिगत फोन वार्ताओं को सुनने लगते। उन्हें पता चलता कि हमारी बड़ी बेटी मैरी और उसके पति पीटर, जो यू.सी.एल.ए के समीप रहते थे, भावातीत ध्यान में अधिक रुचि नहीं लेते थे। वे इस बात पर आश्चर्य जताते कि मैलिंडा ने अपना घर लॉस वेगास, नेवाडा में बनाया, जो कि एक मनोरंजन सम्बन्धी व्यवसायों पर निर्भर शहर है।

और जब उन्हें पता चलता कि हमारा पूर्वी जगत के फल्सफों से और योग से कोई पुराना संबन्ध नहीं है, तो वे उपहास पूर्वक कहते, "ऑल्सन परिवार इन सब कार्यक्रमों में जाने कैसे जुड़ा हुआ है?"

कितनी बार बिल्लियों का जोड़ा घर में आकर्षण बटोरने हेतु घूमता तो नये मेहमान कहते, "क्या ऑल्सन परिवार को अपनी बिल्लियों को खाना देने का समय भी नहीं है?"

यह सब शिकवे–शिकायतें भावातीत ध्यान के बीस मिनट के अभ्यास के पश्चात् तुरन्त दूर हो जातीं, और हम परिदृश्य में मुस्कुराते हुए लौटते, यह सोचते हुए कि यह सब तो मजाक चल रहा था और यह कभी समाप्त नहीं होने वाला है।

एक शाम महर्षि ने हमको व्याख्यान के दौरान चौंका दिया। अधिकतर वे नये ध्यान साधकों के प्रथम ध्यान के अनुभव सुनते, और फिर अगले व्याख्यान में उनके बाबत सुझाव आदि देते। अनुभवों के पश्चात् उन्होंने अपना सिर हौले–हौले हिलाया और बोले–

"यह तो मिट्टी में काम करने जैसा है।"

एकाएक सूर्य बादलों के पीछे छिप गया। प्रत्येक अवसाद में घिर गया। मेरे पति बोले–

"क्या कुछ बेहतर है जो हम कर सकते हैं?"

महर्षि कुछ देर तक बैठे रहे, फिर बोले, "मुझे व्यक्तिगत दीक्षा देने के लिए शान्त स्थान चाहिए। लोगों के ध्यान को भटकाने हेतु कुछ भी नहीं होना चाहिए। मन को वैचारिक स्तर से भावातीत स्तर पर ले जाते समय कोलाहल नहीं होना चाहिए, और जब तक इतने सारे लोग व्यस्तता से घूमते रहेंगे कोलाहल तो होगा ही। क्या किया जाये?"

ढेरों सुझाव सुझाये गए। एक कमेटी का गठन हुआ जिसको कि एक उपयुक्त और बड़े घर का चयन करना था जहाँ कोलाहल न हो।

रोलैंड और मैं सिर झुकाए बैठे थे, हम लज्जित थे। हमें विश्वास नहीं हो रहा था कि हम इस योगी से इतना प्रेम करते हैं, उनके शान्त तरीकों से, सुन्दर शब्दों से, और सारे शिकवे–शिकायतों के बाद भी उस इकट्ठा हुई भीड़ के साथ वह पल गुजारते हुए भी हम आनन्दित थे।

मैं इन सब लोगों के जाने की कल्पना एक परिवार के चले जाने से करने लगी। उन लोगों में कितने बढ़िया युवा, वयस्क, व्यावहारिक लोग थे। महिलाएँ औसत से अधिक सुन्दर थीं। वस्तुतः मैं उन सबके साथ से अब तक खूब आनन्दित थी, बस अब तक मुझे उसका बोध नहीं था।

हमारे पिछले आँगन में बच्चों का पुराना खेलने का कमरा एक नया मनोरंजन कक्ष बनने जा रहा था। वह एक अधूरी परियोजना थी जो कि पिछली गर्मियों से पड़ी थी। अब, हमने उसे महर्षि के सुपुर्द कर दिया।

"इस काम को समाप्त करने में बहुत थोड़ा समय लगेगा," रोलैंड बोले। "पर्याप्त मात्रा में लकड़ी यहीं पड़ी होगी, और खिड़कियाँ हम ले आएँगे। परेशानी बस मजदूरों की है; जो बड़ी है।"

उत्साह की एक नयी लहर पूरे समूह में दौड़ गयी।

"एक बार उस मनोरंजन कक्ष का निरीक्षण कर लें," महर्षि ने कहा।

रोलैंड ने बाग को पूर्णतया प्रकाशित करने वाली बत्तियाँ खोलीं, और सबने भवन का निरीक्षण किया। वे सब बच्चों के जैसे धक्का–मुक्की करने लगे। हर तरफ से सुझाव आने लगे। केवल रिचर्ड सेडलाचेक, जो कि एक अच्छे निर्माणकर्ता थे, शान्त रहे।

अंततः महर्षि उन्हें एकान्त में ले गए। रिचर्ड इस मामले में पड़ने के लिए बहुत उत्सुक तो नहीं थे, पर फिर भी भला कौन ऐसे महान काम के विषय में रुचि नहीं लेता जिसके लिए महर्षि ने इतनी मेहनत की थी।

रिचर्ड का कहना था कि सामग्री की आपूर्ति में लगभग तीन-सौ डालर तो लग ही जाएँगे ताकि भवन का निर्माण सम्पन्न हो सके। रोलैंड तत्क्षण इस रकम पर तैयार हो गये। किन्तु महर्षि इसके पक्ष में नहीं थे कि हम और खर्चा करें।

उन ढेरों लोगों ने जो कि उस शाम व्याख्यान सुनने आये थे अपनी–अपनी ओर से सहायता का आश्वासन दिया। सब कुछ मिला कर पर्याप्त धन इकट्ठा हो गया और इसी के साथ कार्य प्रारम्भ हो गया।

हम अकुशल कामगारों के आने की संभावना से व्याकुल थे। लड़ाई के दिनों का हमारा मुर्गियों का दड़बा हमें याद था। हमने उसमें काफी धन खर्च किया था किन्तु मुर्गियाँ उसके भीतर भी नहीं जा पाती थीं। हमें लकड़ियों का तथा चारे का एक बड़ा–सा बिल तो मिल गया, किन्तु पर्याप्त अंडे नहीं।

किन्तु इस बार चूँकि रिचर्ड परियोजना के कर्णधार थे, इसलिए हम निश्चिंत थे और हमने अपनी सहमति दे दी।

कई सारे विभिन्न लोग अगली ही सुबह प्रस्तुत थे जो कि हथौड़ा तक ठीक से पकड़ना नहीं जानते थे, किन्तु ऊर्जा और उत्साह से भरपूर थे।

महर्षि सारी कार्यवाही स्टडी की अपनी खिड़की से देख सकते थे और प्रत्येक प्रगति का पूरा आनन्द लेते थे।

अब जब ध्यान के नये छात्र भावातीत के अपने पहले अनुभव के चलते महर्षि से आदर तथा प्रेम पूर्वक पूछते कि क्या वह कुछ सहायता कर सकते हैं तो महर्षि कहते, "हाँ, आप बिलकुल सहायता कर सकते हैं। बगीचे में जाकर रिचर्ड से मिल लीजिए।"

और वे सीधे बाहर जाते, बिना अपने साफ–सुथरे सूट या पूर्व नियत कार्यक्रमों की चिंता किये हुए, और शीघ्र ही एक और हथौड़े की या आरी की ध्वनि कानों तक पहुँचती। उनकी प्रबल इच्छा नौसिखियों को भी सब सिखा देती; और शाम को व्याख्यान के पश्चात् एक प्रसन्न समूह बाहर आकर परियोजना की प्रगति का निरीक्षण करता।

इस संक्रिया की तीसरी रात मेरे पति और मुझे एक झटका लगा। पूरा आँगन उधड़ा हुआ था। ऐसा लग रहा था जैसे बिल में रहने वाले किसी विशालकाय जन्तु ने गहरी नालियाँ खोद डाली हों। एक नाली हमारे फलते–फूलते आड़ू के पेड़ के नीचे से गुजरती थी। मैं उसे खेदपूर्ण ढंग से देख रही थी जब मेरी दृष्टि महर्षि से मिली।

"इसके बारे में आप चिंता ना करें। सब कुछ ठीक हो जायेगा।"

चिंता करने हेतु समय था ही कहाँ।

उसी पल हमें बताया गया कि दो फोटोग्राफर हमारी प्रतीक्षा आगे के हॉल में बैठे कर रहे हैं। मैं बिलकुल नहीं जानती थी कि बाहर हॉल में बैठे ये फोटोग्राफर रात के ग्यारह बजे क्या करने आये थे।

"हमें जाकर उनसे मिल लेना चाहिए।" रोलैंड मुझसे बोले।

ओह! मैंने मन–ही–मन सोचा, किसने इतनी देर रात काम शुरु करने वालों के बारे में सुना होगा! मैंने जल्दी सोने का विचार किया था; किन्तु यदि मैंने ऐसा किया होता तो अपने जीवन की सबसे प्रफुल्लता से भरी रात को ना देख पाती।

फोटोग्राफर अपने बड़े–बड़े उपकरणों को लगाने की तैयारी कर रहे थे।

"हम यहाँ योगी की तस्वीरें लेने आये हैं," उन्होंने समझाया।

"किन्तु हमने फोटो खिंचवाने का निर्णय नहीं लिया था," हमने विरोध में कहा।

लेकिन सब बेकार था। फोटोग्राफरों ने भावातीत ध्यान शैली उसी सुबह सीखी थी! जब भी कोई व्यक्ति दीक्षा लेता तो महर्षि से सामान्य भेंट के अतिरिक्त भी कुछ ग्रहण करने की विनती करता।

महर्षि ने, जो कि लेने और देने दोनों में खुले दिल के थे, इन दो फोटोग्राफरों को अपनी तस्वीरें ले लेने का निमंत्रण दिया था। हम लोग, जो कि उनके करीबी थे सदा डर में रहते कि उनकी उदारता का कहीं दुरुपयोग न हो, और अपनी ओर से भरपूर प्रयास भी करते कि ऐसा न हो।

इस बार वे महर्षि थे जो कि तस्वीरें खिंचवाना चाहते थे। मैं विश्वास भी नहीं कर पायी। मैं सोचे हुए थी कि महर्षि फोटो को लेकर सकते में आ जाएँगे और कदाचित अपने हाथों से अपना चेहरा छुपा लेंगे, जैसा हमारे हॉलीवुड के सितारे करते हैं।

किन्तु महर्षि के लिए दिखावे की कोई आवश्यकता नहीं थी। वे लोगों को उनकी फोटो माँगने पर आपत्ति नहीं जताते थे, और जो कोई भी '433' आता वो उनकी तस्वीर लेकर ही जाना चाहता था। उन्होंने स्टडी से संदेश भिजवाया कि फोटोग्राफर उनके पास आ जाएँ। फोटोग्राफर कुछ विस्मित हुए, फिर उन्होंने अपने उपकरण उठाये और बैठक से चले गये।

"हम यहाँ वहाँ से बेहतर काम नहीं कर पाएँगे," वे स्टडी में महर्षि से बोले।

महर्षि केवल मुस्कुराये और बैठे रहे।

एक लम्बी वार्ता तकनीकी पक्षों को लेकर होने लगी, जैसे प्रकाश का प्रभाव, आदि। ऐसा लगने लगा जैसे कि कोई हॉलीवुड उत्पादन हो रहा हो।

सितारा हर पल का पूरा आनन्द ले रहा था!

" महर्षि, क्या आप सोचते हैं आपके लिए यह सब करना ठीक है?" मैंने पूछा।

"कोई हानि नहीं", वे बोले। "लोगों को फोटो रखना अच्छा लगता है।"

रोलैंड प्रसन्न थे। "उन्हें प्रचार हेतु पैम्फलेट्स तथा फोटो छपवाने होंगे जो कि काम आएँगे," वे बोले।

"महर्षि, हमें आपको 'चीज' बोलना सिखाना होगा जिससे आप मुस्कुराने लगेंगे," मिसेज ल्यूट्स बोलीं।

इस बात पर वे जोरों से हँसने लगे, और हमेशा की तरह उनकी हँसी संक्रामक थी। शीघ्र ही पूरा कमरा हँसी से गूँज रहा था।

महर्षि के पीछे टँगे परदे ठीक से नहीं लगे थे और डोरी खींचने पर भी बंद ना होने वाले थे।

"कोई बात नहीं, मैं वहाँ खड़ी हो जाती हूँ और उन्हें पकड़े रहूँगी," और मिसेज ल्यूट्स काफी देर तक कैमरे की दृष्टि सीमा से अलग खड़ी रहीं, परदों को पकड़े हुए। कोई ग्लाडिओली का एक गुलदान ले आया और उसे महर्षि के पास रख दिया।

"क्या सब कुछ तैयार है?" महर्षि ने पूछा।

मैंने निरीक्षण किया। उनके रेशमी वस्त्र अच्छी तरह से सिल्वटें लिए हुए जँच रहे थे, किन्तु बाल कुछ उलझे हुए थे। उन दिनों के समय में हम इतने बड़े, खुले हुए बालों को देखने के आदी नहीं थे। उनको दिये गये उपहारों में कई बाल बनाने वाले ब्रश भी सम्मिलित थे। महर्षि उन पर हँस दिया करते थे और उन्हें आगे बढ़ा दिया करते थे।

"आप अपने बाल कुछ ठीक कर सकते थे।"

"तुम करो," महर्षि बेपरवाही से बोले।

कमरे में हर किसी ने गहरी आह भरी। हम में से कोई भी उनके बहुत पास से गुजरता तक नहीं था, और निश्चित रूप से छूता तो नहीं ही था। जब भी उन्हें गिलास देना होता था तो उसे उनके सामने की मेज पर रख दिया जाता था, ऐसा सभी करते थे।

किन्तु वे पुनः बोले, "ठीक करो।"

मैंने एक गहरी साँस ली, अपने दोनों हाथों को जोड़ा, फिर एक लट को धीमें–से छुआ। आगे काम सरल हो गया। उनके बाल शुद्ध रेशम जैसे थे, कितने कोमल फिर भी कितने मजबूत, और कितने निश्चित कि वे किस ओर रहना चाहते हैं! जब

तक मैं एक ओर के बाल सँवारती दूसरी ओर के बाल पुनः अपनी पुरानी स्थिति में लौट जाते। कुछ बालों को मैंने उनके रेशमी पहनावे के नीचे डालना चाहा। किन्तु यह एक भूल थी। मुझे कुछ भी अंदाजा नहीं था कि उनके बाल इतने लम्बे होंगे। जल्दी –से मैंने सारे–के–सारे उनकी प्रथम अवस्था में ही रख दिये!

"हाँ, अब ठीक है। आप बहुत अच्छे लग रहे हैं।"

"ओ ा ाः के," महर्षि बोले।

फिर से लगा जैसे पूरा कमरा फट पड़ेगा। कितने कम समय में हमारे शान्त योगी ने कुछ ध्यानपूर्वक चुने शब्दों से लेकर "ओ. के" तक की यात्रा कर ली थी। अपने कितने सारे तरीकों से वे हमें दिखाते कि हमारे और उनके बीच, या सारे लोगों के बीच, कोई दूरी होना आवश्यक नहीं है।

हम उनके शब्दों को स्वीकार करते, और वे आनन्द से, प्रफुल्लता से और अपनी गहरी, ज्ञानमयी, चमकती आँखों से हमारे शब्दों को।

अब हम सब तैयार थे।

फोटोग्राफर एकाएक मौन हो गये।

"हमें किस प्रकार की तस्वीरें लेनी चाहिए?" उन्हौंने पूछा।

"निश्चित रूप से कृत्रिम प्रकार की तो नहीं। क्या आप स्पष्ट व स्वाभाविक प्रकार की ले सकते हैं?" हमने पूछा।

अपने मन ही मन में मैंने एक झलक में महर्षि की दिनचर्या स्मरण की। अधिकतर वे बैठे रहते और लोगों की बातें सुनते और उनसे थोड़ा बोलते। कभी–कभी मुस्कुरा देते। ध्यान साधकों का जो हमारा परिवार था उसके सदस्यों के साथ थोड़ा हँसते।

"क्या हम उनकी कुछ भाव मुद्राओं को खींच सकते हैं?" मैंने सुझाया।

"ठीक है," फोटोग्राफर बोले, "बस हमें संकेत दे देना कि कब।"

बाल सँवारने की अपनी क्रिया को याद करते हुए मैंने इधर–उधर सहायता हेतु झाँका। कमरा हँसते खिलखिलाते लोगों से भरा हुआ था। वे सारी प्रक्रिया को देखने में इस कदर व्यस्त थे कि उनके पास मुझे युक्तियाँ सुझाने का समय था ही नहीं।

" महर्षि,, यह लोग आपके चेहरे के विभिन्न मूड्स को खीचेंगे जिनको हम हर दिन प्रसन्नता से देखते हैं।"

"मूड्स क्या होते हैं?"

"मूड" मैंने अपने हाथ समझाने हेतु बाहर निकाले। "एक प्रकार की अभिव्यक्ति।"

महर्षि के मुखमण्डल पर कुछ हास्यास्पद अभिव्यक्ति देखकर मैंने फोटोग्राफरों को संकेत दिया, "अब!" और खेल शुरु हो गया!

आगे काम सरल हो गया। हम बारी–बारी से उनसे थोड़ी देर बात करते और मौका ठीक पाते ही फोटोग्राफरों को संकेत दे देते, ताकि सारे प्रभाव सूक्ष्मता से वास्तविक लगते। हम उन्हें हँसाने हेतु मजाकिया बात करते और गंभीरता लाने हेतु गंभीर बातें। फोटोग्राफर भी महर्षि के भावों के साथ सहज हो जाने पर सहज हो गये, और फिर जैसे वे सभी चीजों में थे, थे तो वे गुरु ही।

उन्होंने हमसे प्रकाश फैलाते बल्बों पर कुछ शिकायत की। शायद वे बड़े–बड़े बल्बों की गर्माहट् के कारण उन्हें छत की ओर मुड़वाना चाहते थे। जो तस्वीरें ऐसा करने के बाद उतारी गयीं वे सबसे श्रेष्ठ थीं।

हम में से सभी लोग उनकी शान्त भाव–भंगिमा के प्रशंसक थे जो कि उनके ध्यान में बैठने के समय आती। हमने ध्यान का संदर्भ छेड़ा और जो तस्वीर निखर कर आयी वो दुनियाँ भर में प्रकाशित हुयी।

"किन्तु हम आपकी हँसी इतनी पसन्द करते हैं," दूसरा व्यक्ति बोला। "और आपकी आँखें,..... क्या आप और उपर देख सकते हैं?"

महर्षि ने यह सरलता से, जैसा कहा गया था, वैसा कर दिया, और फोटोग्राफर तैयार थे।

"क्या तस्वीर खींचने में इतना ही काम है?" महर्षि ने पूछा।

"सामान्यतया तो नहीं," फोटोग्राफरों ने अपने उपकरण संभालते हुए उत्तर दिया। मैं सोच रही थी कि यदि ये महर्षि की एक और विचारमग्न अवस्था की तस्वीर खींच सकते तो कितना अच्छा होता।

"क्या हो गया?"

"ओह! महर्षि यदि आप हॉलीवुड में कुछ समय और रहे तो आप फिल्मों में आने की चेष्टा से भी नहीं चूकेंगे। मैं सोचती हूँ आप 'हैम' (अत्याभिनय करने वाले अभिनेता) बन जायेंगे।

"हैम क्या होता है?"

सब यह सुन कर विस्मित हो गये।

हम सुब थक चुके थे और इतनी रात जगे रहने पर प्रसन्न भी थे। किन्तु घड़ी में दो बज चुके थे। हमने महर्षि को दिन में अर्पित किये गये कुछ फल तथा मेवे उनके सामने रखे, और फिर एक प्रसन्न, हँसता हुआ समूह बाहर को उमड़ने लगा, "एक बड़े, कड़ी मेहनत वाले अगले दिन के लिए तैयार" जैसा महर्षि ने बताया था। रोलैंड और मैं हर रात बिस्तरे में प्रसन्न पर थके हुए लेटते।

"इन लोगों के बारे में सोचो जो कि हर रात को 'वैली–एण्ड द बीच' से आते हैं। इनमें से कई तीस से चालीस मील एक तरफ की दूरी से गाड़ी चला कर आते हैं। वे रात को औसतन तीन घंटे की नींद ही निकालते होंगे।

"मुझे पता नहीं वे ऐसा कैसे करते होंगे।" मेरी आँखें बन्द हो रहीं थीं।

"हम सब उत्तेजना में जी रहे हैं," बोले रोलैंड। "मेरे विचार में जिस दिन महर्षि चले जाएँगे, हम सब तो असहाय ही हो जाएँगे।"

"ओह! वह दिन जितना आप सोच रहे हैं उससे शीघ्र ही आने वाला है। उन्हौंने सैन फ्रान्सिस्को में अपने मित्रों से कहा है कि वे एक सप्ताह हेतु आने वाले हैं। वे लोग इन्हें याद करते हैं।"

"यह एक अच्छी बात हो सकती है," रोलैंड बोले। "हमें रात में जल्दी सोने को तो मिल ही जाएगा।" मेरे पति ने नींद में जम्हाई लेते हुए कहा।

"मेरी इच्छा तो है कि उन्हें जाना ही ना पड़े। कितना हास्यास्पद है कि आप किसी व्यक्ति के प्रति कुछ ही सप्ताहों में कितने आसक्त हो जाते हैं। मुझे आशा है कि सैन फ्रान्सिस्को के लोग इन्हें हमारे जितना ही प्रेम करते होंगे।"

सैन फ्रान्सिस्को के लोगों के लिखित वृतांत के साथ अपने लेखों का मिलान करने पर हमें ज्ञात हुआ कि वे बिलकुल ऐसी ही बात लॉस एन्जिल्स के लोगों के बारे में किया करते थे!

'हमने ध्यान का विषय उठाया, और फलस्वरूप एक रमणीक तस्वीर, जो कि दुनियाँभर में कई बार प्रसारित हो चुकी है, सामने आयी।'

षष्ठम् अध्याय

मैने कभी कालीन पैक नहीं की

जिन कुछ सप्ताहों में महर्षि हमारे यहाँ रहे थे उनमें से दो या तीन बार उन्हें व्याख्यान देने एवं सम्पत्ति देखने के लिए, जो कि लासएन्जिलस से कुछ दूरी पर स्थित थीं, और जिन्हें कि लोगों ने भावी भावातीत ध्यान केन्द्र बनाने के लिए प्रस्तावित किया था, रात भर व्याख्यान अथवा भ्रमण के लिये आमन्त्रित किया था।

जितनी बार वे बाहर जाते तब–तब उनकी छोटी–सी कालीन के साथ जो कि उनका सूटकेस थी, मेरी लड़ाई होती।

मैं उनके सामान को चाहे जिस भी तरीके से कालीन में व्यवस्थित करती वह उसमें समा ना पाता। और जाने के अंतिम क्षणों में महर्षि आते, सब कुछ उसमें रखते, और चल पड़ते।

मैं सामान्य पैकिंग प्रबन्धन में अपने पर गर्व किया करती थी; किन्तु घर में सैन्य शिक्षा लेते लड़कों के ना होने से ऐसी पैकिंग मेरे बस के बाहर थी।

एक सुबह जब उन्हें सैन फ्रान्सिस्को के लिए जाना था तो मैंने इस कालीन को पैक करने की ठान ली। अब मेरे सामने एक चुनौती थी, और मेरे पास कुछ योजनाएँ भी थीं। यदि पहली युक्ति ना चलती तो दूसरी थी, और तीसरी, और चौथी!

यद्यपि हमारे चहेते प्यारे अतिथि एक सप्ताह के लिए जा रहे थे, फिर भी उस दिन की शुरुवात गाना गाते हुए हुई। अतिथि–स्नानागार से पानी की छपछपाहट की ध्वनि और ब्रह्म को अर्पित मंत्रों की वाणी सुनायी पड़ रही थी। उन्होंने हमारा मन खींच लिया था और हमारे चेहरों पर मुस्कान ले आये थे, यद्यपि मन ही मन हम कुछ दुःखी भी थे।

घर के भीतर और बाहर से जो लोग जल्दी आ गये थे जब वे सीढ़ियों पर बैठ गये और उन्हें सुनने लगे तो कुछ का कहना था कि यह मंत्र जोर्जियन मंत्रो से लग रहे थे। निःसंदेह यह उन ग्रांड ओपराओं एवं एकालापों एवं विचित्र ध्वनियों, जो कि हम तब तक के वर्षो में अपने ढेरों अतिथियों से सुनते आये थे, से श्रेष्ठ था। मंत्रों की समाप्ति पर हमें खेद हुआ।

जो लोग जल्दी आकर काम में सहायता किया करते थे उनको उसका लाभ भी मिल जाता था। वे अपना प्रेम उनके दूध वाले गिलास को फूलों से सज्जित ट्रे पर लेकर अभिव्यक्त करते। कई लोग श्रेष्ठ किस्म के क्रिस्टल ग्लास लाते और मौसम के अनुसार फूलों का चयन करते जिनका रंग और कोमलता निखर आयी होती। जब उनका सीढ़ियों से नीचे आने का समय होता तब हम सब आगे के हॉल में खड़े हो रहते। उन्हें इस्तरी किये हुए रेशमी वस्त्रों में देखना एक मनोरम अनुभव होता था, उनके काले बालों में पानी की बूंदें चमक बिखेरती थीं।

जो फूल आज उनकी ट्रे पर उन्हें दिया गया था उसको हाथ में लेकर उन्होंने दिन की शुरुवात की। उनकी मन मोहक मुस्कान और "जय गुरु देव" का आशीर्वाद हममे से हर एक को संबोधित था। शीघ्र ही वह स्टडी में थे और दिन भर के लिए नियोजित भेंट–वार्ताओं पर किसी प्रबन्धक की तरह अपनी दृष्टि दौड़ाने लगे।

"महर्षि, आपका हवाई जहाज लगभग एक घंटे में चलने वाला है। मैं आपका सामान बाँध दूँ?"

"ठीक है," महर्षि ने बिना ऊपर देखे कहा।

अब मेरे पास उस छोटी कालीन पर जीत का झंडा फहराने के लिए आधे घन्टे का समय था। मैं इसलिए भी प्रसन्न थी कि अब मेरे पास उनके शयनकक्ष में जाने का एक बहाना तो था। अभी से ही वह शयनकक्ष जो कि टीना ने थोड़े ही समय पूर्व खाली किया था, पहले से सर्वथा भिन्न दिखने लगा था।

अब प्रमुख रूप में वह महर्षि की अपनी शान्ति और गंभीरता की भावना लिए हुए था। शीला जो अकेली ही थी जो कि इस समय महर्षि के कक्ष में आती थी, ने बताया कि कैसे किसी गुरु महात्मा के आस–पास के स्पंदन बदलते रहते हैं। उसके अनुसार हर व्यक्ति अपने शरीर से विद्युत चुम्बकीय किरणों को छोड़ता रहता है जो कि उसके विचारों तथा शब्दों पर निर्भर करते रहते हैं।

हम इन सब धारणाओं से पूरी तरह सहमत तो नहीं थे पर इस स्थान की अनुभूति कुछ विशेष शान्ति लिए हुए थी ही, और मुझे लगने लगा था कि शीला सच में भाग्यशाली थी। वह महर्षि का विशेष ध्यान रखती थी और कभी भी अपना व्यक्तित्व उन पर हावी नहीं करती थी। हम सब काफी कुछ सीख रहे थे।

वह छोटी सी कालीन बिस्तर पर बिछी पड़ी थी। मैंने ऊँगली दिखाकर उस पर रौब जमाया।

"तुम ससम्मान अपनी हार मान लो।"

तकिया, शॉल, चादर, रेशमी बिछौने, रेशम के वस्त्र, घड़ी, कुछ कागज, और शौच तथा बाथरूम की कई चीजें मैंने बिस्तर के खाली हिस्से में फैला दीं। हाँलाकि कालीन छोटी थी और छूने में कोमल थी, पर बनावट में और कालीनों जैसी ही थी।

यह सभी के लिए आश्चर्य की बात थी कि महर्षि अपनी वस्तुएँ इस अनोखे सूटकेस में रख लेते थे और उनके कपड़ों में कोई सिल्वट तक नहीं दिखती थीं।

मैंने उस पर झंडा फहराने हेतु बनायी अपनी योजनाओं को पुनः शीघ्रता से स्मरण किया। योजना अ यह थी कि सब कुछ तकिये के खोल में डाल दिया जाए और फिर उसे कालीन में लपेट दिया जाए, बजाय इसके कि सब कुछ अलग–अलग रखा जाए।

दो–तीन बार प्रयास करने के पश्चात मैंने यह योजना छोड़ दी। निःसंदेह इस तरीके से सारे कपड़ों में सिल्वटें पड़ जातीं।

योजना ब में गुनगुनाना अंतर्निहित था जिससे कि आत्मविश्वास अडिग रह पाये। इसमें बड़े सामान को पहले व्यवस्थित करना था और फिर छोटों को उनके बीच में समंजित कर देना था। तो यह हम चले।

"टा, डी डम, डी डम।"

पहले कम्बल और शॉल, फिर चादरें, रेशमी परिधान, फिर घड़ी, छोटा वाला डिब्बा और अंत में कागज। रस्सी के दो मजबूत सिरे मेरे हाथों में इस सब को बाँधने हेतु बचे।

सफल होने की भावना के अति विश्वास में मैंने एक बड़ी भूल कर दी। डोर इतनी कस के बँध गयी कि वह फिर ढीली ही न हुयी। परीक्षा करने हेतु मैंने बँधी हुई कालीन को उठाकर जोरों से हिलाया।

और घड़ी तथा स्नान की सामग्री सीधे बाहर की ओर आ गिरीं।

"काम को देखो....... उसे करो....... पीड़ा से दूर रहो।"

मुझे यह अच्छी–सी सलाह जो कि कुछ ही दिन पूर्व सीखी थी याद आयी। ठीक है, काम सरल है और मुझे परेशान नहीं कर रहा है।

आखिरकार यह एक गुरु की दरी है, और इसे व्यवस्थित करके बाँधना मेरा सौभाग्य है, मेरे विचार में।

योजना 'स' थी कि उनकी एक चादर ली जाय, सारा सामान उसमें बाँध दिया जाए, और फिर कालीन या दरी को उसके ऊपर लपेट दिया जाए।

उसे फिर से खोलने में बहुत समय लग गया, और मुझे घबराहट होनी भी शुरु हो गयी।

तो यह हम फिर से चले।

"टम, डी डम, टम डी डम।"

आह! यह दिखने में साफ सुथरा था। बाँधने वाले धागों को कसा होना चाहिए किन्तु अत्यधिक भी नहीं। अब इस सब के प्रति मेरी भावनाएँ कुछ बदलीं। यह प्रमाण था कि मेहनत क्या कर सकती है।

मैंने उसे एक ओर से पकड़ा और हिलाया।

कुछ नहीं गिरा।

मैंने दूसरी ओर से पकड़ कर हिलाया।

फिर कुछ नहीं गिरा।

"अब ठीक है," मैं स्वयं से कह रही थी और तभी मेरी दृष्टि शौच और स्नान की सामग्री वाले डब्बे पर पड़ी, जो कि फर्श पर पड़ा हुआ था।

अपनी आदत से मजबूर मैं कुछ गुस्से में बड़बड़ायी। फिर, "क्षमा करना," कहकर मैंने कमरे में स्थित स्पंदनों से क्षमा माँगी, आशा करते हुये कि वे बदलेंगे नहीं। डोरियों का खोलना इस बार सरल था किन्तु मेरी नसें तनावित हो चुकी थीं। मैं फिर बड़बड़ायी।

"तुम बिलकुल भी एक प्यारी सी छोटी क़ालीन नहीं हो!"

योजना 'द' सीधे–सादे तरीके से सब कुछ एक साथ ही, बिना किसी तरीके के, भीतर डाल देना था और बिना किसी बात की चिंता किये उसे बाँध देना था!

महर्षि भीतर आए, मेरे हाथ से कालीन लिया, अपना सामान एकत्रित करके उन सबको रख कर लपेट दिया, और पूरा का पूरा मेरे हाथों में दे दिया।

मैंने उसे हिलाया, थोड़ा जोर से हिलाया, किन्तु कुछ भी बाहर नहीं आया।

वे हँसे।

मैं नहीं हँसी।

"आपने यह किया कैसे?" मैंने पूछा।

"सरल है। बस शान्ति से काम लें। मैं इसका आदी हूँ। कालीन बाँधना सूटकेसेज तैयार करने से भिन्न होता है, किन्तु इसमें सामान अधिक आ जाता है।"

हँसी फिर से चारों ओर फैल पड़ी और कालीन भी बेहतर लग रही थी। उस पर गुरुजी का हाथ जो लग गया था।

थेरिसा और मैं महर्षि को हवाई अड्डे पहुँचाने गए। वे अपनी संस्था की प्रगति क़े बारे में बातों से भरे हुए थे और कह रहे थे कि उसे और तेज चलना चाहिए।

"मैं अभी तक आधी दुनियाँ घूम आया हूँ," वे बोले।

ऐसा लग रहा था जैसे उन्हें बाकी की आधी दुनियाँ का पता ही नहीं होगा, न्यूयार्क की बड़ी और व्यस्त दुनियाँ, पैरिस, लंदन, रोम।

"मेरा संदेश इतना अच्छा है, इतना शान्तिदायक है कि कोई उसे अन्देखा कर ही नहीं सकता।"

निस्संदेह, कोई भी महर्षि को जानने के बाद अन्देखा तो कर ही नहीं सकता था। वे इस बारे में चिन्तन करते कि '433' को एक दिन पूरी दुनियाँ में जाना जाएगा।

उनको आँख के एक कोने से कार में मृगछाल पर पालथी मारे बैठा देखकर, उनकी गोद में फूलों का ढेर देख मैं निश्चय नहीं कर पा रही थी कि कौन सी दुनियाँ वास्तविक है– बाहर की गतिशील दुनियाँ या फिर इस व्यक्ति की उपस्थिति से बनी दुनियाँ। मैं असमंजस में थी, परन्तु वे दोनों ही दुनियाँओं में सहज रहते।

रेशमी वस्त्र में जेबें नहीं होतीं। मैं उनके टिकट, पैसे और ऐसी ही चीजों के बारे में सोच रही थी। एयरपोर्ट के भीतर मैंने पूछा, "महर्षि, क्या आपके पास टिकट है?"

उन्होंने सिर हिलाया। अपने हाथों में वे एक छोटा फोल्डर लिए थे।

"उन्हौंने इसे सैन फ्रान्सिस्को से भेजा है, " वे बोले।

जाने तथा लौटने का टिकट उसमें था। मैंने उसे जाँच हेतु लिया और कालीन को वजन नापने वाली मशीन पर रख दिया। मेज पर बैठा क्लर्क कूछ अन्यमनस्क बैठा था। साफ लग रहा था कि अनेक विचित्र लोग उसके सामने हर दिन आते होंगे। उसने कालीन पर एक चिन्ह लगाकर उसे बाकी सामान के साथ नीचे ढकेल दिया।

"जरा ध्यान–से!"

मैं बोल ही पड़ी। किन्तु वह दूसरी ओर पहुँच चुका था और एक दूसरा आदमी आगे आ गया था।

महर्षि को गेट तक छोड़ते समय मेरे पास एक प्रश्न और थाः

"महर्षि, क्षमा कीजियेगा, किन्तु क्या आपके पास कुछ मुद्रा हैं?

उन्होंने मुझे कुछ देर देखा, फिर मुस्कुराये।

"मुझे आवश्यकता नहीं।"

"अरे नहीं। आपको बिलकुल आवश्यकता पड़ेगी। आपको कुछ तो रखना ही चाहिए। यदि आपसे मिलने वाले लोग देरी से पहुँचे तो आपको एक टैक्सी की आवश्यकता पड़ेगी। आप बिना पैसों के नहीं जा सकते।"

"मैं पैसों की चिन्ता नहीं करता। कोई ना कोई वहाँ अवश्य ही होगा।"

इसी के साथ यह विषय समाप्त हो गया।

थेरिसा और मुझे गेट पर रुकना था। वे हवाई जहाज की तरफ अकेले चले गए।

सैन फ्रान्सिस्को को जाने वाले अन्य यात्री उनको पीछे छोड़ते हुए आगे बढ़ गए। अच्छे गहरे रंग के सूट पहने व्यवसायी, अपनी अटैची उठाये हुए और विचारमग्न अवस्था में बिना उन पर गौर किये चलते रहे।

किसी को भी वे विचित्र प्रतीत नहीं हो रहे थे, यद्यपि उन्होंने सफेद रेशमी वस्त्र पहने थे, उनके काले बाल और दाढ़ी हवा में लहरा रही थीं, और वे खड़ाऊँ पहने, हाथ फूलों से लदे हुए, सैन फ्रान्सिस्को जाने वाला तड़के सुबह का हवाई जहाज पकड़ रहे थे।

यद्यपि हम उनके कुछ ही दिनों के जाने में निरुत्साहित–से हो गए थे, उनको गौरवपूर्णता से लोगों की भीड़ में से आगे जाते हुए देखकर खुश थे। उनकी चाल कितनी राजसी थी, कितनी सधी हुयी। अंततः वे हवाई जहाज के दरवाजे पर खड़े थे, अंतिम क्षण तक फूलों को लहराते हुए। थेरिसा की आँखें आंसुओं से भर आयीं।

घर लौट कर हमें '433' सूना व खाली–खाली लग रहा था। यह अनुभूति वैसी ही थी जैसी किसी बड़ी दावतों या विवाहों के पश्चात होती है। अभी कम से कम हमारे पास और लोग तो थे जो कि हमारे अकेलेपन को बाँट सकते थे।

हम बैठे रहे किन्तु अधिक समय तक नहीं।

"क्यों ना हम महर्षि के शयनकक्ष की रंगायी करें?"

यह सुझाव आनन्द के साथ ग्रहण किया गया। जब हम चर्चा कर रहे थे कि कौन सा रंग चुना जाय, किसी को टीना की याद आयी। "वो कैसा रंग पसन्द करेगी?"

टीना, जो कि भावातीत ध्यान का अभ्यास कर रही थी अब आगे के कक्ष से अनासक्त हो चुकी थी।

"जो भी रंग महर्षि को आपके विचार से पसन्द हो वही मेरे लिए भी ठीक है। सिवाय गुलाबी के।"

हमने शीला और एक नये युवक, रॉन शैरिडैन, जो कि शीला ही की तरह महर्षि के लिए 'कुछ भी ' करने आया था, के साथ बैठकर रंगों के विषय पर चर्चा की।

शीला बोली, "ऐप्रीकाट (खुबानी) के रंग में सबसे अधिक विभिन्नता देखने को मिलती है।" रॉन ने अपनी सहमति दी। एक हल्के, सुन्दर से खुबानी रंग के विचार ने सबको मोहित कर दिया।

रंग की रंगाई हेतु जब हम यहाँ वहाँ दौड़ रहे थे तो हमें पता चला कि महर्षि ने जाते समय क्या कहा था– कि उनके विचार में उनकी वापसी तक पीछे के आँगन में बन रहे ध्यान कक्ष का निर्माण पूरा हो जाएगा। जो लोग उसके निर्माण में लगे हुए नहीं थे वे बोले, "हाँ, ऐसा तो हो जाएगा।" जो लोग उसमें संलग्न थे वे अपनी चुप्पी में सोचने लगे कि कैसे।

जहाँ तक मैं देख सकती थी, उनकी सबसे बड़ी उपलब्धि आँगन को खोद डालना और आरियों से शोर मचाना थी।

"उन्हें सोलह छोटे कमरे चाहिए, एक मूर्ति हेतु और एक अंधेरा कमरा जहाँ वैज्ञानिक अपनी शोध में ध्यान से मुखमण्डल में आने वाली आभा को माप सकें। किन्तु स्थान केवल 12X18 फीट का है। उसमें से इतने सारे कमरे भला कैसे निकाले जाएँगे?" हर किसी ने इस समस्या पर आपस में विचार किया।

उनको समाधान के लिए विचार करता छोड़ रॉन, शीला और मैं घर में आ गए। रॉन ने ऊपर के कमरे को पूरा खाली कर डाला, परदे निकाल दिये, झिलमिली

(प्लास्टिक के परदे) और सारा सामान हटा दिया। वह इतनी तेजी से और शान्ति से काम करते कि उनको अपने साथ रखना अच्छा लगता। एक नया नर्तक होने के कारण उन्हें पैसों की आवश्यकता थी और हमने उन्हें दीवारों को धोने और रंगने के काम पर रख लिया। रोलैंड, टीना, थेरिसा और मैं लकड़ी के काम पर लगे।

शीला रंग के चयन पर बिलकुल ठीक थी। हल्का–खुबानी रंग बहुत बढ़िया था।

नयी लगायी झिलमिली और सफेद परदों ने कमरे को सादगी भरा किन्तु सुन्दर रूप दे दिया। खर्चा भी बहुत कम हुआ।

टीना ने अपनी सहमति जतायी और हमें बताया कि मैलिन्डा ने उसे अपने लास वेगास के घर में कुछ समय व्यतीत करने को निमंत्रित किया था, और वो चली गयी।

यद्यपि मैं हर दिन नाट्य शाला में और–और व्यस्त होती गयी, फिर भी मेरे पास घर की पूरी सफाई करवाने हेतु पर्याप्त समय निकल आता। महर्षि के आने के बाद से हम किसी भी प्रकार से बाहर के काम करने वालों की सहायता नहीं ले पाते थे। पूरे घर में शान्ति रखने के निर्देश, फर्श पर ढेर सारे जूतों के दृश्य, पुष्पों के पर्वत, ढेरों धोने वाले कपड़े और लगातार चलती खाना बनने की प्रक्रिया से काम वाली लड़कियाँ परेशान हो जातीं।

जैसा कि वह हर गर्मियों में करती थीं, रोलैंड की माताजी, ग्रैमी, कुछ बार चीजों को व्यवस्थित करने आयीं। वह महर्षि को बहुत प्रेम करतीं, और उन लोगों में से थीं जो महर्षि से बिलकुल भी नहीं डरते थे। वे एक छोटे कद की महिला थीं और बिजली–सी चपल गति से चलती थीं।

कभी–कभी महर्षि उन्हें रोककर कहते, "आइये, कुछ देर मेरे साथ बैठिये।"

ग्रैमी उत्तर में कहतीं–"मेरे पास दिन भर बैठने हेतु समय नहीं है।"

महर्षि अपना सिर पीछे उठाकर हँस पड़ते। उन्होने ग्रैमी को भावातीत ध्यान सिखाने तक तो बैठा ही लिया। उसके बारे में पूछने पर वे बोलीं:

"मुझे आँख बंद करके बैठे रहने में कुछ दिखता नहीं है। मुझे कुछ ना कुछ करना अच्छा लगता है।"

फिर भी, जब उन्होंने इससे आने वाली शान्ति का अनुभव करना प्रारम्भ किया तो फिर अपने प्रातः और साँझ के अभ्यास को कभी नहीं छोड़ा।

शुरु में मैंने प्रातः जल्दी उठ कर कुछ "साफ–सफाई" करने की सोची। महर्षि अपने कक्ष से बाहर आते और मुझे रोकते।

"आपको सफाई करने की आवश्यकता नहीं," वे बोलते।

"मैं यह सुन कर प्रसन्न हूँ, महर्षि पर फिर कौन करेगा?"

उन्होंने इसका उत्तर नहीं दिया और अपने कमरे में लौट गए। उस दिन नये लोग दीक्षा लेने आये, और अपना आभार प्रकट करने हेतु उन्होंने सेवा करने की

इच्छा प्रकट की। बिना रुके उन्हें शीला और रॉन ने सफाई करने के उपकरण दे दिये। रात में मेरे घर पहुँचने तक सब कुछ साफ सुथरा था।

उस समय कुछ ही लोग आस–पास थे, और चीजों को व्यवस्थित करना अच्छा लग रहा था।

सप्ताह पूरा होने पर थेरिसा और मैं हवाई अड्डे से महर्षि को ले आने हेतु व्याकुल हो गए। अब तक हम समझ चुके थे कि मिलने पर फूल भेंट करना एक सामाजिक नियम था। क्योंकि हमें शुरुवात में ही विलम्ब हो गया था तो हमें एक कठिन निर्णय लेना था– फूलों समेत देरी से पहुँचना या फिर बिना फूलों के समय पर पहुँचना।

हमने निश्चय किया कि समय पर पहुँचना ही श्रेयस्कर होगा ताकि महर्षि हमारी प्रतीक्षा ना करते रह जाएँ।

जब हम महर्षि के हवाई जहाज के खाली हो जाने की प्रतीक्षा कर रहे थे, लोगों का एक बड़ा समूह हवाई से आया। एक बहुत आकर्षक चीनी महिला और सज्जन पर फूलों की बरसात की गयी और वे हाथों में ढेरों फूलों की मालाएँ लिए हुए थे।

समय की महत्ता ने मेरे संकोचवश बने अंकुश को मिटा दिया। मैं इस प्यारी महिला के पास गयी और क्षमा माँग कर बोली, "मैं भारत से आये एक साधु पुरुष से मिलने आयी हुँ, और मेरे पास उनको देने हेतु कोई फूल नहीं है। क्या मैं आपसे एक लेई (फूलों की माला) खरीद-सकती हूँ?"

महिला कुछ समझ नहीं पा रही थीं किन्तु सज्जन मुस्कुराये, फिर उन्होंने एक के बाद एक फूलों की मालाएँ मेरे हाथों पर रखनी शुरु कर दीं। मुझे उनकी उदारता को रोकना पड़ा। मैंने उन्हें हमारे योगी को ऐसे सुन्दर फूल देने पर आशीर्वाद दिया और महर्षि को वह भेंट करने दौड़ चली। बाद में मुझे पता चला कि यह उदार सज्जन अपने देश के एक महत्वपूर्ण राजनीतिक व्यक्ति हैं।

हम सामान रखने के केन्द्र पर पहुँचे, और वहाँ यह छोटा लिपटा हुआ कालीन चमकते–दमकते सामानों के मध्य रखा था। तो एक बार फिर से कालीन को अपने हाथों में कस के पकड़े, और महर्षि को फूलों की मालाएँ पहनाकर हम '433' की ओर चले।

घर लौटना बहुत अच्छा लगा। ध्यान साधक आगे की सीढ़ियों पर एकत्रित थे, और बारी–बारी से सबने ढेर सारा प्रेम महर्षि के पहले से फूलों से भरे हाथों में फूल रखकर दर्शाया।

महर्षि लौटने पर प्रसन्न दिख रहे थे, और अपने खुबानी रंगे हुए कमरे को देखकर आह्लादित थे।

घर फिर से अपनी दिनचर्या पर उतर आया जो कि व्यक्तिगत साक्षात्कार, व्यक्तिगत निर्देश, शाम के व्याख्यान, संस्था के प्रचार–प्रसार हेतु चर्चाओं से संबन्धित होता था।

मैं हमेशा काम पर जाते समय इसी विचार से जाती कि '433' पर सब कुछ नियंत्रण में होगा, किन्तु एक अपराह्न मुझे फोन कॉल आया कि घर शीघ्रातिशीघ्र पहुँचो।

"चिंता करने की आवश्यकता नहीं है," एक नयी आवाज फोन पर बोली। "एक व्यक्ति आपसे मिलने आया है और कह रहा है कि वो प्रतीक्षा करेगा।"

"चिंता करने की आवश्यकता नहीं है" यह वो शब्द थे जिनसे मैंने घर शीघ्र पहुँचने का कीर्तिमान स्थापित कर दिया।

जैसे ही मैंने सड़क पर कार को रोका तो पुलिस की एक कार घर के सामने दिखाई पड़ी। इस उलझन का उत्तर भीतर था, आरामकुर्सी पर बैठा, विवरणिका पढ़ता हुआ।

"मिसेज ऑल्सन?"

एक बड़ा और दिखने का भला, पुलिस की पोशाक पहने व्यक्ति मुझसे मिला।

"हाँ, क्या परेशानी है?"

''हम आश्चर्य में हैं कि यहाँ क्या हो रहा है? कुछ शिकायतें आयी हैं कि आप लोग शान्ति भंग कर रहे हैं।"

"सच में?"

मैं अपने कानों पर विश्वास नहीं कर पायी। कितना व्यंग्यात्मक! हम भावातीत ध्यान नाम की एक युक्ति को फैलाने का प्रयास कर रहे थे जो कि पूरे विश्व में शान्ति ला सकती है। दूसरी ओर मैं उस इन्सपेक्टर की दृष्टि को भाँप रही थी जो कि आश्चर्यवत् जूतों के समूह को, भली प्रकार लगाए चिन्हों को जो कि पूरे घर में लगाये हुए थेः "शान्ति," "धूम्रपान मना है", "ऑफिस" और ''कृपया अपने जूतों को यहाँ उतारें,", देख रही थीं।

"यह आपका घर है?" उन्होंने पूछा।

"हाँ।"

मैंने पूरे मामले को हल्केपन से लेने का प्रयास किया। उसने कुछ कागज निकाले।

आपके पड़ोसियों को लगता है कि आप लोग पार्किंग के सारे स्थान को सुबह से देर रात तक घेरे रहते हैं। आप आवासीय क्षेत्र में बड़ी सभाएँ आयोजित करते हैं और आप शान्ति को भंग करते हैं।"

मैंने अपना सिर हिलाया, लोगों की प्रफुल्लित भीड़ का स्मरण करते हुए जो रोज सुबह दो बजे घर से जाती थी।

"क्या आप कुछ कहना चाहेंगी?"

कुछ पलों के लिए मैंने वह छोटा–सा शब्द दोहराया जो महर्षि ने मुझे दिया था। उसने मुझे संकट के समय कुछ शालीनता प्रदान की।

"ऑफीसर, मैंने इस बात पर चिंतन नहीं किया था, परन्तु यह सब सच है। स्वाभाविक तौर से हमें किसी को भी कष्ट पहुँचाने का विचार नहीं था।''

मैं आगे बताने लगी कैसे हम महर्षि से मिले, उन्हौंने क्या सिखाया, और कितनी सरलता से हमारे घर में लोग आने लगे।

"वे यहाँ कुछ ही समय के लिए रहेंगे, और मैं निश्चित तौर पर कह सकती हूँ कि हम किसी को भी परेशान नहीं करेंगे।"

ऑफीसर बहुत सभ्य थे। उन्होंने एक विवरणिका उठाई।

"आप इस सब पर विश्वास करती हैं?" उन्होंने पूछा।

"हाँ बिलकुल। यद्यपि मेरे लिए यह नया है, फिर भी मुझे रोचक लगता है और अभी तक जो इसके बारे में बताया था वैसा फल भी देता है।

जैसे ही वह अपनी कार तक पहुँचे, मैं महर्षि के पास पहुँची।

"यह क्या है?"

शिकायतों की सूची को पुनः पढ़ा गया।

वह कभी मुझे तो कभी कमरे में बैठी अन्य महिलाओं की ओर देखते। सबने अपना सिर हिलाया।

"यह सच ही है," सभी सहमत हुईं।

"क्या किया जाए?"

सबके पास सुझाव थे। अगले व्याख्यान हेतु एक हॉल की आवश्यकता थी।

जिन महिलाओं ने पहली बार फोन उठाया था वे बोलीं कि पार्किंग की व्यवस्था उनके घर के चारों ओर के स्थान में हो सकती है। जो लोग देर रात तक रुकते हैं उन्हें घर से जाते समय शान्त रहने को कहा जा सकता है।

"मेरी एक मित्र जो कि बैले की शिक्षक हैं, उनके स्टूडियो से लगा हुआ एक बड़ा कमरा है। यदि वह खाली होगा तो शायद वह उसे हमें किराये पर दे दें। मैं उन्हें फोन करूँ?"

महर्षि ने अपना सिर हिलाया, और मेरी अच्छी कुमारी फ्रे को, जो कि हमारी बालिकाओं को बैले भी सिखाती थीं, फोन लगाया।

हाँ, स्टूडियो उपलब्ध था। कुमारी फ्रे उसे एक अच्छे समूह को देकर प्रसन्न होंगी। मैं उन्हें हर महीने के लिए सौ डालर का प्रस्ताव देने ही वाली थी जब वह बोलीं कि वह पिछत्तर डालर से एक सैन्ट भी कम नहीं लेंगी! प्यारी कुमारी फ्रे, मैं उन्हें सदा प्रेम करती रहूँगी।

महर्षि ने हॉल को तुरन्त देखना चाहा। चह एक आकर्षक–सी दिखने वाली बिल्डिंग की दूसरी मंजिल पर था। कमरा बड़ा था, खाली था, और रंगाई पुतायी माँगता था।

एक बड़ी खिड़की सिक्सथ स्ट्रीट और विल्शायर बोलीवार्ड के पार झाँकती थी। यद्यपि मार्ग का कोलाहल सुनायी पड़ रहा था, फिर भी महर्षि ने कुछ समय के उपयोग के लिए इस स्थान पर सहमति दे दी।

बढ़िया लकड़ी की बनी छत के साथ अत्यधिक ऊँची दीवारें दरवाजे कमरे को गॉथिक वातावरण प्रदान कर रहे थे।

इस स्टूडियो को पिछले पच्चीस सालों से एक उत्कृष्ट वाणी (वॉयस) प्रशिक्षक प्रयोग कर रहे थे। एक महिला जो कि एक व्याख्यान कक्ष को ढूंढ रही थीं बोलीं कि उन्हें यह एकमात्र स्थान मिला जहाँ पुरानी सिगरेट की गंध नहीं थी।

फोल्डिंग कुर्सियाँ उस दोपहर को वहाँ ले जायी गयीं और माइक्रोफोन लगा दिया गया। उस रात्रि का व्याख्यान इस नयी जगह पर आयोजित हुआ। जब रात को साढ़े आठ के करीब एक पुलिस कार हमारी सड़क से होकर गयी, तो उसने '433' को अपने गाम्भीर्य और शान्ति में बाँज के पेड़ के पीछे स्थित हुआ पाया......एक सभ्य महिला की तरह जैसा उसे किसी रिहायशी क्षेत्र में होना चाहिए था।

हॉल को ठीक–ठाक करने की परियोजना को सभी ध्यान साधकों ने पसन्द किया। वह उनके अपने घर जैसा था और वे उसको प्रेम से निखारने में लग गए।

एक सप्ताह में दीवारें हल्के नीले रंग की सुन्दरता लिए सज गयीं। लोगों ने महर्षि की कुर्सी हेतु एक ऊँचा मंच भी बनाया। महिलाओं ने एक सुन्दर मखमली परदा महर्षि के पीछे की दीवार हेतु सिला। पहले खाली पड़े फर्श पर अब कालीनों को बिछा दिया गया था।

प्रतिदिन कोई न कोई नया सुधार महर्षि को प्रसन्न करता था। किन्तु लोहे की उन फोल्डिंग कुर्सियों को देखकर वे अपना सिर हिलाया करते।

"हमें बेहतर कुर्सियों का प्रबन्ध करना होगा" वे बोले। "बहुत सुविधाजनक, मुलायम, स्प्रिंग वाली, और उनमें हाथों को रखने के लिए सहारा भी होना चाहिए। उनका रंग भी अच्छा होना चाहिए। दिव्यता के पथ पर पीड़ा बिलकुल नहीं उठानी।"

वे एक निश्चिंत, सुविधासम्पन्न वातावरण को पसन्द करते थे और अपने प्यारे अनुयायियो को भी ऐसे ही रखना चाहते थे।

यद्यपि सभी ने इन सुविधापूर्ण कुर्सियों के विचार पर सहमति जतायी, किन्तु कोई भी इन्हें तीस से चालीस डालर प्रति कुर्सी, से कम पर लाने की सोच नहीं पाया। निःसंदेह ऐसा कर पाना असम्भव ही था।

रॉन ने सबको एक सुखद आश्चर्य दिया।

"पचास सुविधापूर्ण, नीली, हाथों को रखने की सुविधा वाली कुर्सियाँ अभी हॉल तक पहुँचा दी गयी हैं," उन्होंने "ऑफिस" में घोषणा की।

सबने गहरी साँस भरी।

'थेरिसा महर्षि को फूलों की माला देते हुए प्रसन्न।'

"कितने की?" पहला प्रश्न था।

रॉन मुस्कुराये।

"चार डालर प्रति कुर्सी। हमने एक जूतों की दुकानों की श्रृंखला से यह खरीद लीं जो अपनी दुकानों की सजावट बदल रहे थे, और इन्हें बेचना चाहते थे।

बहुत ही कम समय में सारी रंगायी, कालीन का बिछना और फर्नीचर लगना, सब हो गया, और महर्षि के गुरुदेव की एक बड़ी तस्वीर, जो कि महर्षि के गुरु ब्रह्मानन्द सरस्वती की थी, (जिनको अधिकतर केवल 'गुरुदेव' संबोधित किया जाता था) को लगाने के बाद हॉल भेंट करने हेतु तैयार था।

लगभग सौ लोग आये और महर्षि को एक उपहार समर्पित किया। वह एक बड़ा, सुन्दर, धातु के उपयोग से मजबूत बनाया हुआ, हवाई अड्डे हेतु सूटकेस था। वह उस पर प्रसन्न थे। उनकी भूरी आँखें प्रेम से भर आयीं जब उन्होंने कमरे में उपस्थित हर व्यक्ति को देखा।

प्रतिदिन नये–नये बदलाव आते, सभी आवश्यक भी और अच्छे भी किन्तु इस घटना ने मेरे दिल को, और कई औरों के दिलों को भी आहत–सा किया।

हमें पता था कि बड़ा और मजबूत सामान रखने का सूटकेस हमारे साधु को उनकी भावातीत ध्यान हेतु उड़ानों में बहुत काम आने वाला है।

पर हम उनके विलक्षण व्यक्तित्व से जुड़े किसी भी चिन्ह से अलग नहीं होना चाहते थे।

किसी को पता नहीं कि फिर उस छोटी अनोखी कालीन का क्या हुआ, किन्तु उसके लिए हमारे दिल में स्थान हमेशा रहेगा, क्योंकि उसी की सहायता से हमारे प्रिय साधु सुदूर हिमालय से हमारे पास, पश्चिम की व्यस्त जीवन शैली में आये थे।

मैं विशेषकर उस छोटी कालीन पर आसक्त थी– शायद इसलिए क्योंकि मैं उस पर विजय नहीं पा पायी थी, या शायद इसलिए कि मैं उस अनुभव को नहीं भूल पायी जो मुझे उसे पहली बार घर लाते समय हुआ।

आखिर कौन किसी चमड़े और धातु से बने सूटकेस को उठाकर उसे प्रेम से अपनी बाँहों में थामेगा?

सप्तम् अध्याय

परिवार का एकत्रित होना

जून के मध्य तक नाट्यशाला की गतिविधियाँ अपनी चरम तक पहुँच गयीं। घर की गतिविधियाँ भी मानो उनकी बराबरी करने को बढ़ती जा रही थीं।

रोलैंड और मैं, बीच में बैठे, हर शब्द को उत्सुकता से सुनते जो कि भावातीत ध्यान के बारे में बोला जाता, यद्यपि उसका नयापन जा चुका था। भावातीत ध्यान के प्रतिदिन के अभ्यास किसी और दिनचर्या की क्रिया जैसे ही होते किन्तु उसे बहुत ध्यान से देखा जा पाना संभव नहीं हो पाता था। किसी भी चीज का नियमपूर्वक पालन मेरे लिए हमेशा ही मुश्किल रहा था, किन्तु व्यस्तता के दिनों में जब वे नियम सहायता करते तो उनकी महत्ता समझ आती। उस समय भावातीत ध्यान हमारे लिए बस यह अर्थ रखता था कि वो हमारी अनोखी परिस्थितियों में हमें शक्ति देता था।[5]

उसके बारे में दर्शन तो रोचक था किन्तु जो किसी भी व्यक्ति के लिए महत्वपूर्ण था वह था उस चीज का उसके जीवन पर प्रभाव। यद्यपि हम अपने जीवन में सूक्ष्म परिवर्तन महसूस तो कर रहे थे, तथापि उन्हें ठीक से इंगित नहीं कर पा रहे थे।

हमारे करीबी मित्र हमें चौंकाते। वे लगातार हम में हुए सुधारों पर टिप्पणी करते। हमें बताया जाता कि हम उम्र में छोटे लगने लगे थे, आनन्दित और अधिक शान्त दिखने लगे थे।[6] कुछ कहते कि मेरी आवाज बेहतर हो गयी थी। सब सहमत थे कि रोलैंड कम तनावग्रस्त और चिंतित लगने लगे थे [7] यद्यपि वे समझ नहीं पा रहे थे कि कैसे, जबकि घर में इतना कुछ चल रहा हो। किसी ने मुझसे कहा, "जब मैं रोलैंड और तुम्हारे पास रहती हूँ तो प्रसन्न रहती हूँ।"

जिस एक बदलाव के बारे में मैं सचेत थी वह था रंगमंच के प्रति मेरे मूल्यों में परिवर्तन।[8] मैं समझने लगी कि उसका ध्येय विभिन्न विषयों का सच्चा रूप सामने लाना है, और जीवन में अनन्त प्रकार की भूमिकाओं को निभाने वाले विभिन्न लोगों के प्रति हमारी समझ को बढ़ाना है।

अच्छे मनोरंजन को शाश्वत मूल्यों के प्रति सूक्ष्म तरीके से कुछ बताना चाहिए। उसे विषयों का सच्चा स्वरूप प्रदर्शित करना चाहिए। यह भावातीत ध्यान का

क्रियात्मक स्वरूप मेरे भीतर सत्य को पाने की इच्छा को सींच रहा था। और, जैसे–जैसे वह मेरी समझ रंगमंच के प्रति बढ़ा रहा था, वैसे–वैसे "घर" के बारे में भी ज्ञान बढ़ा रहा था।

वह महर्षि की सादगी भरी वाणी थी, उनकी आनन्दपूर्ण, आह्लादित करने वाली हँसी और दिव्य ज्ञान की बौछारें थीं, और प्रतिदिन बढ़ते ध्यान साधकों में उनकी झलक थी, जो कि मेरे मन को रंगमंच की बनावटी और पूर्वनियोजित प्रसन्नताओं के बीच से अपने घर के सरल उल्लास के बीच खींच लातीं, और मुझे बाँधें रखतीं क्योंकि उन आनन्द के पलों में अचम्भों का मिश्रण भी होता। रंगमंच की सभी क्रियाओं का पूर्वाभास मुझे हो सकता था, किन्तु '433' में व्याप्त रहस्य का वातावरण समझ के परे था। अब मैं नाट्यशाला में घंटों न बिताती। आवश्यक काम निपटा कर मैं शीघ्रातिशीघ्र घर पहुँचती।

एक शाम घर पहुँचने पर हमें हमारी आशा से अधिक प्रसन्नता और हँसी के साथ अभिनन्दित किया गया। फिर, धीमे–धीमे जैसे हम समूह में हिल–मिल गए, सब शान्त हो गया। रोज की तरह दो बजे का समय आने पर सब चले गए। महर्षि ने सिर हिलाकर हमें स्टडी में रुकने का संकेत दिया।

वे प्रसन्नतापूर्वक बोले, "शीघ्र मेरे मित्र भारत से यहाँ आने वाले हैं।"

"कितना अच्छा है। वे एक छोटी भेंट हेतु आ रहे हैं?" रोलैंड ने पूछा।

"हाँ, एक छोटी भेंट हेतु।"

वह हँसी जो हमने सुनी और महर्षि के मुखमण्डल के भाव के कारण हमें कुछ आशंका होने लगी।

"महर्षि हमें अपने मित्रों के बारे में कुछ बताइये।"

"ओह! बहुत प्यारे भक्त हैं, भारत से।"

"क्या वे विश्व भ्रमण पर निकले हैं?"

"मुख्यतः, वे देखने आ रहे हैं कि मैं ठीक हूँ कि नहीं। भारत में भक्तों की गुरु के प्रति बहुत आस्था होती है।" वे थोड़ा हँसे। "वे अपना सारा समय उनकी देखभाल और सेवा में लगा देते हैं।"

"यह तो बहुत ही सुन्दर है। तो निस्संदेह वे आपके जितना हो सके समीप ही रहना चाहेंगे।"

"ठीक। आप बिल्कुल ठीक कह रहे हैं।" महर्षि की आँखें मेरी आँखों से मिली।

"क्या किसी ने होटल की व्यवस्था की है?"

"आज रात सबका कहना था कि उन्हें यहीं रहना चाहिए।"

रोलैंड और मैं मूक हो गए। आनन्द मिश्रित आघात की अनुभूति में बैठे हम एक–दो मिनट तक सुन्न हो गए। फिर हम अपने पैरों पर खड़े हो गए।

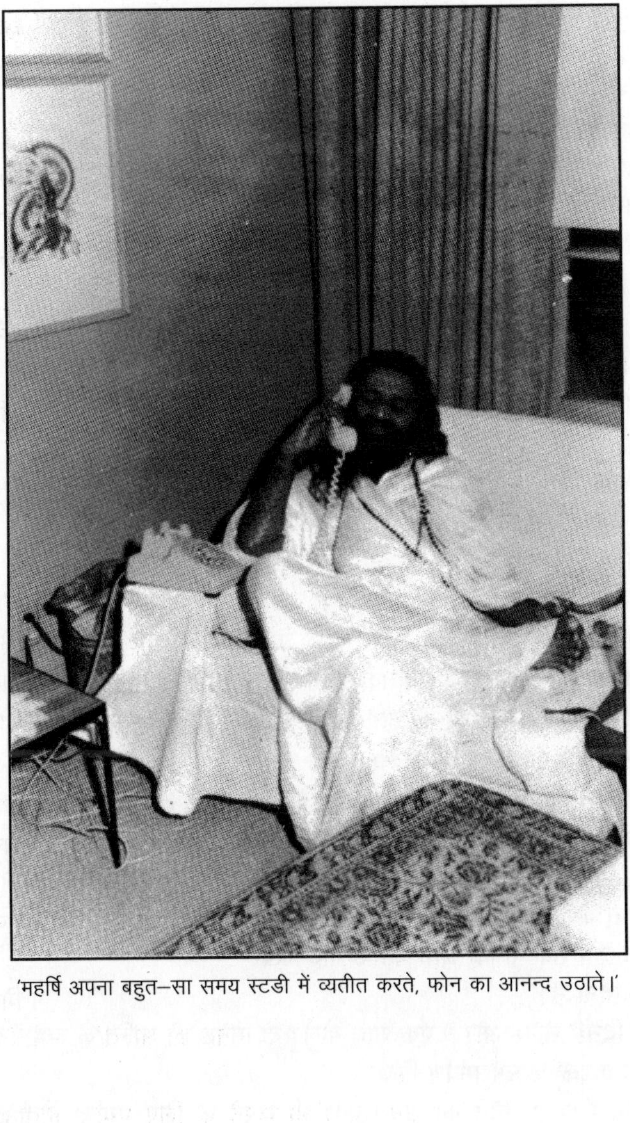

'महर्षि अपना बहुत–सा समय स्टडी में व्यतीत करते, फोन का आनन्द उठाते।'

"हम उन्हें रखने में प्रसन्न तो होते, किन्तु......."

"अच्छा, बहुत बढ़िया।" और महर्षि ने अपनी बड़ी जम्हाई ली, जिसका अर्थ था कि, "मैं सोने जा रहा हूँ।"

"किन्तु महर्षि वास्तव में," मैं अपना वाक्य समाप्त करने पर तुली थी , "मैं नहीं सोचती हम उन्हें बहुत सुविधाएँ दे पाएँगे।"

"उन्हें सुविधा देने से क्या अर्थ है? सभी उनकी देखभाल करेंगे। क्या स्थान उपलब्ध है?"

एक मिनट में वह सीढ़ियों से ऊपर थे, कमरों को देखते हुए।

हमने गुरुजी को अपना शयनकक्ष भेंट में प्रस्तावित किया। उन्होंने हमारे इस निवेदन को नहीं स्वीकारा। जब से टीना बाहर गयी हुयी थी आगे का शयनकक्ष जब–तब सैन फ्रान्सिस्को से आने वाले और देर रात तक रुकने वाले अतिथियों हेतु प्रयोग में आने लगा था। वह '433' में काम करने वालों का "झपकी" लेने का स्थल भी था।

"क्या वे सभी पुरुष हैं, या दम्पत्ति, या कौन?" मैंने पूछा।

"एक युवती, उनके भाई और भारत के केन्द्रों में से एक के अध्यक्ष।"

परस्पर विचारविमर्शोपरान्त हमने निर्णय लिया कि हम थेरिसा को उसके छोटे–से कमरे से हटाकर, जो कि सीढ़ियों के सामने था, उसे पुनः अपने ड्रेसिंग कक्ष में ले लेंगे, जो कि पहले कभी बचपन में उसका कमरा था।

महिला अतिथि थेरिसा के शयनकक्ष में चली जाएँगी और वे दो पुरुष सामने का शयनकक्ष मिलकर प्रयोग कर लेंगे। महर्षि कभी इतने प्रसन्न नहीं थे। धीमे–धीमे हमें आभास होने लगा कि वे अब तक अपने लोगों, अपनी आदतों, भाषा और परिचित चेहरों के बिना अकेले से हो गए होंगे। इस विषय को ज्ञान के नये प्रकाश में देखकर हम उन लोगों के प्रति मैत्रीपूर्ण भावना से भर गए।

"महर्षि मैं कितनी प्रसन्न हूँ कि आपके मित्र आ रहे हैं, और हमारे पास स्थान भी उपलब्ध है।"

उनकी मुस्कान का मूल्य सारी बढ़ी हुयी जिम्मेदारियों या असुविधाओं की भरपायी करने हेतु पर्याप्त था।

"हम कब तक उनके आने की उम्मीद रखें?"

"दो दिनों में।"

"दो दिन!" रोलैंड और मैं एक साथ बोले। दो मिनट की शान्ति के बाद मैंने "ओ, अच्छा!" कहकर आत्मसमर्पण किया।

उनके लिए दो दिन का समय कुछ भी करने के लिए पर्याप्त होता होगा। समान्यतया मुझे तो इस विषय पर सोचने में ही दो दिन लग जाते। पर उनका तेज

सोचने का तरीका अब हम पर प्रभाव छोड़ने लगा था, और मैंने तार्किक बुद्धि से सोचा तो यह श्रेष्ठकर ही था– चिंता के लिए कम समय रहता।

किन्तु, अभी आगे और भी था।

"महिला अतिथि भारत के सबसे धनिक परिवारों में से एक की है।"

"सच में? तब तो हम उन्हें उस धूप वाले बरामदे में नहीं रहने दे सकते। ऐसा करना उचित नहीं होगा, और वह कमरा तो देखने लायक हो रहा है। खिड़कियों को धुलाई की आवश्यकता है और कालीनों को सफाई की और कम्बलों को विदाई की। मुझे डर है कि यह असंभव है।

'महर्षि रामाराव, लक्ष्मण तथा माताजी के साथ,
जो भारत से महर्षि के साथ रहने और उनकी सेवा करने आये थे।'

उन्होंने सारी परिस्थिति को यह कहकर सुलझा दिया कि, "वे इन सब बातों की चिन्ता क्यों करने लगे? वे तो ऑल्सन माँ के प्रति कृतज्ञ होंगे कि वे उन्हें यहाँ ठहरने दे रही हैं।"

उनके "ऑल्सन माँ" का सम्बोधन का तरीका मुझ तक कोमलता–से और प्रेम के उष्ण प्रभाव के साथ आया। उसने सौम्यता से मेरी चिन्तायें मिटा दी।

वे अपने कमरे में लौट चले और हम अपने।

मेरे पति और मैंने इस परिस्थिति के बारे में अपने आराधना कक्ष में चर्चा की।

सदा शान्त रहने वाले रोलैंड, पूरे आश्वस्त थे कि सब कुछ ठीक–ठाक होगा और इसको भी गंभीरता से नहीं ले रहे थे।

"वैसे, यहाँ सभी तो है उनको साथ देने हेतु, और महर्षि भी बहुत खुश होंगे। वह दिन का सारा समय दीवान पर बिताते हैं। मैं चाहता हूँ कि अब वे थोड़ा बाहर भी घूमें। और क्योंकि हमें तो पता नहीं था कि वे आ रहे हैं तो हमसे अपेक्षा भी नहीं होगी कि सब कुछ तैयारी कर रखेंगे। और फिर, तुमने यहाँ सभी प्रकार के लोगों को समंजित किया है। यह भारतीय लोग भी रोचक हो सकते हैं।"

मैंने थोड़ी देर के लिए ध्यान करने का प्रयास किया, किन्तु अपना सारा समय मन ही मन फर्नीचर और शय्याओं को व्यवस्थित करने में बिताया। अंत में मैं अपने पर हावी होती थकान से पस्त हो गयी। पता ही न चला कि कब प्रकृति माँ की चहचहाती चिड़ियाएँ ग्रीष्म ऋतु के अगले सुन्दर दिन का स्वागत करने लगीं थीं।

परन्तु इस बात का पूर्ण श्रेय मार्था ज्वीबैल को था कि यह दिन इतना प्यारा लग रहा था। एक सप्ताह पूर्व भावातीत ध्यान शुरु करने के बाद से उसने अपनी सेवाएँ महर्षि को अर्पित कर दी थीं और उसे ऑफिस का कार्यभार सौंपा गया था।

एक बहुत आकर्षक और सक्षम स्त्री, मार्था अनथक कार्य करने वाली अनेक क्षेत्रों में कुशल महिला थीं। वे हर दिन प्रातः आठ हमारे घर पहुँच जातीं। सुन्दर तरीके से सजी हुयीं और दिन भर की क्रियाओं, वे जो कुछ भी हों, हेतु तत्पर। मार्था को सारी नई प्रगतियों के बारे में बताने पर सब कुछ जैसे खेल में परिवर्तित हो गया। जो अब तक समस्या का रूप लिए हुए थीं, वो अब एक आसान चुनौती की तरह हल हो गयीं।

"किसी सफाई संस्था को बुलाना, मार्था। मैं कुछ नयी चादरें और तौलिए खरीदने का प्रयास करती हूँ।"

एमिली ली ने मेरा अन्तिम वाक्य सुना और जल्दी से अपने घर से चादर आदि ले आने का प्रस्ताव रखा। मैंने प्रसन्नता से उसे स्वीकारा।

मेरा प्रातः आढ़े आठ बजे ऑफिस चले जाना असामान्य बात थी, किन्तु अब मेरा काम ही मेरा आश्रय था, वह पागलखाना–सा बन चुका था। वहाँ पहुँचने हेतु मैं अति

तत्पर थी। गाड़ी चलाते–चलाते मेरे मन में अजीब विचार आने लगे। क्या कोई भी अपने सन्तुलित दिमाग से ऐसा करेगा जो मेरे पति और मैं कर रहे थे? कभी नहीं। और यहाँ हम थे कि योग या आध्यात्म के बारे में कुछ भी ना जानने के बाद भी उसे इन जटिल परिस्थितियों में प्रोत्साहित कर रहे थे। हम महर्षि का और जो कुछ वे कहते थे उसका पूरी प्रकार से अनुमोदन करते थे यद्यपि बिना पूर्ण रूप से समझे। और घर की समस्याओं पर उठने वाले ढेरों सुझावों में भी हम जैसे उलझ जाते थे। हरेक पृष्ठभूमि के लोग हमारे यहाँ उपस्थित थे।

हम अपने यहाँ ठहरे योगी के बारे में भी बहुत थोड़ा ही जानते थे, सिवाय यह जानने के कि हम उन्हें पसन्द करते थे। हम इस बात को लेकर कुछ असुविधा में थे कि उनके साथ ढेरों और लोग भी हमारा घर दिन–रात प्रयोग कर रहे थे, उसी में भोजन कर रहे थे, वहीं सो रहे थे, बेहिचक आ–जा रहे थे।

रोलैंड जो कि हमेशा मेरे दिनभर का मूड ठीक करते रहते थे इस विषय पर कुछ नहीं पूछ रहे थे। और फिर इस भावातीत ध्यान पर कोई कह भी क्या सकता था– तुम ध्वनि कम करते–करते आनन्द के स्तर पर पहुँच जाते हो, एक ऐसा स्तर जो कि देश–काल की सीमाओं और सापेक्षता से परे है। और चूँकि वह सापेक्षता के परे है इसलिए कुछ भी सिद्ध नहीं किया जा सकता है।

.......और इस सब का निष्कर्ष क्या होता है?

तीन और अतिथि।

इस विचार पर ही मुझे हँसी आ रही थी, और मेरे नये अतिथियों को टालना किसी के भी बस के बाहर था!

जैसे ही मैं नाट्यशाला में प्रविष्ट हुयी तो कोलीन पौटर से मिली, जो कि वहाँ के कर्मचारीगणों में से उतनी ही पुरानी थीं जितनी कि मैं। उसने मुझे यह कहकर चौंका दिया कि, "तुम जो भी कर रही हो बहुत अच्छा है। हर कोई तुम्हारे बारे में चर्चा कर रहा है कि तुम कितनी अच्छी दिखती हो और काम में कितनी कुशलता दिखा रही हो। मैं स्वयं उस युक्ति को प्रयोग करना चाहूँगी।"

"कोलीन, तुम सच कह रही हो? आज रात के व्याख्यान में अवश्य आना। मैं इतना तो जानती हूँ कि तुम्हें महर्षि अच्छे लगेंगे और उन्हें तुम।"

कोलीन एक श्रेष्ठ लेखिका थी, और मेरी जानकारी में, लड़कियों में सबसे आकर्षक। गाते समय उसकी आवाज बहुत सुरीली लगती और उसका हँसी–मजाक करने का ढंग भी निराला था। मेरे लिए यह खासा अर्थ और मूल्य रखता था कि नाट्यशाला के कर्मचारियों में से ऐसी महिला भावातीत ध्यान कार्यक्रम में रुचि दिखा रही थी।

बाद में, अपने काम के पहाड़ से निकल कर, मैं घर दो बजे पहुँची। सामने का दरवाजा खुला था, परन्तु कोई आस–पास दिख नहीं रहा था। मैं टहलते हुए बैठक तक जा पहुँची और दहलीज पर जड़ हो गयी।

वह पहचानने में नहीं आ रहा था। कमरे की लम्बाई में टंगी रस्सी में तीन या चार चादरें लटकी थीं, और तीन से चार कमरे की चौड़ाई में।

मैं समझ नहीं पायी कि इसका क्या मतलब था। फिर एक विचार आया।

वे धुले कपड़े सुखा रहे हैं।

एमिली ली मेरी ओर आयीं। ''महर्षि ने मुझे चादरें लाते देख लिया और कुछ काम करने वाले आदमियों को ध्यान कक्ष बनाने का निर्देश दे दिया। कितना विलक्षण है, है ना?"

"बहुत विलक्षण। और अतिथियों के लिए चादरों का क्या होगा? याद है ना, आज रात तीन अतिथि आ रहे हैं।"

"अब चिंता मत करो। महर्षि का काम ठीक तरीके से हो ही जाता है। तुम बस आराम करो। ध्यान में बैठ जाओ।"

और वह अपने रोमांच में कहीं चल दी। मैं थोड़ा परेशान हो गयी।

उपर मंजिल में मैंने मार्था को आगे के शयनकक्ष के फर्श को धोते देखा। वह ठीक समय तक सफाई कर्मचारियों का प्रबंध नहीं कर पायी थी।

शीला अभी तक अपनी पूरी क्षमता से महर्षि का भोजन तैयार करने में जुटी थी, जो प्रायः मित्रों को भोजन हेतु आमंत्रित कर देते थे।

मार्था अब तक ऑफिस का और धोने का काम संभाले थी। मैंने कुछ चुटकुले सुनाने का प्रयास किया किन्तु वह उनके प्रभाव के परे जा चुकी थी। "किसी को रेशमी वस्त्रों को धोना और इस्तरी करना पड़ेगा," वे बोलीं। "मैं दिन के लिए घर जाना चाहती हूँ। मैं थक चुकी हूँ।"

"मैं किसी को ढूंढ लूँगी या स्वयं ही कर लूँगी। तुम जा सकती हो मार्था, तुमने बहुत प्रशंसनीय काम किया है; तुम्हें इसके लिए धन्यवाद देना भी पर्याप्त नहीं होगा।"

"महर्षि को मुझे धन्यवाद देने का तरीका पता है।" ऐसा उसका विस्मयकारी उत्तर था।

स्टडी से आती हुई हँसी की आवाज ने मुझे उस ओर आकृष्ट किया। कई एक महिलायें वहाँ एकत्रित होकर महर्षि के साथ अपराह्न के आनन्दपूर्ण पल बाँट रहीं थीं।

"ओह, माँ ऑल्सन, क्या आपको ऑफिस की व्यस्तता बाँधे नहीं रखती?"

"घर की व्यस्तता को भी मेरी आवश्यकता है, महर्षि। अभी इसी समय भी सहायता चाहिए।"

क्षण–भर में उन्होंने आवश्यक काम करने हेतु लोगों को लगा दिया। उनका खुशमिजाज स्वभाव संक्रामक था। उनके समीप रहकर बहुत देर तक कोई भी सुख से वंचित रहे, ऐसा सम्भव ना था।

"क्या आप बता सकते हैं कि बैठक में आपने चादरें क्यों टाँग रखी हैं? वह अच्छा नहीं लग रहा है। मुझे नहीं पता कि आपके अतिथि क्या सोचेंगे।"

"हमें उनकी चिंता नहीं करनी है," बोले महर्षि।

किन्तु, धीमें–धीमें और ध्यानपूर्वक उन्होंने मुझे घर में शिक्षा देने में आने वाली समस्यायें बतायीं।

"बहुत कुछ खो जाता है," वे बोले। "लोगों कि लिए पहली बार ध्यान करते समय उन्हें औरों के साथ बैठाना अव्यावहारिक है।"

उदाहरणतः उन्होंने मुझे प्रदर्शित किया कि कैसे एक व्यक्ति आँखें खोलकर देखता है कि और लोग क्या कर रहे हैं, और पाता है कि दूसरा व्यक्ति भी धीमें–धीमें आँखें खोलकर उसे देख रहा है। जब वह ऐसा करके दिखा रहे थे तो मुझे हँसना पड़ा; योगी की एक और जीत!

"फिर सब अपनी आँखें बन्द कर लेते हैं किन्तु अनुभव तो खो ही जाता है। तो क्या किया जाए? हम चादरों को टाँग देते हैं और अब कोई किसी को नहीं देखता।"

उनके समझाने से सब कुछ सरल और व्यावहारिक हो गया। निःसंदेह उनका पूरा जीवन भावातीत ध्यान कार्यक्रम को समर्पित था और हम सबको उसमें सफलता दिलाने हेतु भी।

"बाहर बन रहा कमरा कैसा चल रहा है?"

"बहुत धीमे–धीमे।" महर्षि उदास स्वर में बोले। "अभी बहुत कुछ करना है।"

भारत से आने वाला हवाई जहाज 10:30 शाम को पहुँचने वाला था। महर्षि हर शाम व्याख्यान हॉल में व्याख्यान देते थे और इसलिए हम सब शाम के समय व्यस्त थे, तो अतिथियों का स्वागत सत्कार उस तरीके से नहीं हो पाया जैसी कि हमारी योजना थी।

महिलाओं ने अपनी पूरी सामर्थ्य से घर का काम किया था। सब कुछ चमचमा रहा था। ताजे फूल हर जगह सजे थे। ऑफिस में रखी भोजन की मेज साफ की गयी थी जिसमें बिस्किट, फल एवं मेवे सजाये गए थे। नाना प्रकार की आईसक्रीम भी उपलब्ध थीं। महर्षि ने भारतीय लोगों के ठंडे खाद्य पदार्थो की ओर रुचि होने का उल्लेख किया था, क्योंकि वहाँ के धनी घरानों में भी इनका चलन कम था।

रोलैंड और मैंने घर जल्दी पहुँचने के लिए भरपूर प्रयास किया और अतिथियों के पहुँचने से कुछ ही क्षण पहले पहुँचे।

एक कार हमारे सामने कुछ दूर आकर रुकी और ऐसा लगा जैसे तीन बच्चे उसमें से बाहर आये।

माताजी एक गौरवशाली, सादगीपूर्ण युवती थीं जो कि उत्कृष्ट सफेद साड़ी पहने थीं। उन्होंने भूरे रंग वाली साधारण सैंडल पहनी थी। उनके काले बाल लम्बे थे और पीछे की ओर सौम्यता से गिरते थे। वे सौन्दर्य प्रसाधनों का प्रयोग नहीं किये थीं।

एक बहुत सुन्दर–से युवक, जो कि एक स्वच्छ सफ़ेद सूट पहने थे, उनके भाई लक्ष्मण लग रहे थे। दोनों कद में छोटे ही थे और शारीरिक बनावट में पतले। किन्तु तीसरे व्यक्ति, रामा राव, निस्संदेह मेरी जानकारी के अनुसार अब तक के देखे सबसे पतले व्यक्ति थे। स्वाभाविक ही था कि वे ही सामान को अंदर लाने की व्यवस्था करेंगे।

वह फुटपाथ पर इतने सारे सामान को ढोते हुए आये कि उनको देख पाना असंभव था! हर कोई सहायता देने को भागा किन्तु वह सामान उठाने में जैसे आनन्द ले रहे थे। वह एक सज्जन पुरुष थे और, भगवान को धन्यवाद, अंग्रेजी बोलना जानते थे। माताजी और उनके भाई केवल हिन्दी बोलते थे।

किसी ने भी महर्षि को इतना प्रसन्न नहीं देखा था। हम लोग हमेशा उनकी वाणी के उतार–चढ़ाव को मुग्ध होकर सुनते, किन्तु अब, यद्यपि हम उनके द्वारा बोले शब्दों को समझ नहीं पा रहे थे, हम उनकी वाणी के स्वरों से अर्थ निकाल ले रहे थे। कितनी बार वे अपना सिर पीछे की ओर करके हँस पड़ते, और हम सब भी मात्र आनन्द लेने हेतु वैसा ही करते।

रोलैंड रामा राव को शयनकक्ष दिखाने ले गए। हमारी कितनी इच्छा थी कि हमारे पास सर्वाधिक सुविधा सम्पन्न प्रबन्ध होते। हमारे घर की दरियों और मेज–कुर्सियों में एक शान्तिदायक, घर–जैसी भावना तो थी, किन्तु उनके गुणों के बारे में बस इतना ही कहा जा सकता था।

रामा राव ने सामान के बँटवारे का निरीक्षण किया। जब तक उनका सुन्दर सामान एक एक कर उनके कमरों में गया, सारी महिलाओं ने माताजी के साथ शीघ्रता और सहजता से तादात्म्य स्थापित कर लिया था, और अंत में लड़कों में हरेक के पास एक–एक ही सामान ले जाने को बचा।

नाश्ता परोसने के बाद कई लोग तो अपने घरों को चले गए, किन्तु महर्षि ने अतिथियों समेत कुछ अन्य को स्टडी में एकत्रित किया। उन लोगों का महर्षि को प्यासी आँखों से देखना और महर्षि की आँखों में उमड़ा प्रेम और आनन्द देखना हमें यह बताने के लिए पर्याप्त था कि हमारे अतिथियों का महत्व क्या है– और यह कि असल में महर्षि 'हमारे' अतिथि नहीं कहे जा सकते थे, वे तो बहुतों के थे। विशेषकर वे उन प्यारे लोगों के थे जो कि दुनियाँ घूम कर बस उनके साथ कुछ अनमोल पल बिताने आये थे।

मेरे पति और मैं कुछ पीछे को जाने लगे किन्तु माताजी हमें आगे की ओर करती जातीं। वे कक्ष से बाहर गयीं और बिस्किट की एक तश्तरी लेकर लौटीं।

हमारे विस्मयकारी तरीके से देखने पर महर्षि ने समझाया कि माताजी के परिवार में रसोइयों ने निःसंदेह रास्ते हेतु खाना बनाया होगा। बाद में माताजी ने हमें अपने

दो सूटकेसों में से एक के भीतर दिखाया। उसमें पिकनिक में ले जाने वाली टोकरी–सी कुछ थी, और प्लास्टिक के बदले चीनी मिट्‌टी, की तश्तरियाँ थीं। छोटे आकार के डब्बों में विविध प्रकार के आकर्षक दिखने वाली खाद्य सामग्री रखी हुई थी और डिब्बों का ढक्कन कस कर बंद किया हुआ था। माताजी का महर्षि को परोसते देखना अत्यन्त दर्शनीय था। किसी साड़ी पहनने वाली महिला की शालीनता स्पृहणीय होती है। उनके हृदय का निर्मल प्रेम, उनकी कोमल छोटी–छोटी उँगलियों के रास्ते से पकवान के साथ अर्पित हो चला। उन्हौंने रोलैंड और मुझे महर्षि के समीप बैठाया और हमें भी पकवान वितरित किये। अधिकतर बिस्किट तो स्वादिष्ट थे किन्तु एक ने मुझे चौंका डाला क्योंकि वह गर्म काली मिर्च से भरा हुआ था!

मैं कभी भी काली मिर्च नहीं खा सकी थी, और उस समय तो मेरा दम ही घुट गया था। जब मैं अपने खाँसी के दौरे के बाद कमरे में लौटी तो माता जी मुझे कुछ भावशून्यता से देख रही थीं। महर्षि बोले, "इन्हें ऐसा पता नहीं था।"

"हमें पता नहीं था" अगले कुछ दिनों के लिए प्रधान वाक्य बन गया। पूर्व और पश्चिम शीघ्रता से मिल गये थे, और दोनों तरफ के रिवाजों का आदान–प्रदान होना बाकी था।

रामा राव ने मुझे समझाया कि भारत में माताजी पद का अर्थ छोटी माँ होता है। वह एक महत्वपूर्ण पदवी थी, और माताजी को अनेक लोग संत अथवा साध्वी स्त्री मानते थे। इसमें संदेह नहीं था कि वे अपने गुरु की देखभाल करना जानती थीं। वो प्रातः जल्दी उठतीं, स्नान करतीं, और नयी, सुन्दर साड़ियों को पहनकर ध्यान करतीं, और फिर महर्षि के लिए अंगूरों का रस निकालतीं।

उनका तरीका यह था कि पहले वे अंगूरों को चुनतीं, केवल सबसे ताजे और रसीले दानों को लेतीं। अब इन्हें बार–बार धोतीं, बीजों को अपनी छोटी–छोटी उँगलियों से निकालकर उनको एक साफ कपड़े में रखतीं, और उन्हें हाथों से दबाकर रस निचोड़ लेतीं। क्योंकि यह प्रक्रिया लम्बी होती इसलिए वे फर्श पर बैठकर सब कुछ अपने सामने एक स्वच्छ तौलिये में फैला लेतीं , किन्तु हम हमेशा उन पर ठोकर खाते रहते, जैसे–जैसे वे हमारे रास्ते से हटने हेतु अपना स्थान बदलते रहतीं। रामा राव को बुलाना निरर्थक था। उन्हौंन शीघ्रता से बता दिया था कि माताजी के काम करने के अपने ही तरीके और कारण होते थे।

माताजी यांत्रिक उपकरणों से परिचित नहीं थीं, किन्तु सेवकों की आदी थीं। वे हमारे घर की सेवक–विहीन व्यवस्था समझ नहीं पायीं। जो महिलायें सहायता हेतु आतीं थीं वे सब अच्छे परिवारों से होतीं, और फिर भी झाड़ू–पोछा या जो कुछ भी करना हो उसको दिल से करतीं। माताजी को हम मध्यमवर्गियों के तरीके समझने में कुछ समय लगा।

लगातार की सेवा मौज–मस्ती और हँसी–खुशी फैला जाती। ऑल्सन परिवार के किसी भी सदस्य को अतिरिक्त काम नहीं करना पड़ता था। और वास्तव में होता यह कि प्रायः हमें रोचक व्यंजन खाने को मिल जाते, और ऐसे प्यारे लोगों के मंच पर आने से सारा नाटक और भी गतिशील हो उठता!

अब क्योंकि महर्षि के मित्र आ गए थे, वे गर्मियों का आनन्द उठाने हेतु तैयार हो गए। हर दिन हमारा परिवार बड़ा होता गया। जीवन के हर क्षेत्र के लोग ध्यान सीखने आते और प्रत्येक क्षण महर्षि के साथ उनकी ज्ञान भरी बातें सुनने में, व्याख्यानों में उपस्थित होने में, उनके साथ हँसने में और अंत में उनके साथ घूमने जाने में बिताते। महर्षि के साथ घूमने जाना ऐसा था जैसे किसी पुराने फैशन के स्कूल का रविवारीय भ्रमण, बस यहाँ कोई योजना न होती–बस हो जाता।

कई समर्पित ध्यान साधक सदा महर्षि के साथ रहते। उनके व्यक्तित्व का आकर्षण पुरुषों को उनके काम से और महिलाओं को उनकी सामाजिक गतिविधियों से खींच लाता। वे '433' में ऐसे भिन्भिनाते जैसे शहद के आस–पास मधुमक्खी, वे न भी दिखें, तब भी।

लगातार वे प्रार्थना करते रहते कि महर्षि अपनी ध्येय प्राप्ति हेतु शहर घूमने का समय निकालें। अंततः माताजी ने हमें सुझाया कि ऐसा कैसे करें।

कोई एक स्टडी के दरवाजे तक गंभीर चेहरा लेकर जाएगा और कहेगा–

"महर्षि, आज के लिए आपकी और भेंट वार्ताएँ नहीं हैं। शायद आप अपने कक्ष में जाकर विश्राम करना पसन्द करेंगे।"

क्योंकि वह रात में दो घंटे ही सोने की आदत के लगते थे इसलिए वे एक छोटे बालक की तरह लगेंगे जिसे सोने भेजा जा रहा हो। उपर देखकर वे कुछ शैतानी भरे अंदाज में कहेंगे, "क्या हम कहीं बाहर चलें?"

"हाँ, यदि आपको लगता है कि जाना चाहिए।"

कुछ ही सेकेन्डों में वह घर में यहाँ–वहाँ जाकर कहते, "आओ, आओ"। रेशमी कपड़ों को इस्तरी करना रुक जाता, तश्तरियाँ छोड़ दी जातीं, टाइपिंग का काम रोक दिया जाता और घर खाली हो जाता। चार से पाँच वाहनों में भरकर प्रसन्न "बच्चे" फार्मर्स मार्किट, डिजनीलैंड, मैरीनलैन्ड, चाइनाटाउन, हालीवुड की पहाड़ियों से विभिन्न दृश्य, समुद्रतटों की सैर और कभी– कभार मध्य–रात्रि में सागर किनारे की सैर को निकल पड़ते। महर्षि सागर से आने वाली ताजी हवा का भरपूर आनन्द लेते और तट की रेत पर खड़े उनके बालों और कपड़ों से जब हवा खेलती तो वे देखने योग्य होते।

यद्यपि मेरे पति और मैं ऐसे सैर–सपाटों के दौरान घर में ही व्यस्त रहते, हम उनका आनन्द महर्षि और थेरिसा का विवरण सुनकर उठाते।

माताजी की त्वचा धूप से कुछ जलने लगी, उन्होंने अंग्रेजी तेजी से सीखना शुरु कर दिया, बाहर होटलों में खाना भी सीखा और कलकत्ते में अपने विशाल परिवार हेतु खरीददारी भी प्रारम्भ कर दी।

जैसे–जैसे हमारे समूह में और–और लोग आते गए, और सभी विचारों और ध्येयों में विभिन्नता बढ़ाते गये, तब लगने लगा कि हमारे परिवार को, जो कि सौ सदस्यों को पार कर चुका था, एक संस्था में रूपांतरित हो जाना चाहिए। यद्यपि कोई भी संस्था बनाने के पक्ष में नहीं था फिर भी वही एक रास्ता दिख रहा था जिसमें हमारी एकता बनी रहती, और आध्यात्मिक पुनरुत्थान आंदोलन का अंतर्राष्ट्रीय ध्यान केन्द्र आकार लेने लगा। बिलकुल ठीक कहें तो उसका जन्म **जून 13** को हुआ, रोलैंड के पचासवें जन्म दिवस के दिन।

उन दिनों महर्षि को अकेले मिल पाना दुलर्भ था किन्तु कभी–कभी ऐसा हो जाता। ऐसे ही एक मौके पर मैंने उनसे संस्था के बारे में पूछा।

"यह अच्छा विचार है," वे बोले। "मैं आध्यात्मिक काम करने हेतु मुक्त रहूँगा। पैसों, नियमों और ऐसी चीजों को मैं नहीं संभालूँगा। एक न्यास मण्डल इन चीजों को देखेगा।"

मण्डल के लिए एक प्रवक्ता महर्षि को योजना का परिचय देने लगाः

"हमारा ध्येय आपकी यात्राओं हेतु प्रबन्ध करना होगा, चंदा इक्ट्ठा करना होगा, आपके व्याख्यानों हेतु हॉलों का प्रबन्ध करना होगा और प्रचार हेतु आपको आवश्यक चीजें उपलब्ध करानी होंगी। इसके बाद आप अपने शेष कार्यों हेतु पूर्णतया मुक्त होंगे।"

भारत, मलेशिया, बर्मा, हाँग–काँग, सैन फ्रान्सिसको में कोई न कोई महर्षि का काम करने हेतु अवश्य दिख जाता, किन्तु अब यह कोई "एक व्यक्ति का कार्यभार" नहीं था और कई लोगों हेतु सहायता प्रदान करने का अवसर भी इससे खुल चुका था, किन्तु मिल–जुल कर, एक संस्था के रूप में।

आध्यात्मिक पुनरुत्थान आंदोलन का शीर्षक चर्चा का विषय बना। "आध्यात्मिक" महर्षि के हिसाब से उच्चतम चेतना की प्राप्ति थी। "पुनरुत्थान" का अर्थ था शक्ति की, जीवन–शक्ति की पुनर्स्थापना। महर्षि के भावातीत ध्यान कार्यक्रम का और उससे मिलने वाले लाभों का इससे अच्छा शब्द नहीं हो सकता था।

अधिकतर महिलाओं ने योजनाओं को सुना, निगमन की नियमावली को भी सुना, और हृदय में दुःख अनुभव किया, किन्तु सभी को पता था कि ऐसा होना आवश्यक था। हर कोई पहले जैसे दिनों की आनन्दमयी यादों को संजों लेना चाहता था और उन्हें कभी भी बदलने नहीं देना चाहता था, किन्तु ऐसा कभी हुआ है?

अंतर्राष्ट्रीय ध्यान केन्द्रों को स्थापित करने का कारण यह था कि वह एक ऐसे बिन्दु बनें जहाँ महर्षि के रिकार्डेड टेपों को लोग सुन सकें जबकि महर्षि यहाँ–वहाँ

'महर्षि ने कई ध्यान साधकों के संग डिज़्नी लैंड की सैर की।'

भ्रमण पर हों, और भावातीत ध्यान के चाहने वाले लोगों के मिलने हेतु मिलन स्थल बन जायें।

डॉक्टर हिस्लौप, व्यवसायिक दुनियाँ में आने के पूर्व अंग्रेजी के प्रोफेसर, अध्यक्ष नियुक्त किये गये।

चार्ली ल्यूट्स, एक ऐसे व्यक्ति जिन पर किसी भी काम हेतु भरोसा किया जा सकता था, फिर चाहे वह महर्षि का कार चालक बनना हो या उनके ध्यान कक्ष का निर्माण करना हो, उपाध्यक्ष बने और बाद में जब डाक्टर हिस्लौप का काम उन्हें लॉस एन्जिल्स से खींच ले गया तो अध्यक्ष हो गये।

रोलैंड, जिनकी टेलीफोन कम्पनी में एकाउन्टेंट होने की पृष्ठभूमि थी, को कोषाध्यक्ष नियुक्त किया गया।

कई अच्छे लोग कुछ समय सहायता करने आये, फिर उनकी रुचि समाप्त हो गई अथवा उनका व्यवसाय उन्हें ले गया। सारे "परिवार" के लोगों के प्रयासों को महर्षि महत्व देते और कभी आश्चर्य चकित न लगते कि उनके प्यारे देश भारत से इतनी दूर के लोग, जिनकी पृष्ठभूमि और वैचारिकता बिलकुल भिन्न थी, उन्हें सहायता करने हेतु इतना भरसक प्रयास कर रहे थे।

प्रेम की भावना '433' में बहने लगी। "भाईचारे की भावना", "सर्वे भवन्तु सुखिनः की भावना" कुछ सुपरिचित विचार थे; किन्तु उन लोगों द्वारा अभिव्यक्त सत्य जो उनके वक्तव्य सुनते और उनके पास रहते किसी भी परिपूर्णता की परिभाषा से अधिक मूल्यवान होते। और "पारिवारिक बन्धन", शब्दों का नया ही अर्थ सामने आ जाता। पुनः मेरे कानों में न्यू टेस्टामेंट के यह शब्द गूँजने लगे:

"......पर मेरा परिवार कौन है?
जो कि मेरे शब्द सुनते हैं और उनका अनुसरण करते हैं।"

हममें से कई लोगों ने उनके शब्द सुने और उन पर अमल किया, और हमारे परिवार के बीच प्रेम संबंध और भी प्रगाढ़ हो गये जिसने उसे एक बड़ा, प्यारा, और विशेषकर प्रसन्न परिवार बना दिया।

'महर्षि ताजी समुद्री हवा का आनन्द उठाते हुए।
सभी उनकी इस तस्वीर को देखकर प्रसन्न थे, जब वे रेत पर खड़े थे और
हवा के हल्के झोंके उनके वस्त्रों और बालों को लहरा दे रहे थे।'

अष्टम अध्याय

"शान्ति" और "संत्रास"

जब '433' ने एक अच्छी मुर्गी माँ की भांति अपने पंख फैला दिये थे और हमारा निरंतर फैलता परिवार उसकी छाँव तले सिमट गया था तब जीवन एक शान्त दिनचर्या में ढल सकता था; किन्तु घर में एक योगी के होते हुए नहीं।

उनकी उपस्थिति शिथिलता को ऐसे भगाती जैसे प्रकाश अंधकार को, और फिर भी वह लोगों को एक निष्क्रिय व्यक्ति–से प्रतीत होते जो कि हलचल के मध्य पूर्ण शान्ति में बैठा हो।

गर्मियों के दिन शुरु होने ही वाले थे। सुबह गाने वाली पंछियों की मध्यद्रुत और मध्यविलम्बित स्वरलहरी आने वाले दिन के संगीत को पूर्वसंगीत से सजाते। दिन की शुरुवात भले ही हल्की होती हो किन्तु उसका समापन अक्सर द्रुत फैन्डैन्गो नृत्य (स्पेन की प्राचीन नृत्य शैली) से होता।

दिन की धीमी शुरुवात करने वाले लोग वे होते जो कि छाँवदार फुटपाथ पर सुबह साढ़े–सात बजे पंक्तिबद्ध खड़े हो जाते, वे लोग जो व्यक्तिगत निर्देश पाने के आकांक्षी होते। विलशायर बोलीवार्ड को आने वाले मार्ग पर बहुत अधिक यातायात रहता, किन्तु वह उन लोगों को परेशान न करता जो कि ताजे सुगंधित फूलों के गुलदस्ते और रसीले फलों को लेकर खड़े होते। अपनी भेंट वार्ताएँ स्थगित किये हुए व्यवसायी, डॉक्टर, श्रमिक–जन–जो कि काम पर देरी होने का संकट लेकर खड़े होते, घरेलू महिलाएँ, और सफेदपोश पुरुष तथा महिलाएँ उन लोगों में से होते जो कि '433' के पास जमघट लगाए ऐसे खड़े होते मानो उन्हें बुलाया गया हो। सभी को निर्देश दिये गये थे कि नाश्ता बिना किये आयें, चढ़ावे हेतु फल–फूल लायें, एक सफेद रुमाल लायें, और भेंट हेतु कुछ मुद्रा लायें।

व्यक्तिगत निर्देश दान देने और न देने वाले दोनों को दिया जाता, किन्तु सभी को भेंट देने का अवसर दिया जाता।

यह दक्षिणा पूर्णतः महर्षि को उनके अगले मुख्यालय में पहुँचाने हेतु तथा उनकी प्रचार–प्रसार सामग्री हेतु प्रयोग में आती जब तक कि दूसरा समूह आत्मनिर्भरता न प्राप्त कर ले।

1959 की गर्मियों में हुयी समस्त गतिविधियों में व्यक्तिगत निर्देश सबसे अधिक पसन्द किये गये। ध्वनियाँ मन्द रखी गयीं; चलना–फिरना भी शान्त रहा। एक शान्ति का प्रभामण्डल सभी चीजों पर और सभी लोगों पर जैसे छा गया था। '433' का सामने का विशाल द्वार दो दुनियाँओं के बीच का मुख्य द्वार होता। ध्यान साधक सड़क की आवाजें– कारों की, सायरन की, और बच्चों के खेलने और हँसने की– '433' में घुसने के पहले पीछे छोड़ आता और अपने भीतर के आनन्द से एक होने को लालायित रहता।

हर व्यक्ति अपने साथ लाये फल–फूल की भेंट एक ट्रे पर सजाता और उसे अपने साथ लेकर आता। पुरुष भी महिलाओं की ही तरह सजावट का ध्यान रखते। हर एक ट्रे की सजावट उसे सजाने वाले व्यक्ति के मन की उत्सुकता और सुन्दरता को दर्शाती। वह आनन्द के कुछ क्षण प्रकृति और मानव के बीच का मिलन होते। खिले हुए या कली के रूप में, फूल सुन्दरता, खुशबू, आनन्द और प्रेम फैलाते हुए साधक का महर्षि के साथ व्यक्तिगत साक्षात्कार के दौरान साथ देते।

अगस्त की पहली तारीख के दिन, देर अपराह्न के दौरान, व्यक्तिगत दीक्षा का प्रथम समारोह मनोरंजन कक्ष में सम्पन्न हुआ। सुबह की भेंट वार्ताएँ हर दिन की तरह घर में ही निर्धारित की गयीं।

मार्था ने शान्ति और तेजी से काम किया और कई औरों ने भी अपना योगदान दिया। दोपहर तक नये ध्यान साधकों ने अपने भीतर गहरे जाने का अनुभव कर लिया। जिनको परिणामों की जाँच करवानी थी, उन्होंने जाँच करवा ली, और अपने मन के उल्लास का प्रमाण चमकती हुयी आँखों से देते हुए घर से चले गये। घर के अतिथिगण और कार्यालय कर्मचारी दिन के भोजन हेतु निमंत्रित किये गए। दीक्षा देने के उपरान्त महर्षि मौन में रहे।

इस दिन शान्ति का जो प्रभाव वातावरण में फैला हुआ था वो इन्द्रियों के स्तर से परे था। ऐसा लग रहा था मानो हम उसे साँसों में भरकर पूरे शरीर में लेकर बाहर छोड़ रहे थे। और ऐसा लग रहा था जैसे हम किसी घटना हेतु प्रतीक्षारत अवस्था में थे........

इन दिनों '433' का मुख्य द्वार कभी–कभी ही बन्द रहा करता था किन्तु इस दिन उसका बंद रहना ही ठीक लग रहा था, शायद इसलिए क्योंकि कर्मचारियों में से कोई भी भीतर चले आने वालों का स्वागत करने हेतु उपलब्ध नहीं था। मैंने निश्चय किया था कि इस दिन को मैं घर पर काम करने में लगाऊँगी। बाहर की घंटी बजने पर मुझे अपरिचित–सी लगी क्योंकि उसे मैंने कुछ अंतराल से सुना ही नहीं था। मैंने दरवाजा खोला और मिस्टर एच और उनके सचिव से भेंट की।

उनके सचिव ने, जो कि एक युवक थे, मिस्टर एच और अपना परिचय मुझे दिया। उस समय मैं इन सज्जन के व्याख्यानों या साहित्य से परिचित नहीं थी, और

मुझे पता भी नहीं था कि दोपहर में इनकी भेंट वार्ता पूर्वनियोजित की गयी थी, किन्तु महर्षि को देखकर लगा जैसे वे इनकी प्रतीक्षा में थे।

दोनों में प्रेम पूर्ण अभिवादन हुआ और फिर उन्हें छोटी–सी स्टडी में आराम से, अपराह्न का आनन्द लेते हुए, वार्तालाप करने हेतु अकेले छोड़ दिया गया। सचिव ने बाहर जाने की अनुमति ली और चला गया। घर महर्षि और मिस्टर एच का हो चुका था।

एक घंटा वे शान्ति से बात करते रहे, किन्तु टेलीफोन ने और अनुमति नहीं दी। एक अत्यन्त महत्वपूर्ण फोन कॉल ने मुझे उन्हें टोकने पर विवश कर दिया। जब महर्षि फोन पर बात समाप्त कर चुके तो बोले:

"मिस्टर एच नवीन ध्यान भवन में दीक्षित होने वाले प्रथम व्यक्ति होंगे।"

मैं समझ गयी कि वह बिलकुल उसी समय होना है। मिस्टर एच को देखते हुए, जिनका पतला तपोमय मुखमण्डल जो कि एक विद्वान और शिक्षक का था,जीवन के सुदीर्घ वर्षों की गवाही दे रहा था, मैं दुविधा में पड़ गयी। उनके मुख के भाव आध्यात्मिक सम्पन्नता दर्शाते थे, किन्तु आँखें थकान झलका रही थीं। गंभीर मुखमण्डल में गहराई थी; किन्तु बच्चों–सी खुशी, जो हम हर समय देखने के आदी हो गए थे, की कमी थी।

समारोह हेतु ध्यान कक्ष को तैयार करने के लिए तथा साज–सज्जा की साधारण वस्तुओं को व्यवस्थित करने में कुछ ही क्षण लगे।

उस छोटे से भवन के फर्श पर पूरी तरीके से एक खुबानी रंग की आकर्षक, किन्तु अधिक मूल्यवान नहीं, कालीन बिछाई गई थी। व्यक्तिगत निर्देश कक्ष के बीच में काँच का लघु कक्ष स्थित था और उसके चारों ओर छोटे–छोटे बाकी लघु कक्ष।

ध्यान साधकों ने कई बार नयी ध्यान–शाला के उदघाटन में विशेष उत्सव मनाने की बात की थी। ऐसे मौके को उत्सव के साथ मनाया जाना चाहिए ही था, किन्तु जो हो रहा था वह और भी गौरवशाली तरीका था। छोटा कक्ष नवप्रभात सरीखा नया और शान्त था और एक ऐसे महत्वाकांक्षी के स्वागत हेतु तत्पर था जो अपना स्वयं का प्रकाश और शोभा लिए हुए था।

जब धूप–अगरबत्ती के धुँए के छल्ले उपर की ओर जाते जा रहे थे मैंने महर्षि को मिस्टर एच को बगीचे के रास्ते से लाते देखा। ऐसा भाव प्रदर्शन जिसे मैंने पहले कभी नहीं देखा था। ध्यान सीखने के इच्छुक सदा गुरु की प्रतीक्षा में रहते आये थे, और प्रतीक्षा करवाने का यह समय अर्थपूर्ण होता। मिस्टर एच को प्रतीक्षा करने की आवश्यकता नहीं पड़ी।

जब व्यक्तिगत दीक्षा चल रही थी, दरवाजे पर पुनः घंटी बजी। इस बार एक फोटोग्राफर था जो कि, ऐसा लगा, पूर्वनियोजित रूप से नये ध्यान कक्ष की तस्वीरें

समाचार पत्रों में छापने हेतु आया था। फोटोग्राफरों में कुछ ऐसी बात होती है जो मुझे हमेशा परेशान करती आयी है। शायद वह यह है कि वे 'सत्य के कुछ पल' अपने कैमरे में कैद कर लेते हैं।

निःसंदेह रूप से, ध्यान कक्ष तस्वीर लेने हेतु तैयार अवस्था में नहीं था, और कई बार ऐसी–ही परिस्थिति में फँस चुकने के अनुभव के कारण, मैं विचार करने लगी कि क्या कुछ और है जिसकी कि तस्वीर ली जा सकती है; किन्तु मैं केवल इतना भर ही सोचने में समर्थ हो पाई कि महर्षि मि० एच० को बाद में क्या नाश्ता कराना उचित समझेंगे।

"क्या आप अपने सारे उपकरण नीचे रखकर मुझे सहायता करेंगे? हम ध्यान शाला की तस्वीरें लेने के बजाय बगीचे में बैठे दो सज्जनों की तस्वीरें लेंगे। यदि हम वहाँ एक चाय की मेज लगा दें तो पीछे का दृश्य भी अच्छा बनेगा, और उन्हें कुछ करने को भी हो जाएगा।"

फोटोग्राफर अच्छे स्वभाव के व्यक्ति थे और सहमत हो गए। चाय–आदि की व्यवस्था भोजन वाले कक्ष में नहीं हो सकती थी क्योंकि वह हर एक दृष्टिकोण से ऑफिस बन चुका था। भोजन की मेज वास्तव में टाइपराइटरों, फाइलों, अपाइन्टमेंट के रजिस्टरों और कागजों से भरी थी। एक बड़ी फोल्डिंग पिकनिक वाली मेज बगीचे के लिए बिलकुल उपयुक्त थी।

फोटोग्राफर ने घर के काम का अच्छा कौशल दिखाया जब वह सावधानी पूर्वक फलों की टोकरियों और काँच तथा चाँदी के गिलासों को बाहर लाया।

मैं पीछे मेजपोश और ड्रेस्डिन के फलों की प्लेटों को लेकर चली। यद्यपि महर्षि का अपना स्वाद साधारण था, उनकी दृष्टि में विचारों, लोगों, और वस्तुओं में सुन्दरता देखने की ललक थी तथा मैं जानती थी कि वे मिस्टर एच० हेतु सजावट चाहेंगे।

सुन्दर फूलों को व्यवस्थित करने में बस कुछ ही क्षण लगे। घर गुलाब, आर्किड, कैमिलियास, कार्नेशन्स, स्टॉक, एस्टर्स आदि के गुलदानों से भर गया। श्रेष्ठ रसीले फलों, बिस्किटों, मेवे और मिठाइयों की टोकरियाँ हमेशा घर में रहती थीं, क्योंकि लोग महर्षि से खाली हाथ मिलने कभी नहीं आते थे। शीघ्र ही मेज हार्दिक स्वागत करने हेतु तैयार थी। "मैं कभी नहीं सोच सकता था कि इतनी सारी चीजें इतनी शीघ्रता से व्यवस्थित की जा सकती हैं," फोटोग्राफर ने आश्चर्य से कहा।

"मेरा विश्वास करें, ऐसा अक्सर नहीं होता है। जब तक हिमालय की गुफाओं से आकर कोई योगी आपके भीतर अग्नि ना प्रज्ज्वलित करे, आप इतनी तेज नहीं चल सकते हैं।"

जैसे ही फोटोग्राफर तैयार की गयी मेज की तस्वीर लेने वाले थे, वे दो सज्जन ध्यान कक्ष से बाहर आ गये। महर्षि आनन्द विभोर दिखाई दे रहे थे। और जहाँ तक

मिस्टर एच का प्रश्न है – उनका मुखमण्डल दमक रहा था। अब उनकी नीली आँखें प्रकाश से चमक रहीं थीं जैसा कि हमें नये ध्यान साधकों में अक्सर देखने को मिलती थीं। आधे घंटे से भी कम समय में उनके मुखमण्डल का यौवन लौट चुका था, झुर्रियाँ कम हो चुकी थीं। उनकी पूर्व की गंभीर भाव भंगिमा एक मुस्कान में परिवर्तित हो चुकी थी।

महर्षि ने सराहनीय आँखों से चाय की मेज को देखा। मिस्टर एच को बिना अनिवार्य रूपेण फल–फूल लाए दीक्षित कर दिया गया था। महर्षि के हाथों ने सबसे सुन्दर फूल और सबसे आकर्षक फल चुनकर मिस्टर एच के हाथों में रखे। इस अवसर को बहुत महत्वपूर्ण पाकर मैंने फोटोग्राफर से दोनों सज्जनों की तस्वीर लेने को कहा। दोनों वार्ता में व्यस्त थे इसलिए उन्होंने हमारी ओर ध्यान नहीं दिया; किन्तु कैमरे में प्रयुक्त कौंध के कारण उन्होंने उपर की ओर देख लिया, और महर्षि कुछ अप्रसन्न हुए लगे।

"सम्भवतः यह तस्वीर नहीं निकल पायेगी महर्षि। क्या हम एक और ले लें?"

बहुत सौम्य तरीके से महर्षि बोले, "मैं नहीं समझता कि ऋषि एच अपनी तस्वीरें निकलवाने में रुचि रखते हैं।"

मैं शायद कुछ विलम्ब से समझी, किन्तु जान गयी कि मिस्टर एच एकान्त के इच्छुक हैं और उनके पास से चली आयी।

दोनों सज्जन घर के भीतर चले गये और मैं फोटोग्राफर को लेकर ध्यान शाला में तस्वीरें लेने चली आयी। बीचों–बीच स्थित छोटा वाला कक्ष बंद ही रहता था, किन्तु बाकी बचे हुए लघु कक्षों की तस्वीरें उतारी गयीं जहाँ कि आगे कई छात्र शान्ति से, बिना व्यवधान के, ध्यान करने आने वाले थे। हथौड़ों, आरियों और रंगाई–पुताई के मेलजोल और मेहनत भरे उन व्यस्त हँसी–खुशी वाले दिनों के बाद, आज यह ध्यानशाला मधुर निस्तब्धता लिए हुए थी। उन कुछ ही पलों में यह एक शान्त आश्रय बन गया था– दुनियाँ से अलग एक शान्त शरणस्थली।

फोटोग्राफर के जाने के बाद मैं उस छोटे भवन में ठहर गयी। वहाँ मुझे याद आया कि महर्षि ने मिस्टर एच को ऋषि कहकर संबोधित किया था। पहले कभी महर्षि (महा+ऋषि) नाम के महत्व पर टीका टिप्पणी में स्पष्ट हुआ था कि ऋषि का अर्थ होता है एक साधु, अत्यन्त ज्ञानवान व्यक्ति। उन पतले, तेजस्वी चेहरे वाले व्यक्ति के लिए, जो अब चमकदार नीली आँखों वाले भी बन चुके थे, यह शीर्षक उपयुक्त लग रहा था। उस दिन की महत्ता क्या रही होगी मुझे ज्ञात नहीं, किन्तु मुझे हमेशा लगता रहा है कि उस दुर्लभ अवसर को देखने का और उसके समीप होने का मेरा बड़ा सौभाग्य था।

वह एक असाधारण दिन था और वह भी एक नहीं अनेक कारणों से। दोपहर को जो मिस्टर एच के साथ आयी थी वह शान्ति थी।

रात को संत्रास आया।

किसी रंगमंच में प्रारम्भिक रात्रि बहुत अधिक रोमांच और हर्ष लिए होती है। सारे औपचारिक कार्य सम्पन्न हो चुके होते हैं या हो जाने प्रत्याशित होते हैं; पृष्ठभूमि उपलब्ध करायी जा चुकी थी, और अब यह पूर्णतः अभिनेता के हाथ में था कि वह दर्शकों के मन को अपनी कला से रिझा पाता है कि नहीं। अब कला को आनन्दपूर्वक, सादगीपूर्वक और मनोरंजक बनाकर प्रस्तुत करने का समय था कि सुनने वालों की चेतना में आनन्द का प्रस्फुटन घटित होने लगे।

कार्यक्रम की सफलता के अलावा "रसोई" का काम भी मेरे जिम्मे था। पहले कभी मैंने इस प्रयोग में न आने वाली रसोई का चरमराता दरवाजा खोला था और एक पुराना चूल्हा, फ्रिज, आदि रखा पाया था। फिर मैंने उन भूखे नर्तकों के लिए सैंडविचेज बनाना आरम्भ कर डाला जो कि अपने अभ्यास के बाद मंच से बाहर निकल ही नहीं पाते थे। वे इतने कृतज्ञ हुए कि उन्होंने ढेरों मात्रा में सैंडविचेज, चीज, कॉफी, फलों का रस, आइस क्रीम, और जो कुछ भी हम उपलब्ध करा पाते, खाना–पीना शुरु कर दिया।

वे स्वयंसेवी तरीके से सामग्री लेते और पैसे दराज में छोड़ जाते; किन्तु उन्होंने यह समाचार कुछ अधिक ही फैला दिया, और अंत में हमें संगीतकारों, प्रवेशकों, कर्मचारियों तथा मित्रगणों को भी परोसना पड़ा।

हमारी अनौपचारिक रसोईघर की सौहार्द्रता सारे कलाकारों को खींच कर ले आयी जो एक अविस्मरणीय सायंकालीन अड्डे में परिवर्तित हो गई। कलाकार दूर–दूर गलियारों तक दौड़कर कॉफी लाते, और उनमें सितारे भी कोई अपवाद नहीं थे। उस शाम मिस्टर हैरी बैलाफौंटे मुख्य आकर्षण थे।

मिस्टर बैलाफौंटे से व्यक्तिगत रूप में मिलने की संभावना होने के कारण हमें ढेर सारे स्वयं सेवक सहायता हेतु मिल गये। रोलैंड हमेशा की तरह उपस्थित थे। छोटी–सी रसोई जितने लोगों को समा सकती थी, समा कर भर गयी। क्योंकि मैंने ्रसाई में बहुत सारा समय बिताना शुरु कर डाला था तो निर्देशक ने एक फोन वहीं पर लगा दिया था, और अब मैं एक हाथ से फोन लेकर लोगों के समूहों को टिकटों का विक्रय करती और दूसरे हाथ से सैंडविच बनाती! निर्देशक स्वयं रसोई को पसन्द करने लगे थे और प्रसन्न थे कि यह ऐसी जगह थी जहाँ कोई भी विश्राम व बातचीत करने हेतु समय व्यतीत कर सकता था।

उस विशिष्ट दिन की शाम को वह स्थान बिलकुल अस्त–व्यस्त स्थिति में था। अगले ही कक्ष में संगीतकार अभ्यास कर रहे थे; कोई भी बिना चिल्लाए दूसरे को कुछ सुना नहीं पा रहा था; हर कोई भूख से पीड़ित लग रहा था; और, मेरी स्मृति

के अनुसार, पहली बार मैं इस सब से विरक्त थी, पीछा भी नहीं छुड़ा पा रही थी। मैं ध्यान कक्ष की शान्ति में जाना चाह रही थी।

उसी कोलाहल के मध्य फोन की घंटी बजने लगी। हम व्यस्तता के कारण उसे उठाने में असमर्थ थे। असल में अधिकतर ऐसा हो जाता कि कोई कलाकार स्वयं ही फोन उठाकर उत्तर दे देते, अपने स्वयं के कार्यक्रम के टिकट विक्रय कर देते और ग्राहक सपने में भी नहीं सोच पाता कि वह सीधे किसी सितारे से बात कर रहा होगा।

आज रात, एक पुराने संगीतकार ने फोन का उत्तर दिया। अब तक कई को अच्छा अनुभव हो चुका था कि टिकट बेचने का व्यवसाय किस सूझ–बूझ से करना है और कैसे अनचाहे पास चाहने वालों को टालना है। इस बार उन्होंने अपनी कोहनी हमारी ओर उठाकर उत्तेजना से कहाः

''मिस्टर आल्सन, कॉल आपके घर से है। मैं समझता हूँ अच्छा हो यदि आप इसे ले लें।''

मैंने रोलैंड को बात करते देखा, कैसे उनका चेहरा पीला पड़ने लग गया और हाथ काँपने लगे। भाग्यवश, परदा गिरने की घंटी बजने लगी और रसोई में कुछ स्थान रिक्त होने लग गया।

''हमें घर जाना पड़ेगा। घर में कपड़े धोने की मशीन से जुड़ी रबर की नली के टूटने से पानी भर गया है। भट्टियों में विस्फोट भी हो सकता है। वे जल–बुझ कर रही हैं।''

ऐसा लग रहा था कि रोलैंड मुझे हम पर टूटी मुसीबत के बारे में बताने हेतु शब्द नहीं ढूँढ पा रहे थे।

मैंने जाने की व्यवस्था कर ली। रोलैंड ने अग्नि शमन, पुलिस तथा जल विभाग की आपात्कालीन सेवाओं को फोन किया। जिस व्यक्ति ने हमें फोन करके सूचना दी थी वह शाम की सभा हेतु हमारे घर से कुछ कागज ले जाना भूल गया था और लौटने पर उसने समस्या को सामने पाया। उसे सहायता पहुँचने तक प्रतीक्षा करनी पड़ी। जल विभाग वालों को हमारे इलाके की नलिका का पानी बंद करना था; गैस विभाग वालों का भट्टी के लिए आना आवश्यक था, और यदि यह दोनों आने में विलम्ब कर देते तो अग्नि शमन विभाग वालों को बुलाना भी आवश्यक था।

नाट्यशाला में हमारे पास गाड़ी खड़ी करने हेतु विशेष स्थान सुलभ हुआ करता था, अन्यथा हम निकल ही ना पाते। सारा यातायात खड़ी की गयी गाड़ियों के कारण उलझा हुआ था।

जिस प्रकार से हम गए, मुझे लगा कि जैसे '433' में पहुँचते–पहुँचते सदियाँ बीत गयी होंगी।

वहाँ सर्वत्र आपदा पसरी हुई थी। हैल्मेट लगाए लोग इधर–उधर भाग रहे थे, बगीचे से होते हुए कई पाइप जा रहे थे, रोज के समाचार हेतु रेडियो वालों के ट्रक सड़क पर खड़े शोर कर रहे थे। दर्जनों लोग घर के भीतर–बाहर आ–जा रहे थे। रोलैंड भीतर गये और जितनी शीघ्रता से हो सकता था, बाहर आए।

"सब कुछ नियंत्रण में है। भट्टियाँ असंयोजित कर दी गयी है और पानी भी बंद कर दिया गया है।"

जिन सबको उन्हौंने बुलाया था वे मिनटों में आ गए थे। किन्तु फिर भी तब तक पानी कालीन को पूर्णतः भिगो चुका था; और अब तीन बड़ी भट्टियों की छुट्टी हो गयी थी, और उस कपड़े धोने की मशीन की भी जिसने सारा तमाशा शुरु किया था। जब

जनोपयोगी सेवाएँ हमारे सहृदयी धन्यवाद के साथ जा चुकीं तो हम परिस्थिति पर अफसोस करने के सिवाय कुछ करने की स्थिति में नहीं थे।

यह आपदा इतनी बड़ी थी कि रोना भी नहीं आ रहा था। हम पानी से भीगे कमरों में चलते गए, यह समझ नहीं आ रहा था कि क्या किया जाए। रसोई तथा पिछले बरामदे में बिछे चौकोर आकार के लिनोलियम हमने स्वयं बिछाये थे; अब वे सब कोनों से मुड़ चुके थे। महर्षि की स्टडी के सामने वाले हॉल में दीवारों से दीवारों तक कालीन बिछी थी। हमने उसपर पैर रखा तो पानी ऊपर रिस आया। सौभाग्य से बैठक का कमरा जस का तस था।

रोलैंड और मैं जब बैठे तो हमारे पास कहने को कुछ भी नहीं था।

"हम क्या करेंगे?" मैंने अंत में पूछा।

"जो सर्वोत्तम हम कर सकते हैं। मैं समझता हूँ, हमें पानी सोखने की व्यवस्था करनी चाहिए।"

हमारा खर्चा कभी कम नहीं हुआ था। हमारे यहाँ घर भर के अतिथि रह रहे थे जो ढेरों कपड़े धोते थे, और इसलिए कपड़े धोने की मशीन आवश्यक थी। कभी–कभी हमें लगता था कि वे पूर्ण रूप से अपरिचित लोग थे जो कि हमसे अधिक समय हमारे घर में रहते थे। किन्तु क्योंकि हमारे पास एक योगी पुरुष थे जो कि दक्षता के मापदण्डों पर खरे उतरते थे, और हमारी आवश्यकताओं का पता चलने से पहले ही उनका प्रबंध कर देते थे, हम सब सह पा रहे थे। किसी कारण से हमें पता था कि जो आशीर्वाद हम पा रहे थे उसका बदला चुकाना पड़ेगा।

उस समय हमारा मन थकान और चिंता के कारण आशीर्वाद के बारे में सोचने पर असमर्थ था। जीवन का व्यावहारिक पक्ष अधिक प्रबल था।

हमने पानी सुखाना आरम्भ किया।

घर के बाहर से आती हँसी की आवाज ने हमें बता दिया कि सभा समाप्त हो चुकी थी और घर पुनः लोगों से भर गया था। निःसंदेह समूह में अपरिचित भी आ गए थे जैसा कि हर शाम को होता था, और सभी दहाँ व्याप्त अस्तव्यस्तता पर विस्मय प्रकट कर रहे थे। मैंने बाहर जाकर लोगों को पुस्तकालय से होकर वाचनालय का मार्ग दिखाया। समूह में हमेशा की तरह आनन्द व्याप्त था। आपदा पर थोड़ा ही ध्यान दिया गया। दैवी प्रेरणा के साथ जुड़ चुके विचारों को छोटी–मोटी समस्याएँ कहाँ दिखतीं हैं?

किसी ने कहा, "ओह, तुम्हें कोई छोटी समस्या आ पड़ी है? कितनी शर्मनाक बात है।"

महर्षि सीधे वाचनालय को पुस्तकालय से होते हुए गए, किन्तु कुछ क्षणों के लिए उन्होंने सम्वेदना के नेत्रों से हमारी ओर देखा। निश्चित रूप से कोई कर भी क्या

सकता था। हम रसोई में पानी सोखने के काम में व्यस्त थे जब किसी ने कहा, ''महर्षि आप लोगों को स्टडी में और लोगों के साथ बुला रहे हैं।''

हमने भी सोचा क्यों ना हो आएँ। वैसे भी साफ–सफाई कार्यक्रम धीमे–धीमे चल रहा था। रास्ते में हमें माताजी मिलीं। ''महर्षि का अंगूर का शर्बत?'' वे सौम्य होकर बोलीं।

मैंने रसोई के फर्श पर (जैसी हालत में वह अब था) बैठकर जूस निकालते माताजी की कल्पना की, और अपनी हँसी रोक नहीं पायी।

''नहीं, माताजी, आज रात कोई अंगूर का शर्बत नहीं। संभवतः स्वास्थ्य केन्द्रों की दुकाने अभी खुली हों। हम वहाँ से बोतलबंद जूस मंगा लेंगे'' मैंने कहा।

स्टडी में बहस मुबाहसें गर्मजोशी से भरी थीं। कुछ युवा वैज्ञानिक सभा में आये थे और अपने कारण देकर बता रहे थे कि भावातीत ध्यान रहस्यमयी अनुभव है, और वैज्ञानिक अनुभव नहीं।

महर्षि को लगता था कि उनकी युक्ति वैज्ञानिक है और वे इसे प्रमाणित करना चाहते थे। एक डॉक्टर की व्यवस्था की गयी जिससे कि ध्यान करते हुए किसी व्यक्ति के इलेक्ट्रोकार्डियोग्राम लगाकर देखा जा सके कि उसकी हृदय गति धीमी हो रही है या नहीं, जैसा कि अपेक्षित था। रोलैंड और मैं सम्मोहित से हो गये और अपनी कुछ कठिनाइयों को भूल गए। (बाद में इलैक्ट्रोकार्डियोग्राम ने प्रमाणित कर दिखाया कि भावातीत ध्यान के नियमित अभ्यास से हृदय गति नियमित होती है।)

जब चर्चा कुछ थमी तो महर्षि ने हमें देखा।

''क्या हुआ?'' वे बोले।

जो मैं सुनना चाह रही थी वह यही तो था, ''क्या हुआ?'' और मुझे उस बालक की तरह लगा जिसकी ताजा चोट को सहला दिया गया हो। लग रहा था महर्षि ऐसा पूछ ही नहीं पाएँगे ''क्या हुआ?'' और और मुझे लगा था कि वे पूछेंगे भी नही।''

रोलैंड ने हमारी कुछ विपदा सुनायी, किन्तु उनकी वाणी से लग रहा था कि वे परिस्थिति पर पहले जितने परेशान नहीं थे। थोड़ी और चर्चा करने के उपरान्त सभी ने हमें अपनी सहानुभूति दी, जिसकी, ऐसा लग रहा था कि हमें आवश्यकता नहीं रह गई थी।

बाद में, सीढ़ियों से उपर हमारे शयनकक्ष में रोलैंड ने अपनी फाइल में से कुछ कागज निकालकर पढ़ना आरम्भ कर दिया।

''क्या तुम्हें पता है?'' वे बोले, ''हमारी बीमा कम्पनी पानी से हुई सारी हानि की भरपायी करेगी। कल्पना करो। इतने सारे सालों के बाद हमारी बीमा कम्पनी हमें कुछ तो देगी। कितनी राहत देने वाली बात है?''

उस रात हम चैन की नींद सोये।

हमारे बीमा अभिकर्ता कमाल के थे। वे हमारे बुलाते ही आ गए और काम पर लग गये। तब हमें पता चला कि हम कितने सौभाग्यशाली हैं। भट्टियों की मरम्मत करने वालों ने बताया कि हमारी भट्टियाँ ऐसी स्थिति में थीं कि कभी भी फट सकतीं थीं। हम उनका प्रत्येक वर्ष निरीक्षण तो करवाते थे किन्तु पूरा खुलवाते नहीं थे। फर्श पर बिछाया गया लिनोलियम सिंक के नीचे की तरफ ठीक से कसा हुआ नहीं था और उसके नीचे का भाग कभी भी ठीक से सूखा हुआ नहीं रहता था। हॉल में बिछी हुयी कालीन को अच्छी सफाई की आवश्यकता थी जो कि उसे शीघ्र मिल गयी।

प्रारम्भ में जो सर्वनाश लग रहा था अब सौभाग्य लगने लगा था। लिनोलियम की विविधताओं में से अपने लिए लिनोलियम चुनना बहुत आनन्ददायक लग रहा था, वह यूँ कि मुझे पसन्द से उसे चुनना था, ना कि बजट से।

मैंने भट्टियों तथा तहखाने संबंधी बातों की सदैव उपेक्षा की थी किन्तु क्योंकि वे हमारे जीवन को तबाह कर सकते थे तो मैंने सोचा क्यों ना कुछ जान लिया जाए। कर्मचारीगण अस्पतालों के प्रशिक्षुओं जैसे दिख रहे थे। उन्हौंने हमें अपनी प्रगति के बारे में बताया और हमें यह जानकर प्रसन्नता हुई कि भट्टियाँ (जो कि तीस साल पुरानी थीं) मरम्मत के उपरान्त अगले दस वर्षों के उपयोग हेतु खतरे से बाहर घोषित कर दी गई थीं।

कुछ ही दिनों के कष्टों के पश्चात हमारी रसोई और पिछले बरामदे में सुन्दर–सा नया लिनोलियम बिछा था। कालीन नयी जैसी लगने लगी थी। भट्टियाँ पहले से कई गुना अच्छी तरह से जलने लगी थीं।

जहाँ तक उस पुरानी, भरोसेमंद कपड़े धोने वाली मशीन की बात थी, उसके गड़बड़ पाइपों को बदलवाने में कुछ ही समय लगा, और कोमल रेशमी वस्त्रों से भरी, वह पुनः गड़गड़ाहट करती उन्हें धोने लगी।

इस सब में महर्षि के लिए भी एक वरदान था।

वे अंगूर का रस पीते–पीते थक चुके थे किन्तु माताजी के लाने पर मना नहीं कर पा रहे थे। अब क्योंकि माताजी रसोई में कुछ समय हेतु नहीं जा पा रहीं थीं तो वे बोतलबंद फलों के रस का उपयोग भी करने लगी थीं, जिनके बारे में वे पहले नहीं जानतीं थीं। जैसे ही उन्हौंने तय कर लिया कि वे महर्षि के पीने योग्य है तो महर्षि ने भी रसों की विभिन्नताओं का आनन्द लिया और हमें भी फर्श के उपर ठोकर खाकर गिर पड़ने की चिंता न रही।

और संत्रास से बच निकलने के बाद '433' के शान्ति के दिन पुनः लौट आए। कोलाहल और अशान्ति के उन बीते दिनों के स्मरण से हमें आभास हुआ कि कैसे उनसे हमने भीतरी शक्ति और धैर्य रखने का सबक पांया था।

नवम् अध्याय

अंगूठे और गुलाब

"समय आ पहुँचा है बोले
वालरस जी, कई विषयों पर चर्चा का,
जूतों और जहाजों और मोम, और बंदगोबियों
और राजाओं पर बातचीत का।"
– एलिस इन वंडरलैंड

"कई विषयों पर चर्चा" में गुरूजी का "अंगूठे और गुलाब" से सम्बंधित विषय, अनुभव के साधारण क्षेत्र से निकलकर 1959 के ग्रीष्म में सर्वोच्च पायदान पर था। कक्ष में प्रवेश करने से पहले अपनी खड़ाऊँ बाहर उतारकर जब वह पालथी मारकर बैठते तो उनके सुन्दर चरण प्रमाण हेतु दिखने लगते। उन लोगों के लिए जो महर्षि से मिलने पर कुछ समय उनके व्यक्तित्व को जाँचने में लगाते, उनके पूरे व्यक्तित्व में सहज आनन्द और लगातार फैलती प्रफुल्लता पाते।

वस्तुतः महर्षि अति शीघ्रता से प्रख्यात और अति ढूंढे जा रहे व्यक्तित्वों में से एक बनते जा रहे थे। अभी से ही उस शर्मीले, शान्त, छोटे कद के व्यक्ति के बारे में याद कर पाना कठिन हो गया था जो कि ऊँची आवाज में कुछ बोल तक नहीं पाते थे। हिमालय से आए यह सन्यासी, जो स्टडी में अपने दीवान पर घंटों और दिनों तक मानव पीड़ा से जुड़ी समस्याओं को धैर्यपूर्वक सुनते रहते थे अब कैलीफोर्निया की धूप के आनन्द में खिल रहे थे।

वे अनौपचारिक पाश्चात्य जगत के लोगों की आदतों और भाषाओं को समझने और उनका आनन्द लेने लगे थे और उनकी कतिपय कहावतों को आत्मसात व प्रयुक्त करने लगे थे, "ओ के" औपचारिक आंग्ल–भारतीय उच्चारण में सुनायी देने लगा था, और सुनने वाले चेहरों पर मुस्कान ले आता था। अपने मिलने वाले लोगों के प्रति प्रेम भाव से सदा भरे हुए, जो भी महर्षि के दायरे में आता वे उनके साथ

हँसते और बातचीत करते। विशेषकर वे विद्यार्थियों, डॉक्टरों और वैज्ञानिकों से विविध विषयों पर गहराई से बात करना पसन्द करते। हम उन छोटी बूढ़ी औरतों को देखकर घबराते जो कि उनको अपनी लम्बी दुःख भरी कहानियाँ सुनाने लगतीं, और उन व्यथित अव्यवस्थित आत्माओं से जो कि अनेकों गुरुओं को ठीक होने के लिए मिल चुकी होतीं। जब वे इन्हें एक घंटे से ऊपर का समय दे चुके होते तो हम कहते, "महर्षि आप इतनी पीड़ा को कैसे सह पाते हैं?"

वे शान्तिपूर्वक कहते, "उन्हें इसकी आवश्यकता है।"

वे हर दिन सैकड़ों लोगों से मिलते जो जूते उतारकर स्टडी में उनतक पहुँचते। उन्हें समझना या ना समझना मायने नहीं रखता दिखता था। कोई भी आपत्ति तो नहीं करता था, यद्यपि कुछ व्यवसायिक और पेशेवर लोग कुछ आश्चर्यचकित–से लगते थे।

यह प्रथा बना ली गई थी कि हममें से बीस के लगभग लोग एक समय में सारी कुर्सियों को घेर लेते (और उन्हें ऐसे लोगों के साथ बाँटते जो कि हमें पहले कभी नहीं मिले होते किन्तु अब अपरिचित भी नहीं रहते) और उन लोगों हेतु स्थान भी बनाते जाते जो कि फर्श पर बैठना पसन्द करते। हमारा परिवार फर्श को चुनने वालों में से था। बातचीत सामान्य विषयों पर हुआ करती। अधिकतर वह भावातीत ध्यान कार्यक्रम पर केन्द्रित होती और उन लोगों पर होती जिन्हें इसके बारे में बताना आवश्यक समझा जाता। कुछ लोगों को यह बात खटकती कि हम ज्ञान की बातें किसी भारतीय से सुनते थे, क्योंकि हमारे दृष्टिकोण से अमेरिका भारत से अधिक प्रगतिशील देश था।

"महर्षि हम भारत के बारे में इतना कम जानते हैं, "आर्थर ग्रैन्विले ने पूछा; वे एक व्यावहारिक, विश्लेषणात्मक व्यक्ति थे। "क्या शिक्षा सामान्य है?"

"नहीं।" उत्तर में महर्षि बोले, "वह भारत में उतनी ही दुर्लभ है जितनी दुनियाँ के किसी और भाग में।" और फिर वे अपना सिर उठाकर मुस्कराये। पूरा कमरा हँसी के ठहाके से गूँजने लगा। काफी कुछ उपस्थित लोगों की समझ में चला गया। सभी अपने भीतर शिक्षा का सही अर्थ समझने लगे थे। धीमे–धीमे हँसी शान्त हुयी और वे बोले:

"हमारी भावातीत ध्यान की तकनीक पूरी दुनियाँ में शिक्षा को नया अर्थ देगी।"

किसी ने कहा, "क्या हमारी शिक्षा निरर्थक है, महर्षि ?"

"वह निरर्थक नहीं है। केवल उसमें पूर्णता नहीं है। शिक्षा ऐसी होनी चाहिए कि वह एक पूर्ण मनुष्य का निर्माण कर सके। आज की शिक्षा मानव का पूर्ण विकास कर पाने में सक्षम नहीं है। वह चेतन मन को गम्भीर विषयों की सूचनाओं से तो भर देती है, किन्तु चेतना की गहराई में अवस्थित अवचेतन मन और उसकी वास्तविक अंतर्वस्तु को निखार पाने में असमर्थ है। भावातीत ध्यान तकनीक शिक्षा को पूर्णता प्रदान करेगी।"[9]

लगभग हर ही दिन जब व्यक्तिगत निर्देश, पिछले दिये गए निर्देशों की जाँच, साक्षात्कार, और दिन का भोजन पूरा हो जाता तो महर्षि उनसे मिलने आये लोगों के साथ बैठकर उन्हें समय देते। वो सबको ध्यानपूर्वक सुनते, कुछ साधारण–से प्रश्न पूछते और धीमे–धीमे सुनने वालों को अपने जादू के दायरे में ले आते। फिर, थोड़ा–थोड़ा करके वो विद्यार्थी, घरेलु महिलाएँ, व्यवसायी, कलाकार, कर्मचारी, जो भी हों, उसे भावातीत ध्यान के विषय पर ले जाते।

रंगमंच की दुनियाँ में रहने के कारण, मैं श्रेष्ठ व्यावसायिक अभिनय और उपलब्धि से भली–भाँति अवगत थी, और महर्षि का काम देखकर आश्वस्त थी कि वे केवल एक साधारण, अव्यावहारिक व्यक्ति नहीं थे। वे बिलकुल सधे हुए पेशेवर कलाकार थे जैसा मैं जानती थी।

प्रश्न बार–बार लौटकर उनकी पृष्ठभूमि और बचपन से लेकर वर्तमान स्थिति तक की यात्रा के बारे में उठाये जाते थे।

कुछ लोग उनके घर के सम्बन्ध में प्रश्न पूछते, और सामान्यतया उत्तर सरल और सीधे तरीके से दे दिये जाते। वे एक अच्छे परिवार में पैदा हुये थे, एक सुसस्कृत परिवेश में, जो कि उनकी सभी क्रियाओं से झलकता था। जब वह हमारे साथ कुछ समय रह चुके थे तो मैंने पूछा था, "महर्षि क्या आप चाहेंगे कि मैं आपकी माताजी को पत्र लिखकर बताऊँ हम सब आपको यहाँ पाकर स्वयं को कितना भाग्यशाली समझते हैं?"

ऊपर देखे बिना ही वे बोले, "माँ जानती है कि पुत्र अच्छा कर रहा है।"

वास्तव में अच्छा ही कर रहा है, मैंने सोचा। सप्ताह के दौरान पचास से साठ लोग उनके व्याख्यान हर साँझ सुनते हैं और सप्ताहान्त के दिनों में तो सैकड़ों लोग।

जब हम उनके साथ स्टडी में बैठे होते तो लोगों को और अच्छी तरीके से देखने–समझने का मौका मिल जाता। ऐसे लोगों के भीतर की प्राकृतिक आभा की झलक देखने में बहुत आनन्द मिलता जो कि दुनियादारी के नियमों और बंधनों में जकड़े हुए होते। एक अद्भुत् रूपान्तरण होता वह।

'433' केवल एक गुरु की उपस्थिति से ही नहीं वरन उन सैकड़ों लोगों के प्रेम, आनन्द और आदर, जो कि वे अपने विचारों और कर्म से व्यक्त करते, कृतार्थ हुआ था। हँसी हमारी भाषा थी और प्रेम वह बंधन जिसमें हमारे घर के सभी लोग बंधे थे। सांसारिक विषय हर्ष और आनन्द के भाव से रबर बॉल की तरह उठाये और उछाले जाते। हर कोई अपना मत विचारों तथा सेवा के माध्यम से अभिव्यक्त करता।

वह सैकड़ों ध्यान साधक जो 1959 की गर्मियों का हर खाली घंटा हमारे घर में बिताते एक ही विचार में घिरे रहते–एक ही उद्देश्य लिए होते– महर्षि। वे उन्हें देखना चाहते, उनके साथ रहना चाहते, उनके बारे में बात करना चाहते, और उनके

बारे में प्रश्न पूछना चाहते। जब तब कोई हमसे उनकी उम्र पूछता। मुझे कोई अनुमान नहीं था और न ही जिज्ञासा थी। मुझे सदा ऐसा लगता था जैसे वे समय और उम्र की सीमाओं के परे थे। किन्तु, और लोगों के प्रश्नों का उत्तर देने हेतु मैंने छानबीन करनी शुरु की।

महर्षि कद में छोटे थे, लगभग पाँच फीट तीन या चार इन्च। उनकी बड़ी, चमकती, काली आँखें सबसे पहले आकर्षित करतीं। मुखमण्डल की रूपरेखा सौम्यता लिए थी और वह झुर्रियोंरहित था, दिखने में युवकोचित था किन्तु प्राधिकार दर्शाता था और पूरे तरीके से काले घुंघराले बालों के बीच सजा था। उनके बाल स्वाभाविक रूप से उनके चेहरे के किनारों पर गिरे होते और उनकी दाढ़ी के बालों से मिल–जुल जाते। उनका शरीर जो कि कई गज श्वेत रेशमी वस्त्रों से ढंका होता, राजसी–पन दर्शाते जिसका सवश्रेष्ठ उदाहरण उनके आकर्षक हाथ और पैर थे। उनके हाथ अभिव्यंजक और शक्तिशाली थे, पाँव छोटे किन्तु सुगठित।

महर्षि की कोई भी तस्वीर फूलों के बिना पूरी नहीं हो सकती क्योंकि वे उनका अभिन्न भाग थे। प्रातः काल से देर रात्रि तक जो कोई भी उनसे मिलने आता उनको फूल अवश्य भेंट करता– एक फूल अथवा बड़ा गुलदस्ता। कोई भी उनके पास से जाते समय एक फूल लिए बिना जाता भी नहीं। आनन्द का आदान–प्रदान होता, उनके हाथों में कुछ समय रहने पर फूल भी मुर्झाने के बदले और खिले हुए लगते। उनके व्यक्तित्व पर वे जीवंत हुए लगते और, पता नहीं कैसे, किन्तु हमें प्रसन्न बालकों की याद दिलाते।

अक्सर हम नये आये अतिथियों के द्वारा की गयी टिप्पणियों को बड़े आनन्द से सुनते, "कितनी अद्‌भुत् बात है, लगता है उनके हाथों में रखे फूल मानो और अधिक ताजा और चटख रंग के होते जा रहे हैं।" और किसी अन्य के मुंह से "सुनने में अजीब है लेकिन लगता है कि फूल उनके हाथों में रहने पर अत्यधिक आनन्द का अनुभव कर रहे हैं।"

हर शाम आठ बजे वे भावातीत ध्यान केन्द्र पर व्याख्यान देने हेतु जाते। हर दिन '433' में सारे फूलों को इकट्‌ठा किया जाता और हॉल में पहुँचा दिया जाता, और महर्षि भी अपने हाथों में एक बड़ा–सा गुलदस्ता लिए पहुँचते। वे एक साधारण प्रवक्ता की छवि से बिलकुल भिन्न रूप लिए आते, और बहुत आकर्षक व्यक्तित्व के दिखते। उनके व्याख्यानों को और फूलों के साथ उनकी क्रीड़ा को स्मरण करना अभी भी बहुत उत्साहित करता है।

उनके व्याख्यानों में अनेक बातें समझाने हेतु फूलों का प्रयोग लगातार किया जाता। अधिकांश समय वे एक सुन्दर, बड़े डन्ठल का लाल गुलाब लिए रहते जिसे कि ब्लैक–बोर्ड पर छुआ कर वे किसी विशेष बिन्दु पर जोर दिया करते। और

कभी–कभी जब उन्हें भावातीत ध्यान संबंधी किसी बात पर अत्यधिक जोर देना होता तो वह छुआना भी सौम्य न होता। व्याख्यान कक्ष में सभी का मन तो उनके द्वारा बताए विचारों के पीछे रहता, किन्तु आँखें उनके हाथ में पकड़े फूल की गतिविधियों के पीछे रहतीं।

कई बार महर्षि से किसी विषय अथवा वस्तु पर ध्यान केन्द्रित करने के विषय में पूछा जाता–कई लोग किसी चिन्ह पर, किसी विचार पर, बाइबिल की किसी कथा पर ध्यान लगाते।

महर्षि ने समझाया–

"भावातीत ध्यान सृजन के स्थूल से सूक्ष्म स्तरों में जाने की क्रिया है। एक व्यक्ति सही माध्यम से सही स्पंदन का प्रयोग करके पूरे संसार में जीवनी–शक्ति का संचार कर सकता है। और, जैसा कि सब जानते हैं, यदि हम यह फूल किसी को मारें उसे चोट भी लग सकती है।"

(अब फूल माइक्रोफोन पर चोट कर रहा होता है।)

"किन्तु यदि हम फूल के अणुओं को सक्रिय कर सकें, प्रभाव और भी बलशाली हो सकता है। सृजन की सूक्ष्मता में और अधिक शक्ति छुपी होती है।"

इस समय तक फूल, बात पर जोर देता हुआ, माइक्रोफोन पर कई चोटें कर चुका था।

वे आगे बोलेः

"तो, जब हम स्पंदनों के सूक्ष्म स्तर पर पहुँच जाते है तो शक्ति में भी वृद्धि होती है, और वह शक्ति ऐसी होती है जो शुद्धता देती है, जीवन को बढ़ाती और उसे श्रेष्ठता की ओर ले जाती है।"

अब उनके एक हाथ में लाल गुलाब का फूल था। सौम्य उँगलियाँ फूल की पंखुड़ियों को हटाते हुए फूल का अन्दरूनी भाग उजागर करने लगीं।

फिर–

"स्पंदनों की शक्ति बढ़ती हुयी पायी जाती है जैसे–जैसे हम सृष्टि के सूक्ष्म से सूक्ष्म स्तरों की ओर जाते हैं; फलस्वरूप पूर्णता में एक डुबकी लगाकर हम समस्त सृष्टि में जीवन का संचार कर देते हैं।"

किसी प्रकार से *"समस्त सृष्टि में जीवन"* गुलाब के अन्त्तर्तम् भाग में समाप्त होता है। उन लोगों के लिए जो कि इतनी गहराई की बातें इतने सीधे–सादे व्याख्यान में सुनने के आदी नहीं थे, सुन्दर फूल तनाव और मानसिक थकान मिटाने में सहायक होते। मैं निश्चित रुप से जानती हूँ कि फूलों का सारा खेल श्रोताओं

को एक अच्छा उदाहरण देने के लिए किया जाता था। वह एक तरीका था जिससे निर्दोष फूलों की सहायता से श्रोताओं को निर्पेक्षता के स्तर पर ले जाया जाता था। आँखें वह देखती थीं जो कि कान सुनते थे।

भाषण आगे चला–

"हम जब कहते हैं कि पदार्थ और चेतना में द्वन्द है तो उसका अर्थ क्या है?"

अब वह फूल को देख रहे हैं।

"एक उदाहरण लेते हैं। हम फूल को देखते हैं। फूल की सुन्दरता वहाँ है। जब दृष्टा दृश्य की सुन्दरता में खो जाता है तो मानो दृश्य ने दृष्टा के अस्तित्व को ही मिटा दिया हो; दृष्टा ने दृश्य के वशीभूत कर लेने वाले प्रभाव के कारण अपनी स्वयं की आवश्यक प्रकृति की गरिमा खो दी हो।"

अब वह थोड़ा रुकते हैं। अपने एक हाथ में फूल पकड़कर वे अपनी एक आँख पर उसे रगड़ते हैं और फिर उसको हथेली से ढँक लेते हैं। हम एक योगी को देख रहे हैं जो कि एक बड़ी भूरी आँख और एक गुलाब के फूल की आँख लिए होते। फूल ने एक आँख को अपने प्रभाव से ढाँक लिया।

"दृष्टा ने दृश्य के वशीभूत कर लेने वाले प्रभाव के कारण अपनी स्वयं की आवश्यक प्रकृति की गरिमा खो दी है। पुष्प की सुन्दरता देखने पर अब केवल पुष्प का ही अस्तित्व रह जाता है। दृश्य ही उपस्थित दिखता है और दृष्टा की उपस्थिति दर्ज नहीं हो पाती है। दृष्टा खो जाता है। चेतना में केवल दृश्य ही छा जाता है। यही पदार्थ की चेतना पर विजय का संकेत है। यही भीतर स्थित चेतना की पराजय है।"

ऐसे प्रभावशाली शब्द सौम्यता से कानों में पड़ते।

फूलों की पंखुड़ियों पर उनके शब्दों का अर्थ खो नहीं जाता। कोई भावों की हलचल न होती। सारी ऊर्जा तर्क की सीमाओं के अंतर्गत् तथ्यों को ग्रहण करने में केन्द्रित होती।

यहाँ हमारे पास एक ऐसे प्रबुद्ध गुरु थे जो कि चेतन मन के ध्यान को रंगीन फूल की ओर खींच कर ले जा रहे थे, जबकि अवचेतन मन के सूक्ष्म स्तर हर एक शब्द का गहरा अर्थ समझ रहे थे।

विषय को आगे ले जाते हुए वे बोलेः

"पदार्थ ने अनुभवकर्ता को पृष्ठभूमि दी, चेतना को भी । केवल पदार्थ रह जाता है, और चेतना, यह सोचते हुए "ओह! फूल कितना सुन्दर है," यह जानने में असमर्थ हो जाती है कि उसका अपना आनन्दपूर्ण स्वभाव समाप्त हो चुका है। अनुभवकर्ता ढूंढने से भी नहीं मिलता है और केवल पुष्प ही रह जाता है।"

अब आता है समस्या का हल–

"तो क्या करना चाहिए? अनुभवकर्ता को पुष्प का तो आनन्द लेना चाहिए किन्तु अपना अस्तित्व (स्वभाव) भी मिटने नहीं देना चाहिए। ऐसे में पुष्प की गरिमा का आनन्द भी लिया जा सकता है और अनुभवकर्ता का अस्तित्व भी नहीं खोता।"

यह दो मुख्य बातें हमारे लिए बहुत महत्वपूर्ण थीं। हॉल में बैठे किसी भी व्यक्ति के दिल में सन्यास लेने की या फिर दुनियाँ की गतिविधियों को छोड़ने की इच्छा नहीं थी। यहाँ एक व्यक्ति हम सबको बता रहा था कि दुनियाँ की गतिविधियों से भागने की आवश्यकता नहीं थी; हमारा उद्देश्य एक ऐसा जीवन जीना था जिसमें पदार्थ जगत और चेतना एक दूसरे को आच्छादित किये बिना साथ–साथ चल सकें।

सारा जीवन–मानसिक, भौतिक और आध्यात्मिक, सभी को इकट्ठे जिया जाना चाहिए और उसका संतुलन भी बना रहना चाहिए। सारे स्तरों को एकीकृत रहना चाहिए।

उस पल में हम कुछ ऐसा ही अनुभव कर रहे थे। हम पूरे तरीके से अपने आप में चैतन्य थे। शान्त, दिव्यता से भरे हुए और आनन्दित, और उस लम्बे डंठल वाले गुलाब के प्रति भी पूर्णतया सजग थे।

बोलते हुए महर्षि ने सहजता से उस गुलाब को अपने पैर के अंगूठे में लपेट लिया जिससे कि गुलाब का मध्य भाग उनके चरण को सुशोभित करने लगा।

अपना सिर घुमाए बिना मैंने धीमें से दृष्टि दौड़ाई तो देखा कि सभी के मुखमण्डल पर मुस्कान खेल रही थी। कुछ ही लोग जो कि विचारों में डूबे थे गुलाब के विषय में अनभिज्ञ थे।

पूर्णता का ज्ञान इतनी सरलता और सहजता से प्राप्त किया गया जैसे कि हवा और धूप। जब आँखों से आँखें मिलीं और सुशोभित चरण पर लौटीं, सभी ने मनोरंजन में भागीदारी की और मुस्कान हँसी में बदलने लगी। हँसी की सौम्य लहर, जो कि भावनाओं में उमड़ कर बाहर नहीं आयी, सम्पूर्ण व्याख्यान के दौरान जारी रही।

महर्षि जिनका दर्शन यह था कि "जीवन मूलतः आनन्द है", आनन्द को देख व सुंनकर मुदित थे। वे भी मुस्कुराने लगे, कदाचित हमारी मुस्कान के भोले कारण से सर्वथा अनभिज्ञ।

अब तक हम मुड़े हुए गुलाब को देखकर सोचने लगे थे कि उसका क्या होगा। वह प्रसन्नता से वहाँ पड़ा था, अपने भविष्य के बारे में अनजान।

महर्षि ने दूसरा गुलाब उठाया और आगे बोलने लगेः

"यदि भीतरी प्रकाश से जीवन के भौतिक सुखों की ज्योति को और भी अधिक चमकदार बनाया जा सके तो सभी ऐसा सहर्ष स्वीकार करेंगे, और यहाँ वह तकनीक

है, जो कि ऐसा करने में सहायक होगी। अन्यथा, यदि आप किसी की आवाज सुने कि 'ओह, आप दिव्य हो जायेंगे, आनन्द से भर जाएँगे, अपनी प्रकृति के स्वामी बन जाएँगे, किन्तु आपको फूलों को देखना बन्द करना पड़ेगा, जीवन का आनन्द लेने से स्वयं को रोकना पड़गा, अपनी इंद्रियों के सुख से अलग रहना पड़ेगा, दूर रहना पड़ेगा, और सन्यासियों का जीवन जीना पड़ेगा, और यह सब करने के बाद आप निश्चित रूप से प्रकृति के स्वामी बन जाएँगे,' तो कोई भी नहीं सुनेगा।"

हम सब कुछ सुन रहे थे! हम आत्मिक चेतना को पाने की इच्छा अपनी इंद्रियों तथा और अधिक सूक्ष्म स्तरों से करने लगे थे। उन्होंने स्वर्ग के भीतरी साम्राज्य को इतना सजीव बना डाला था कि हम उसे देख सकते थे, महसूस कर सकते थे, सुन सकते थे, और यहाँ तक कि उस आनन्द को चख सकते थे जिसके बारे में वह बता रहे थे। और हम खुश थे कि आनन्द का अधिकारी बनने हेतु हमें सामने रखे फूल को देखना नहीं छोड़ना था जो साँझ के समय अपनी सुन्दरता बिखेर कर सबको मुग्ध कर रहा था।

हम अचरज में थे कि उस लाल गुलाब के जीवन में आगे क्या घटने वाला था।

व्याख्यान आगे चलता गया और मुड़ा हुआ वह गुलाब पुनः सुलझता चला गया।

"प्रश्न यह आता है, 'यदि भगवान सर्वव्यापक है, और प्रशंसनीय तथा दयालु है, और सभी का परम् पिता है, तो यद्यपि वह चाहता है कि हम उसके द्वारा फैलाये सर्वव्यापक आनंद का रस लें फिर भी उस आनंद को सदा अनुभव क्यों नहीं कर पाते हैं?"

प्रश्न के समाप्त होते–होते गुलाब महर्षि के भूरे, गरिमामय हाथ में पुनः स्थान बना चुका था।

"हमें केवल आत्मिक चेतना को भावातीत स्तर से लाकर उसे अपने जीवन में संलग्न करके जीवन को धन्य बनाने की आवश्यकता है। ऐसा हम भावातीत ध्यान से करते हैं।"

आत्मिक चेतना के बारे में और अधिक जानने की इच्छा मेरे विचारों में व्याप्त थी, किन्तु मेरा ध्यान उस गुलाब को अपनी निजी स्मारिका में रख लेने पर केन्द्रित था– उन आनन्द के पलों को जब आत्मा उसे सींचने वाली जीवनदायिनी धारा से सींची जाती है और खिल उठती है। मैं उस गुलाब को पाना चाहती थी, किन्तु भली–भाँति सचेत थी कि बहुत से और लोग भी ऐसा ही चाहते थे।

एक बार पुनः उनके शब्दों से कक्ष गूँज उठाः

"मन अथाह आनन्द को पाने हेतु प्यासा रहता है, किन्तु संसार की विविध प्रसन्नताओं में आनन्द की वास्तविक मात्रा बहुत कम होती है, नगण्य ही होती है।

वह मन द्वारा ढूंढे जाने वाले आनन्द की तृप्ति नहीं कर पाता है; और क्योंकि मन बाहरी संसार में आनन्द के सागर को कहीं पा नहीं पाता है तो एक से दूसरे बिन्दु पर भटकता रहता है।"

"बिन्दु से दूसरे बिन्दु में" कहते समय उन्होंने गुलाब की सारी पंखुड़ियाँ एक एक करके अलग कर डालीं, जो अब उनके पैर के पास एक लाल ढेर के रूप में एकत्रित हो गयीं थीं।

सुलेमान भी अपने ज्ञान के भण्डार के बावजूद क्या इससे अधिक बेहतर कुछ कर सकते थे? अब फूल को पाने के लिए उत्सुक सभी लोगों के लिए पंखुड़ियाँ उपलब्ध थीं।

जब व्याख्यान समाप्त हो चुका तो व्याप्त उल्लास असीम हो गया। सभी महर्षि के चारों ओर भीड़ लगाकर खड़े हो गए। कुछ लोग फूल भेंट में देना चाहते थे, कुछ व्यक्तिगत प्रश्न पूछ रहे थे, तो कुछ उनसे सम्पर्क साधना चाहते थे और कोई उन्हें विशेष समूह में व्याख्यान हेतु आमन्त्रित करना चाहते थे, और कई ने उन्हें आस पास के रोचक स्थलों के भ्रमण हेतु आमन्त्रित किया। जो कोई भी उन तक आता उसे वे एक–एक फूल भेंट में देते जाते। शान्ति से बैठे–बैठे मुझे उन लोगों के दीप्तिमान चेहरों को देखने में आनन्द मिल रहा था जो कि हाथों में एक–एक फूल पकड़े जा रहे थे।

जब हम भावातीत ध्यान केन्द्र पर ही रुके हुए थे तो हमारे नीचे सड़क पर कर्कश ध्वनियों का शोर हो रहा था। शाम के यातायात के प्रवाह का चलना या रुकना, रात में बजने वाले भोंपू की तीव्र ध्वनि का आना, यहाँ तक कि विल्शायर बोलिवार्ड से आने वाली चकाचौंध का हमारी बड़ी खिड़की के भीतर आना भी शाम के उस गंभीर वातावरण में व्यवधान नहीं डाल पाये।

और आत्मा की खिड़की के परदे को थोड़ा–सा खींच कर प्रकाश के भीतर जाने का प्रबन्ध किया जा चुका था।

रोलैंड और मैं घर लौट आये, और अपने शयनकक्ष की निजता में दिन भर की और साँझ की गतिविधियों पर चर्चा करने लगे, जैसा कि सोने के पूर्व हमारा नियम था।

"हाँ," मैं बोली, "हमने कई सारे व्याख्यान सुने हैं और नाटक देखे हैं, किन्तु मेरी स्मृति में कोई भी ऐसी शाम नहीं रही जो कि मैंने इतनी पसन्द की हो। क्या तुमने ऐसा आनन्ददायक दृश्य कभी देखा?"

"एक योगी के सिवा कोई भी एक गुलाब के साथ, बिना हास्यास्पद लगे, ऐसी क्रीड़ा नहीं कर सकता था," रोलैंड ने हँसकर आगे जोड़ा, "और मैं सोचता हूँ कि संभवतः कोई भी और योगी ऐसा नहीं कर पायेगा।"

क्योंकि मैं बहुत थकी हुयी नहीं थी इसलिए मैंने विलियम जेम्स की एक किताब उठा ली, ''द वेरायटीज ऑफ रिलिजस एक्सपीरियेन्सेज'' (धार्मिक अनुभवों की विविधताएँ)।

कुछ समय बाद मैं उसके 'वार्तालाप वाले अध्याय' की राल्फ वाल्डो इमर्सन को उद्धृत् करती पाद टिप्पणी पढ़ने लगी जो कि निम्नवत् थीः

"जब हम एक ऐसी आत्मा को देखें
जिसकी क्रियाएँ राजसी हों, गरिमामय हों
गुलाब जैसी आनन्दप्रद हों
तो हमें भगवान को धन्यवाद देना चाहिए
कि ऐसी चीजें हो सकती हैं
और हैं।"

मैंने अपनी गुलाब की पंखुड़ियाँ एक लिफाफे में रखीं और उस पर लिखा *''टोज एण्ड रोजेज''* (अंगूठे और गुलाब)।

दशम अध्याय

विशाल स्वचालित

यद्यपि कुछ लोग जो कि महर्षि के पास आते थे अतिवादी कहे जा सकते थे, फिर भी अधिकतर सुलझी हुयी समझ वाले पुरुष तथा स्त्रियाँ होते थे जो कि महसूस करते थे कि महर्षि की यह सरल युक्ति उन्हें तनावों से राहत दे सकेगी। किन्हीं कारणों से अधिकांश लोग अपने धार्मिक विश्वासों से असंतुष्ट लगते थे और कुछ ऐसे की खोज में रहते थे, जिसके बारे में वे स्वयं भी ठीक प्रकार से नहीं जानते थे।

"भावातीत ध्यान एक दवा–रहित शान्ति प्रदान करने वाली युक्ति है," महर्षि कहा करते, *"किन्तु यह गुण उसका केवल एक उप–उत्पाद है। जब हम सेब का एक पेड़ लगाते हैं तो हमारा मुख्य उद्देश्य सेब पाना होता है, किन्तु सेब तैयार होने के बहुत पहले से हमें पेड़ की ठंडी छाँव का आनन्द मिलने लगता है। छाँव एक उप–उत्पाद है। तनाव से मुक्ति भी ऐसा ही उप–उत्पाद है। और यह स्वचालित रूप से फलदायक है।"*

भावातीत ध्यान के लाभ बताने हेतु महर्षि और–और अधिक स्वचालित शब्द का प्रयोग करने लगे। योग तथा आध्यात्म के छात्र तथा विविध धार्मिक संस्थाओं के लोग कई बार यह दलील उठाते कि महर्षि की युक्ति कुछ अधिक ही सरल लगती है। महर्षि अपना सिर एक ओर से दूसरी ओर हिलाते और मुस्कुराकर कहते–

"दिव्यता के लिए दुःख भुगतने की कोई आवश्यकता नहीं है। हमारा मार्ग आनन्द का मार्ग है। सुबह शाम केवल कुछ मिनट आप डुबकी लगायें और आप तरोताजा व आनन्दमग्न हो जायें। फिर सब कुछ स्वचालित होता है। वह केवल अतृप्ति या आनन्द की कमी होती है जिसके कारण मनुष्य गलत कार्य करने लगता है। जब आनन्द तक पहुँचने के रास्ते का पता नहीं होता है तो आपको चर्च की बातें सुननी होती हैं। वे इंगित करते हैं कि 'यह करना गलत है', 'यह करना सही है', और हमें ऐसा करना चाहिए।"

"यदि हम आपकी तकनीक का प्रयोग करने लगें महर्षि, तो क्या फिर हमें चर्चो की आवश्यकता नहीं रहेगी?"

ऐसे में महर्षि अपने अनूठे अंदाज में सिर उपर उठाकर देखते और मुस्कुराते और प्रश्नकर्ता से कहते:

"दुनियाँ चर्चों के बिना भी कैसी लगेगी? तब आप चर्चों को और भी पसन्द करने लगेंगे क्योंकि आप उनके उपदेशों को और भी अच्छे से समझने लगेंगे। और उन लोगों के लिए जो चर्चों की शिक्षाओं का पालन नहीं कर पाते हैं, भावातीत ध्यान उन्हें गलत और सही का विवेक प्रदान करेगा। जब कोई अपने भीतर डुबकी लगाता है और अपनी श्रेष्ठ आत्मिक चेतना में लीन होता है तो उसके पूरे जीवन में, और विचारों में उसी श्रेष्ठ चेतना के गुण आ जाते हैं, और फिर सभी शुभ स्वचालित रूप से होने लगता है। तुम्हें याद होगा भगवान ईसू ने क्या कहा था, "तुम पहले अपने भीतर उपस्थित स्वर्ग ढूंढ लो, और बाकी सभी कुछ तुम्हें मिल जाएगा।"

जैसे–जैसे गर्मियाँ व्यतीत होती गयीं हमने लगभग एक ही से प्रश्न बारम्बार पूछे जाते सुने और तब हमें पता चला कि सभी लोगों की आवश्यकताएँ लगभग एक समान ही होती हैं।

कई पुरुषों के मन में सर्वोच्च प्रश्न सिगरेट पीने से संबंधित होता था। साक्षात्कार लेने आए किसी व्यक्ति के सामने सबसे पहले यही चिन्ह दीवार पर प्रगट होता था, "धूम्रपान मना है।"

"अरे नहीं," परेशान होकर वह व्यक्ति सिगरेट निकालते–निकालते उसे वापस अपनी जेब में डालता और कहता, "मैं सिगरेट के बिना तो रह ही नहीं पाऊँगा।"

"महर्षि कभी आपको कुछ छोड़ने को नहीं कहेंगे," ऑफिस सहायक उनको आश्वासन देते।"

अधिकतर जो उत्तर लौट कर आता वह यह होता कि, "कुछ भी छोड़ना नहीं पड़ेगा! तब तो यह तकनीक लाभकारी हो ही नहीं सकती।"

ऐसे प्रकार के लोग हमें कुछ समय तक उलझन में डालते रहे, किन्तु हमारी समझ 'अपने आप' बढ़ रही थी कि ऐसे व्यक्ति शीघ्र ही हर किसी चीज के साथ कमियाँ ढूंढ निकालेगें; ऐसे पुरुष अथवा स्त्री, भावातीत ध्यान या चर्च या विज्ञान की सहायता से भी उत्तर नहीं पा पायेंगे, क्योंकि उनके भीतर वास्तविक ज्ञान पाने की आकांक्षा है ही नहीं।

"हम किसी भी चीज को छोड़ने का विचार भी मन में नहीं लाते हैं" महर्षि जोर देकर कहते। *"हम वह करते हें जिसकी आवश्यकता महसूस होती है। किन्तु हम भावातीत ध्यान में नियमित होते हैं, और जब हम आनन्द से भर जाते हैं, आत्मिक*

शान्ति को प्राप्त कर लेते हैं, तो वह आवश्यकता लुप्त हो जाती है। उनके बारे में सोचने तक की आवश्यकता नहीं पड़ती। किसी चीज को छोड़ने हेतु जब हम बार–बार विचार करते हैं तो उसकी जड़ें और अधिक गहरी कर देते हैं, और फलस्वरूप हम उसको और भी अधिक चाहने लगते हैं।"

धूम्रपान करने वालों को वह कहते, "जब धूम्रपान तुम्हें छोड़ दे तब उसको पकड़ कर बैठे रहने का प्रयास मत करने लगना।"

समय–समय पर हमें ध्यान साधकों से सूचना मिलती रहती कि जो लोग भावातीत ध्यान नियम पूर्वक प्रतिदिन करते थे उन्होंने बिना प्रयास के धूम्रपान छोड़ दिया था और उन्हें पता तक नहीं चल पाया था कि उन्होंने किस दिन अथवा घंटे उसे छोड़ा। उन्हें इसका आभास तब हुआ जब उन्होंने सिगरेट को बहुत समय से खरीदा ही नहीं। मेरे पति, जो कि भावातीत ध्यान करने के पूर्व थोड़ा बहुत धूम्रपान किया करते थे, इस बात को जानने वालों में प्रथम थे कि यह परिवर्तन कितना पूर्ण और स्वाभाविक होता है। इसमें कोई पीड़ा, शिकायत, कुप्रभाव, औरों को अशान्त कर देने वाले भले–बुरे अनुभव नहीं थे। एक दिन व्यक्ति अकस्मात् पाता है कि धूम्रपान उसके जीवन का हिस्सा नहीं रहा।[10]

किन्तु धूम्रपान छूटना इस 'विशाल स्वचालित परिवर्तन' का एक ही उप–उत्पाद नहीं था, जैसा कि सभी हँसकर भावातीत ध्यान कार्यक्रम को, महर्षि के एक व्याख्यान में ऐसा कहने के बाद से, कहने लगे थे।

वह महिलाएँ जो कि वजन घटाना चाहतीं थीं अनुभव करने लगीं कि उनकी भोजन पर लिप्तता कितनी कम हो गयी। यह "स्वचलन" मेरी भी प्रसन्नता का कारण था।

किसी ने पूछा, "क्या हम सभी सन्यासी बन जाएँगे?"

"मेरी तकनीक घर–गृहस्थी वाले व्यक्ति हेतु है, संसारी व्यक्ति हेतु, उस व्यक्ति हेतु जो अधिक उपलब्धियाँ चाहता है, अधिक सृजनात्मकता तथा अधिक सांसारिक ज्ञान चाहता है। वह अधिक तभी कर सकता है जब वह शक्ति के स्रोत तक जा पाए, आत्मा की चेतना तक, परम पूर्णता तक, विशुद्ध असीम की अनुभूति तक। और वहाँ तक की यात्रा इसका एक भाग है, दूसरा है जब वह अपने साथ अनुभव के उन गुणों को वापस लाकर अपने दैनिक जीवन में उतारता है। तब मानव एक पूर्ण जीवन जीता है, आनन्द का जीवन, शान्ति का जीवन, क्रियात्मकता का जीवन, सृजनात्मकता का जीवन। वह पूरे सौ प्रतिशत ही नहीं वरन दो सौ प्रतिशत जीवन जीता है। एक गृहस्थ के लिए दुनियाँ में चलना एक पहिये पर चलते रथ का सा होता है। श्रेष्ठ हो कि दोनों पहियें साथ चलें। स्त्री का स्थान भी महत्वपूर्ण है। वह घर को शोभा तथा सौन्दर्य से भरती है। वह अच्छाई तथा बुराई के मध्य संतुलन करने वाली होती है।"

"बच्चों का ना होना किसी सेब के पेड़ को उसके फलों से वंचित करने–सा होगा। किन्तु कोई भी दो व्यक्तियों के रास्ते एक समान नहीं होते। जो साधु का जीवन जीना चाहते हैं, उनके लिए साधु की तरह जीने का मार्ग ठीक है, और उनके ध्यान करने का मंत्र गृहस्थ व्यक्ति के ध्यान के मंत्र से भिन्न होता है।"

बहुत बार महर्षि से पूछा जाता कि–

"क्या हम किसी भी शब्द अथवा ध्वनि को चेतना की सूक्ष्मतम स्थिति में पहुँचाकर भावातीत चेतना में नहीं पहुँच सकते?" (यह सभी को ज्ञात है कि अंग्रेजी के कवि एल्फ्रेड लार्ड टैनिसन कुछ लिखने के पूर्व अपना नाम अनेक बार दोहराते थे।)

"हाँ," महर्षि उत्तर में बोले। "कोई भी ध्वनि बार–बार बोलकर प्रशान्ति की स्थिति में आया जा सकता है, या दूसरी ओर भी जाया जा सकता है जब ध्वनि को इतना तेज कर दिया जाए कि प्रशान्त अवस्था आ जाए। किन्तु जो हम नहीं जानते हैं वह यह है कि इस ध्वनि का शरीर, मन तथा आत्मा पर क्या प्रभाव होता है। विश्व में हर ध्वनि का प्रभाव होता है। कुछ ध्वनियाँ लोगों को लड़ाकू बनाती हैं, तो कुछ शान्त कर देती हैं; कुछ लोगों को सक्रिय से निष्क्रिय बना देती हैं, और कुछ और अधिक क्रियाशील। यह वह ज्ञान है जो हमारे गुरुओं द्वारा हमको दिया गया है, शंकराचार्य की परम्परा से। हम कुछ शब्दों का प्रभाव कतिपय लोगों पर क्या पड़ता है इसे जानते हैं। जब यह शब्द दिये जाते हैं, और ध्यान नियमित रूप से किया जाता है, तो प्रभाव अच्छा होता है, और व्यक्ति प्रसन्न, संतुष्ट और संसार हेतु उपयोगी बनता है।"

"ऐसा है महर्षि, तो भारत को तो और अधिक सृजनात्मक तथा उत्पादक होना चाहिए था– क्या यह सत्य नहीं है?"

"आप सही हैं। यदि यह ज्ञान भारत में बचा होता तो वह भी अधिक उत्पादक तथा सृजनात्मक होता, तथा हर विषय में श्रेष्ठ होता। किसी सन्यासी और किसी गृहस्थ के ध्यान मंत्रों का सूक्ष्म अंतर भुला दिया गया है और यह हानि समाज में व्याप्त है। लोगों ने वहाँ परिवर्तन की इच्छा ही नहीं की, किन्तु समय आ रहा है जब कई लोग सुनेंगे और भारत अपनी निद्रावस्था से उठ जाएगा। केवल सही मंत्रों का प्रयोग आवश्यक है। अभी से ही भारत में ध्यान प्रतिदिन होने लगा है और लोगों की ईश्वर में आस्था जमने लगी है।"

महर्षि विश्वविद्यालयों में व्याख्यान देना बहुत पसन्द करते थे। साउथ कैलीफोर्निया[11] के एक विश्वविद्यालय में रोचक प्रश्न उठे। विशेषकर एक प्रश्न था जो महर्षि को बहुत पसन्द आया था और वे उसे अनेक बार सुनाते थे–

"मैं अभी ध्यान करने के लिए समय क्यों निकालूँ? मैं तो प्रसन्न हूँ ही, और सृजनात्मकता से भी पूर्ण हूँ। मुझे इसकी आवश्यकता बड़ी उम्र हो जाने पर अधिक पड़ेगी।"

महर्षि ने कहाः

"ध्यान मृत्यु हेतु कोई तैयारी नहीं है; वह सफल जीवन हेतु एक मार्ग है। ध्यान को टालना वैसा ही होगा जैसे अधिक बुद्धिमत्ता, अधिक सृजनात्मकता, अधिक शान्ति, और अधिक प्रसन्नता को टालना। तो क्यों ना इसे छोटी उम्र में ही ले लिया जाए? जीवन के आनन्द को अंतिम दिनों हेतु क्यों छोड़ा जाए?"

कई लोग, हमें ज्ञात हुआ, गुरुओं या साधुओं के पास शारीरिक कष्ट मिटाने की इच्छा लेकर ही आते थे। कई बार महर्षि चमत्कार दिखाने को भी मनाए जाते थे। वे केवल हँसते और अपना सिर हिलाते।

"नहीं। यदि कोई चमत्कारिक रुप से स्वस्थ कर दिया जाए तो और–और चमत्कार का फेर शुरु हो जाएगा, और कोई भी ध्यान के विषय में आगे नहीं सोचेगा। यदि मैं चमत्कारों को दिखाने में लग जाऊँ तो आध्यात्मिक पुनरुत्थान आन्दोलन हेतु समय नहीं निकाल पाऊँगा।

मेरा उद्देश्य भावातीत ध्यान की सरल तकनीक को फैलाना है; मैं अच्छे विचारों वाले स्त्रियों तथा पुरुषों को एकत्रित करना चाहता हूँ जो कि नियमपूर्वक इकट्ठे ध्यान का अभ्यास करें। फिर, उनके लिए, इलाज अपने आप होने लगेंगे। प्रकृति की हर मधुर कृति में स्वास्थ्य सुधारने की क्षमता होती है। यदि किसी बालक को चोट लग जाए, तो माँ की गोद उसे आराम देती है। एक मनोरंजक फिल्म भी थकान मिटाने में सहायक होती है किन्तु भावातीत ध्यान में सबसे अधिक लाभ देने की क्षमता है। वह शरीर, मन तथा आत्मा सभी को लाभ पहुँचाती है। पूरे जीवन को लाभ पहुँचना चाहिए, न कि केवल एक अंश को; सब कुछ शान्तिपूर्ण सामंजस्य में रहना चाहिए।"

कभी–कभी सामाजिक कार्यकर्ता समाज में व्याप्त अपराध के बारे में प्रश्न पूछते। महर्षि कहते–

"समाज से अपराध को जड़ से समाप्त करना हो तो सामाजिक जीवन में संतोष की भावना को पैदा करना होगा।"

वे आगे बोलेः

"लोगों को तथा देशों को जैसा वे ठीक समझें वैसा करना चाहिए। जब लोगों के सामूहिक विकास में परिवर्तन होता है तो समाज में नये नियम अपने आप ही बदल जाते हैं। जेल में बंद लोगों को यदि भावातीत ध्यान सिखाया जा सके तो वे भी स्वतः सुधार दिखाने लगेंगे।" [12]

वे आगे बोले–

"जब उन्हें शुद्ध सृजनात्मक बुद्धिमत्ता की ओर ले जाया जाता है तो फिर वे गलत जीवन जीने की इच्छा नहीं करेंगे। वे स्वभाव से शान्त और भले बनने लगेंगे।"

अपरिहार्य रूप से जो प्रश्न इसके बाद आना था वह था कि, "भावातीत ध्यान तकनीक का किशोर अपचार पर क्या प्रभाव पड़ेगा?" [13]

महर्षि का उत्तर आया–

"अपचार या अपराध का स्रोत असुरक्षा का भाव या संतुलन का अभाव होता है। भावातीत ध्यान इस अभाव को भर देता है। किसी अनुचित कर्म को रोकने का सर्वोत्तम समय उसके शुरु होने से पहले होता है। बच्चों के लिए प्रेम करना स्वाभाविक होता है। आवश्यक है तो केवल एक दिशा का होना। वे अपराध तब कर बैठते हैं जब प्रेम का अभाव पाते हैं।"

कई बार सभा में ऐसे पुरुष व स्त्रियाँ होते जो कि सामाजिक जीवन के उत्थान हेतु समर्पित होते। यह लोग महर्षि से अति–गंभीरता से प्रश्न किया करते–

"यदि भावातीत ध्यान तकनीक सामाजिक सुधार ला सकती है, और सभी देशों के मध्य शान्ति पैदा कर सकती है, तथा हर क्षेत्र में सृजनात्मकता ला सकती है, तो क्या हम एक आदर्श सामाजिक व्यवस्था–'यूटोपिया'[14], को ज़न्म नहीं दे सकते? और संभव है कि हम एक स्वर्णिम युग में पुनः पहुँच जाएँ, जहाँ कभी ग्रीस तथा रोम की सभ्यताएँ थीं। क्या यह संभव है?

महर्षि गंभीर भाव के साथ बैठे रहे।

उत्तर में वो बोले, *"हाँ, ऐसा बिलकुल संभव है।"*

एक प्रश्न जिसने महर्षि को एक बुद्धिमान पुरुष के रूप में स्थापित किया वह एक बालक द्वारा पूछा गया था। प्रश्न था–

"परमपिता परमात्मा को किसने बनाया?"

महर्षि ने अपना सिर एक ओर से दूसरी ओर हिलाया और मुस्कुराकर कहाः

"बालक के रूप में भगवान ने स्वयं पिता के रुप में भगवान को बनाया। कोई भी व्यक्ति पिता नहीं बनता जब तक कि उसका पुत्र न हो जाए। पिता पुत्र को बनाता है और पुत्र पिता को।"

"भारत के लोग भूख से प्रताड़ित क्यों हैं?" एक अन्य प्रश्न था।

"यदि भारत के लोग भूखे हैं और भावातीत ध्यान भी करते हैं तो यह उनका कर्म है (एक सर्वव्याप्त नियम जो कि कर्म और फल का गहरा संबंध बतलाता है), किन्तु इसका यह अर्थ नहीं कि वे बहुत पीड़ित अवस्था में होंगे। यह संभव है कि कम भोजन में भी सुख से रहा जा सकता है। अमेरिका में जहाँ बहुत कुछ है, फिर भी लोग

विविध प्रताड़नाओं के शिकार हैं। समृद्धि के मध्य होने वाली पीड़ा निर्धनता के मध्य होने वाली पीड़ा से अधिक पीड़ादायी होती है।"

एक और प्रश्न जो कि धार्मिक विचारों वाले लोग अक्सर पूछा करते थे– "क्या पीड़ा मन का शोधन नहीं करती है?"

"भावातीत ध्यान सबसे अधिक शुद्ध करने वाली तकनीक है," महर्षि कहा करते, *"और वह विशुद्ध सुख प्रदायक भी है। मन के लिए और–और आनन्द चाहना स्वाभाविक है, और सहज भी। पीड़ा चाहना ही जो कठिन है।*

एक व्यक्ति जो संगीत सुनता है वह स्वतः ही और श्रेष्ठ धुनों के प्रति संवेदनशीलता विकसित कर लेगा। किसी को उसे बताना नहीं पड़ेगा। वह तब तक और–और धुनें सुनता रहेगा जब तक एक सर्वोत्तम धुन नहीं पा लेगा। मनुष्य ओस की बूंदें पाकर संतुष्ट नहीं हो सकता, और उसे इसकी आवश्यकता भी नहीं है। परमपिता परमात्मा ने उसे आनन्द का सागर दे रखा है। क्यों न उसे पा लिया जाए?"

"और, मन बहुत देर तक अभ्यास नहीं करना चाहता है और न शान्त होकर बैठना चाहता है। वह ऐसा कर ही नहीं पाता है। वह उसके भीतर के स्वर्गीय साम्राज्य की ओर आकर्षित इसलिए नहीं होता है क्योंकि उस दिशा में जाने पर उसे आनन्द बढ़ता हुआ नहीं लगता है। हमारी तकनीक मन को नियंत्रित करने की नहीं है। बस सन्तुष्ट करने की है, और फिर वह स्वतः नियंत्रण में रहता है। हम सरल मार्ग अपनाते हैं।

हम सरल, स्वचालित मार्ग अपनाते हैं और हम विशुद्ध आनन्द के क्षेत्र तक पहुँच जाते हैं और स्वयमेव हम आनन्दित हो जाते हैं। हम शक्ति के स्रोत तक पहुँच जाते हैं और अपने–आप शक्तिशाली बन जाते हैं। हम सृजनात्मकता के स्रोत तक पहुँच जाते हैं और अपने आप सृजनात्मक बन जाते हैं।

"सब कुछ हमारा है और स्वचालित रूप से है। भावातीत ध्यान वस्तुतः एक 'विशाल स्वचालित' है।"

एकादश अध्याय

मध्य–ग्रीष्म रात्रि की योजनायें

महर्षि का हर विचार उनके भावातीत ध्यान कार्यक्रम को पूरी दुनियाँ में फैलाने के उद्देश्य पर केन्द्रित रहता; और इस उद्देश्य को पूरा करने के उनके तरीके रोचक तथा नवीनता से भरे होते।

वे प्रायः अपने आस–पास के तीक्ष्ण बुद्धि वाले दस से बीस लोगों को अपने कक्ष में या स्टडी में इकट्ठा करते, और विचारों का प्रवाह शुरु हो जाता। नये जुड़े लोगों पहला सुझाव अमेरिकी राष्ट्रपति को निमंत्रित करने का रखा। अन्य लोगों ने कतिपय विशिष्ट व्यक्तिओं का नामोल्लेख किया। बड़ी पत्रिकाओं तक पहुँच बनाने की बात रखी जाती। हर व्यक्ति अपनी समझ और दृष्टिकोण से सुझाव दिया करता।

व्यवसायी भावातीत तकनीक[15] के लाभों पर जोर दिया करते और विद्यार्थीगण उसकी वैज्ञानिकता पर, जो कहतीं कि भावातीत ध्यान चेतना के भीतर के स्तरों को जागृत करता हैं जिससे कि अधिक ज्ञान उजागर होने लगता है; स्त्रियों का ध्यान भावातीत ध्यान से बढ़ने वाली शालीनता और बेहतर जीवन जीने की प्रेरणा पर होता। वे सब इस मत पर अटल होते कि भावातीत ध्यान का सबसे अधिक लाभ सौन्दर्य निखारने का है; त्वचा का रंग निखर जाता है, स्वास्थ्य में सुधार देखने को मिलता है क्योंकि तनाव से छुटकारा मिल जाता है।[16] चेहरों में यौवन और आकर्षण आ जाता है। किन्तु फिर सभी एकमत होते कि कदाचित भावातीत ध्यान का सर्वोत्तम लाभ यह है कि विश्व शान्ति की स्थापना (की कल्पना) यथार्थ हो जाती है।

महर्षि इस बात से बहुत प्रसन्न हुए। उन्होंने प्रश्नों के उत्तर सहजता और सरलता से दिये। प्रायः उनसे यह प्रश्न पूछा जाता–

"एक व्यक्ति, शान्ति में जाकर विश्व शान्ति को स्थापित करने में कैसे सहायता कर सकता है?"

महर्षि इसका उत्तर सामान्यतः ऐसे दिया करते–

"किसी भी राष्ट्र के नेता गण युद्ध के प्रमुख कारण नहीं हुआ करते हैं। वे उस

देश में व्याप्त वातावरण को मात्र दर्शाते हैं। यदि नागरिक तनाव अथवा असंतोष से भरे हों तो वातावरण वैसा ही बन जाता है, और कार्यवाही उसी प्रकार से होने लगती है। यदि प्रत्येक व्यक्ति भीतर से शान्त होगा तो फिर वह तनाव नहीं पैदा करेगा। और फिर चेतना के भीतरी स्तरों से आने वाले शुभ स्पंदन अशुभ स्पंदनो से अधिक बलशाली होते हैं– पूरी दुनियाँ की दसवीं जनसंख्या भी यदि नियमित ध्यान करे तो विश्व शान्ति स्थापित हो सकती है।"[17]

तब, प्रायः यह प्रश्न भी पूछा जाता–

"आप कदाचित भारत में उसी को 'शान्त' कहते हैं जिसे पश्चिम में हम 'निष्क्रिय' कहते हैं।"

महर्षि का उत्तर–

"नहीं, नहीं। भारत में ध्यान ठीक प्रकार से नहीं किया जा रहा। निष्क्रियता कई लोगों द्वारा गलत ध्वनि, गलत माध्यम के प्रयोग करने का परिणाम होती है। एक ध्वनि गृहस्थ के लिए होती है तो दूसरी सन्यासी के लिए। दोनों प्रकार की ध्वनियाँ सही प्रकार से यदि प्रयोग की जाएँ तो वातावरण में ठीक प्रभाव उत्पन्न करती हैं। शान्ति क्रिया को प्रोत्साहित करने वाली मूल शक्ति होती है। यदि ध्यान सही तरीके से किया जायेगा तो वह गृहस्थ को और भी शक्ति तथा उर्जा प्रदान करेगा, अधिक सृजनात्मकता देगा, अधिक प्रेम पूर्ण व्यवहार देगा; और साधु वह प्राप्त कर सकता है जो वह जीवन में प्राप्त करना चाहता है।"

प्रश्न घंटों चलते। महर्षि के हर प्रश्न के उत्तर से वातावरण में उल्लास की लहर दौड़ जाती। जो प्रमुख लोग महर्षि के पास आते वे उनकी सहायता करने का प्रस्ताव उनके सम्मुख रखते।

"पूरब और पश्चिम दो भिन्न संसार हैं।" वे कहते। "जो बात एक के द्वारा समझी जाती है वह दूसरा स्वीकार नहीं कर पाता है।"

महर्षि मुस्कुराकर कहते–

"भावातीत ध्यान कोई दर्शन या धर्म नहीं है। वह भावातीत चेतना तक ले जाने का मार्ग है।"

रेडियो वार्ताओं, दूरदर्शन प्रसारणों और विश्वविद्यालयों में व्याख्यानों का प्रबन्ध किया जाता। कई भले लोग व्यक्तिगत दीक्षा हेतु आते। महर्षि को लगता था जैसे हर चीज मंथर गति से हो रही है किन्तु हम सब आन्दोलन जिस तीव्र गति से बढ़ रहा था उसे देखकर अचम्भित थे।

मध्य–गर्मियों तक महर्षि ने अपनी एक योजना घोषित की जो कि उनकी पहली अन्तर्राष्ट्रीय सभा हेतु थी। ऐसा सोचना मई के महिने में कठिन था जब महर्षि लॉस

एन्जिल्स में मात्र दो लोगों को जानते हुए आये थे। और अब सोलह सप्ताह बाद वह सम्मेलन के बारे में सोचने योग्य स्थिति में थे।

सम्मेलन हेतु प्रबन्ध तेजी से होने लगे। सैन फ्रान्सिस्को के लोगों की सुविधा हेतु और कैलीफोर्निया के पूरे प्रदेश के लोगों के लिए सम्मेलन हेतु सिक्वोइया नेशनल पार्क का चयन किया गया। सम्मेलन सप्ताहांत के तीन दिनों में नियोजित किया गया, और पूरी योजना उत्सुक तथा हर्षित कर देने वाली थी।

अपने कार्यभार के रहते ऑल्सन परिवार इस सभा में भागीदार नहीं बन पाया, और क्योंकि महर्षि अपने अतिथियों के साथ एक सप्ताह हेतु सैन फ्रान्सिस्को को जा रहे थे तो हमें भी अपनी सबसे बड़ी बेटी मैलिन्डा और उसकी छोटी–सी पुत्री को लॉस वेगास से बुलाने का अवसर मिल गया।

मैलिन्डा और उसकी पुत्री किंबर्ली महर्षि के जाने के पूर्व आ गए थे। मेरी दोनों पुत्रियों ने महर्षि को पहली नजर से पसन्द करना आरम्भ कर दिया। मैलिन्डा ने उनसे भावातीत ध्यान सीखा, और किम्मी उनके पास जाकर उनके गले में लटकी मालाओं से खेलने से स्वयं को रोक ना सकी। महर्षि उसे फूल देकर संतुष्ट रखते।

'गर्मियों के मध्य तक (1959) महर्षि ने अपने पहले अन्तर्राष्ट्रीय आंदोलन, जो कि सिक्वोइया पार्क, कैलिफोर्निया में आयोजित किया गया था, की घोषणा की।'

'वैसे तो महर्षि को देखना हमेशा ही आनन्ददायी होता था किन्तु बच्चों के साथ उन्हें उनके सीधे सरल तरीके से देखना विशेष रूप से प्रसन्न करने वाला होता था। भोली बच्ची जब साक्षात भोलेपन से मिली तो उनका मिलाप फूलों तथा मुस्कानों के आदान–प्रदान से हुआ।'

वह और सियामीज बिल्लियाँ बार–बार कर्मचारियों द्वारा "बाहर" छोड़ी जातीं और महर्षि द्वारा पुनः गुप्त रूप से भीतर बुला ली जातीं।

कई बार हम महर्षि के द्वार पर छोटी–छोटी चप्पलों के जोड़े को बाकी चप्पलों के ढेर के साथ देखते। फिर, द्वार खुलता और एक छोटी बच्ची, मुस्कुराहट से भरी, आँखों में चमक लिये फलों से भरे हाथों के साथ बाहर आती। ऐसा दृश्य वयस्क चेहरों पर मुस्कान और हृदय में प्रेम का संचार कर जाता। सच में मन पर अमिट छाप छोड़ने वाला दृश्य होता वह।

जब महर्षि और बाकी लोग सिक्वोइया नेशनल पार्क हेतु चले गए तो हमने बाहर से सहायता बुला कर पूरे घर को ठीक से साफ कर डाला।

हमारे योगी की अनुपस्थिति में एक उदास रिक्तता–सी छा गयी। हमें विश्वास नहीं हो पा रहा था कि हमें प्रत्येक व्यक्ति की कितनी याद आ रही थी। फिर भी, वह एक अच्छा मौका था जो हमने अपनी साधारण खुशियों को हासिल करने में व्यतीत किया – जैसे सुबह गाउन पहनकर भूतल में कॉफी पीना, और जब जी करे तब कपड़े धोना।

मैलिन्डा के घर के लिये विदा होने के पूर्व मैंने "उसे परखने" का नाटक रचा।

"मैं सोच रही थी कि मैंने भावातीत ध्यान सीखने में बहुत जल्दीबाजी तो कर दी, किन्तु अब लगता है कि कुछ समय हेतु मुझे इसे छोड़ देना चाहिए........"

मैलिन्डा चौंक गयी।

"कृपया ऐसा कुछ मत कीजिएगा। आपको पता नहीं कि मैं आपमें और पापा में कितना सुधार देख रही हूँ। आप लोग कितने शान्त और सुखी दिखने लगे हैं और कितने सहनशील तथा विनम्र हो गए हैं।"

मैलिन्डा, मेरी सबसे बड़ी बेटी, सदा मेरे बहुत निकट और मेरी प्रिय रही थी। वह जानती थी कि वह मुझे मुझमें हुए सुधारों के बारे में खुलकर बता सकती थी, किन्तु मैं अपनी कई खामियों के बारे में जानकर चौंक गयी थी– जो कि अब जा चुकी थीं!

हम दोनों की व्यंग्यात्मक क्षमता अच्छी है– मैं स्वयं को यह कहने से रोक न सकी कि,"मैं बहुत खुश हूँ कि भावातीत ध्यान तकनीक ने मुझमें इतने सारे सुधार कियें हैं वरना तुम्हारे मदर्स डे कार्ड्स और उपहारों ने तो मुझे विश्वास ही दिला दिया था कि मैं निपुणता की मूर्त्ति हूँ।" हम दोनों हँसे।

अपनी दूसरी पुत्री और उसके पति के बारे में सोचते हुए मैं बोली, "मैं कितनी प्रसन्न होती यदि तुम मैरी और पीटर को भी यहाँ बुला पाती। अगर वह अपना एक दिन भी महर्षि के साथ बिता लेते तो मुझे पता है उन्हें पसन्द भी करने लगते, और फिर कदाचित ऐसा ना सोचते कि मैं अपने थोड़े होश खो बैठी हूँ।"

मैलिन्डा हँसी। उसने कुछ ही समय पहले अपनी बहन और उसके पति के साथ एक दिन बिताया था। ऐसा लग रहा था कि उन्हौंने हमारे घर पर गर्मियों के दौरान कई बार फोन किया था किन्तु अजनबी आवाजें सुनकर, जो कभी–कभी मिस्टर या मिसेज ऑल्सन को बुला देने के आग्रह पर यह भी कह देते थे कि, "यहाँ पर इस नाम का कोई नहीं रहता है" वे सोचने लगे थे कि मैं कुछ पागल हो गयी हूँ। मैंने उन्हें बुलाने का और भावातीत ध्यान में उनकी रुचि जगाने का प्रयास किया था– यह भी बताकर कि वह वैज्ञानिक शोधों द्वारा प्रमाणित है।

"मुझे उसपर विश्वास करने के लिये उसे देखना पड़ेगा, यह मुझे भावनात्मक लग रहा है" पीटर ने एक विद्वान की भाँति कहा।

"अभी इसी समय, पीटर, घर प्रयोगशाला जैसा लग रहा है; सबसे नीचे के तल पर विविध शोध किये जा रहे हैं, हृदय परीक्षण किये जा चुके हैं, रक्त रसायन में परिवर्तनों के संबंध में चर्चा की जा रही है, और भी बहुत कुछ किया जा रहा है जो मैं जानती नहीं।"

उन्हौंने ग्रीष्म–विद्यालय के व्यतीत होने के बाद आने का वादा किया। समय बीत गया और रविवार को थेरिसा और मैं सामने की खिड़कियों पर डट कर जम गए,

देखते हुए कि हमारा दूसरा परिवार कब लौटेगा। अंततः हँसी और अस्त–व्यस्त लोगों से भरी हुयी कारें आ पहुँचीं। अतिथि चार कारों में बँटे हुए आये। माताजी कुछ थकी लग रही थीं, और मुझे उनके कमरे में बर्फानी ठंडे फलरस की ट्रे रखने में प्रसन्नता हुई।

महर्षि पर तो कभी थकावट के चिन्ह दिखते नहीं थे। चालकों को जाने की शीध्रता थी, और वह विश्व पुनरुत्थान के विषय के स्टडी में पुनः शुरु होने तक भी रुक नहीं सकते थे। जब सब लोग विदा हो गये तो महर्षि को एक बालक की जैसी बेचैनी होने लगी जो और खेलना चाहता था किन्तु उसके सारे खेल के साथी सोने को जा रहे थे।

रोलैंड और मैं उनके पहले सम्मेलन के विषय में सुनने को उत्सुक थे और इसलिए उनके साथ स्टडी में बैठ गए। ठंडे सेब रस की चुस्कियों का आनन्द लेते हुए उन्होंने हमें बतलाया कि अपने परिवार के ढेर सारे लोगों को साथ पाकर उन्हें कितनी प्रसन्नता हो रही थी।

"मैं लंदन में भी एक केन्द्र खोलूंगा" उन्होंने कहा।

लंदन इतनी दूर का सपना लग रहा था। यह छोटा–सा व्यक्ति लंदन में किसी को अपनी बात सुनाने को कैसे ढूंढ पायेगा? किन्तु, फिर, उन्होंने यहाँ लॉस एन्जिल्स में भी कैसे लोगों को ढूँढ निकाला था!

"सबसे अच्छा यह रहा," महर्षि आगे बोले," कि हमने एक त्रि–वर्षीय योजना का निर्णय लिया, क्योंकि भावातीत ध्यान तकनीक एक व्यक्ति द्वारा ही दूसरे को दी जा सकती है, अपना संदेश फैलाने में मुझे बहुत समय लगेगा। किन्तु मैं कुछ और लोगों को अत्यन्त सावधानी पूर्वक प्रशिक्षित कर सकता हूँ जिससे कि वह भी ध्यान की दीक्षा दे सकें; और इस तरीक से मैं सैकड़ों लोगों को परिदर्शक बना सकता हूँ जिससे वह ध्यान का प्रशिक्षण दे सकें तथा अनुभवों को जाँचने योग्य बन जाएँ। यदि हमारे पास विश्व के विभिन्न भागों में प्रशिक्षण देने के लिये आध्यात्मिक परिदर्शक और भावातीत ध्यान का महत्व समझाने हेतु ध्यान प्रशिक्षक होंगे तो यह सब कुछ शीघ्रता से हो पाएगा, और विश्व में शीघ्र ही शान्ति स्थापित हो जायेगी।

इस योजना की महानता ने मुझे अभीभूत कर दिया। यह तर्कपूर्ण लग रहा था कि महर्षि जैसे शक्तिशाली भी, और अधिक सहायता ले सकते हैं।

रोलैंड कुछ अधिक रुचि ले रहे थे।

"आप इस योजना को क्रियान्वित कैसे करेंगे?"

"सर्वाधिक श्रेष्ठ तरीका एक मुख्यालय स्थापित करके लोगों को वहाँ तीन माह के प्रशिक्षण हेतु बुलाना होगा," बोले महर्षि।

"सम्भवतः भारत में?" रोलैंड ने पूछा। "या लॉस एन्जिल्स में क्यों नहीं?"

चार्ली ल्यूट्स, जो कि बाहर जाकर कुछ कागजों को लेने लौटे थे, ने इस प्रश्न का उत्तर दिया। "क्या आप उस विस्मय की कल्पना कर सकते हैं जब कोई हमसे पूछेगा कि हमने भावातीत ध्यान तकनीक का प्रशिक्षण कहाँ पाया और हम उन्हें बताएँगे "लॉस एन्जिल्स के सेवन्थ ब्रोडवे में।"

महर्षि हँसे। "भारत सर्वोत्तम रहेगा," वे बोले।

हम माताजी के भाई, लक्ष्मण, से सुनते आ रहे थे कि भारत में इमारतें बनाना कितना कम खर्चीला होता है, और वहाँ लॉस एन्जिल्स की तुलना में भोजन भी सस्ता होता है।

अन्तर्राष्ट्रीय ध्यान संस्था हेतु योजनाएँ किसी बर्फ के गोले के समान जो कि ढलान पर लुढ़क रहा हो, तेजी से बढ़ती जा रहीं थीं। प्रतिदिन जब हम घर पहुँचते तो उन्हें और–और बड़ा पाते। हमारे समूह के एक चित्रकार ने एक चित्र बनाया, एक स्थापत्यविद ने नक्शे तैयार किये, निर्माणस्थल एक ऊँची घाटी तय हुयी जो कि उत्तरकाशी, हिमालय में थी।

"यहाँ," महर्षि बोले, "हवा स्वच्छ है; और सदा घूमते रहने वाले और सदा ध्यानस्थ रहने वाले सन्यासियों के सिवा यहाँ कोई भी नहीं रहता आया है। गंगा का उद्‌गम समीप ही है और घाटी में बहती हुयी यह पूर्णतया निर्मल जलराशि भारत की

'महर्षि, आध्यात्मिक पुनरुत्थान आंदोलन के व्यवस्थापक सदस्यों के साथ, घूमने जाते हुए।'

विख्यात नदी बनती है। यहाँ किसी भी प्रकार का धूम्रपान, शराब, हिंसा कभी नहीं रही है।"

हम बच्चों के जैसे "प्रामिस्ड लैण्ड" (अब्राहम को ईश्वर द्वारा प्रतिश्रुत देश) के बारे में सुन रहे थे। आध्यात्मिक पुनरुत्थान आंदोलन की "योजनाएँ" अब उन योजनाओं के समक्ष मंथर जान पड़ रहीं थीं जो ध्यान साधकों ने भारत में स्थापित होने वाली ध्यान संस्था के बारे में बनानी प्रारम्भ कर दीं, थीं, एक ऐसी संस्था जिसकी अभी शुरुवात तक नहीं हुयी थी।

मेरे पास सैकड़ों अव्यावहारिक विचार थे। रोलैंड के पास उन सबके लिए एक व्यावहारिक उत्तर था – "नहीं।"

"महर्षि मैं भारत जाकर उस सुन्दर घाटी में रहना चाहती हूँ। क्या ऐसा हो सकता है?" मैंने याचना की।

कुछ समय तक महर्षि शान्त रहे। फिर थोड़ा मुस्कुराकर बोले–

"आप वहाँ तब जाएँगी जब वह महिलाओं के आने लायक बन जाएगी।" उनकी आँखों में चमक दिखी। "जब वह ऐसी हो जाए कि आप अपनी विद्युत ऊर्जा से गर्म होने वाली रजाई को वहाँ ला सकें। वहाँ रात्रि में बहुत ठंड होती है। किन्तु आप वहाँ जाएँगी अवश्य।" (यह रोलैंड का और मेरा सौभाग्य था कि हमने ऋषिकेश की उस संस्था में 1966 में तीन माह बिताये।)

"आप क्या करेंगे?" हम उनसे पूछा करते।

"करने हेतु है ही क्या? मैं बस वहाँ जाऊँगा। बाकी सब हो जाएगा।"

"किन्तु, महर्षि," स्त्रियाँ भरी आँखों से कहतीं, "आप बहुत अकेला अनुभव नहीं करेंगे?"

"मुझे कभी अकेलापन नहीं लगता।"

जो महर्षि के साथ अक्सर बैठी रहतीं वो लूयी हेग थीं। लूई बीस वर्षीय दिखतीं, किन्तु उनके परिपक्व सुझावों और बातों से वह हमें बड़ी लगती थी। उनसे बात करने पर मैंने एक रोचक पृष्ठभूमि के बारे में जाना।

वह मध्य पूर्व के एक घर में पली अकेली लड़की थीं जिसको कि सावधानीपूर्वक एक धार्मिक वातावरण में पाल कर बड़ा किया गया था। उनमें सदा से ही तीव्र धार्मिक भावनाएँ रहीं थीं, और अपनी तेरह से उन्नीस वर्षों की उम्र में उन्होंने एक समूह के साथ जुड़कर गाँवों में जाकर प्रवचन दिये थे तथा ईसाई धर्म के प्रचार हेतु गाने गाये थे।

"किसी अज्ञात कारण से," लूई बोलीं, "मुझे कुछ और संतोषजनक करने की इच्छा होने लगी।"

लूई और हमारा परिवार बाइबिल के "न्यू टेस्टामेन्ट" से भली प्रकार परिचित था। हम बहुत बार उसकी पंक्तियाँ दोहराते और चौंक जाते कि उन के अर्थ व ईसू के विश्वास हमारे सामने पहले से अधिक उद्‌घाटित होते जा रहे थे।

यद्यपि महर्षि ने कहा था कि उन्होंने "न्यू टेस्टामेन्ट" नहीं पढ़ा था किन्तु वे उसमें उद्‌धृत् बहुत–सी बातें अपने शब्दों में बताते प्रतीत होते थे। वे लगातार भीतर के साम्राज्य की और महान ईसू मसीह आदि की बात करते थे।

व्याख्यान समाप्त होने पर कई प्रश्न ईसू की दिव्यता पर केंन्द्रित होते, कि क्या वह सच में थे भी कि नहीं; या फिर उनकी चेतना मात्र ही सत्य है?

सभी प्रश्नों को महर्षि कभी–कभी आश्चर्यचकित होते हुए, उत्तर देते हुए निवारण करते। वे कहते कि भगवान ईसू के होने में कोई संशय नहीं है। वे निःसंदेह एक दिव्यात्मा थे जो अवतरित हुए थे; कोई भी निश्चित रूप से किसी व्यक्ति और उसकी चेतना को विभाजित नहीं कर सकता। महान ईसू ने संसार में मुक्ति का मार्ग अवश्य खोला था, किन्तु उनका संदेश ठीक प्रकार से समझा नहीं गया।"

महर्षि ने फिर समूह के समक्ष घोषणा की कि वे एक पत्रिका छपवाना चाहेंगे जिनमें कि उन विचारों को स्थान दिया जायेगा जो सिक्वोइया सम्मेलन के दौरान प्रगट किये गये। उन्हौंन तीन वर्षीय योजना का प्रारूप तैयार किया। ऐसी तीन त्रिवर्षीय योजनायें बनाई जानी थी।

सारी सृजनात्मक गतिविधियों को संभालने हेतु एक टाइपराईटर पर्याप्त नहीं था। खाने की मेज उस पर रखे जा रहे सामान के बोझ तले चरमराने लगी थी। दिनभर काम में व्यस्त रहने वाली महिलाएँ अतिशीघ्रता से हमारे घर आतीं, महर्षि को फूलों की भेंट देतीं, और आधी रात्रि तक टंकण कार्य करतीं।

प्रथम त्रि–वर्षीय योजना का लेखन तथा पुनर्लेखन मन मोहित करने वाला था। एक वाक्य हवा में यूँ ही छोड़ दिया जाता। पाँच या छः लोग उस पर सुझावों को देकर तथा संशोधन करके ऐसा बना देते कि मूल विचार गायब ही हो जाता। जिन लोगों के पास लेखन का कुछ भी अनुभव होता वे उसे वीरतापूर्वक उपयोग में लाते। फिर महर्षि सुझाव देते, "या इसे ऐसे कहें.....", और विचार दुबारा आकार ले लेता।

पता नहीं क्यों मुझे ऐसा लगने लगा जैसे हमें किसी प्रकार का प्रशिक्षण दिया जा रहा था। डॉक्टर हिस्लॉप सबसे अधिक लचीलापन प्रदर्शित कर रहे थे क्योंकि लिखने का कार्यभार उनके पास था। वे एक सर्वोत्तम लेख लिखते। जब उसे पढ़ा जा रहा होता तो अजनबी लोग स्टडी में आ जाते। महर्षि उनसे कहते–

"आप क्या सोचते हैं?"

हम लोग अपना धीरज बाँधते, जब वह लोग सावधानीपूर्वक सोचे गये, किन्तु विषय से हटकर, विचारों को प्रकट करते।

'महर्षि माताजी, हेलिन और चार्ली ल्यूट्स के साथ।
हेलिन और चार्ली महर्षि के साथ सदा ही रहते और उनकी सारी यात्राओं में साथ रहते।'

महर्षि उन पर मुस्कुराते और डॉक्टर हिस्लाप से कहते, "इसे भी स्वीकार कर लें।" डॉक्टर हिस्लाप के गुलाबी मुखमण्डल का रंग और आरक्त हो जाता, किन्तु वे एक शान्त, संतुलित वाणी में कहते, "जैसा आप उपयुक्त समझें, महर्षि।"

यद्यपि डॉक्टर हिस्लाप भली–भाँति जानते थे कि लेख का स्तर गिरने पर उन पर ही दोष आयेगा, वे कभी खुल कर विरोध न करते। हमारे समूह का नेतृत्व करने वालों का अनुशासन प्रभावशाली हुआ करता।

इतने ही प्रभावशाली थे हमारे उपाध्यक्ष, चार्ली ल्यूट्स। "चार्ली," जैसा महर्षि उन्हें प्रेम से कहते, हर शाम महर्षि को व्याख्यान के लिए, या फिर जहाँ भी वे जाना चाहें, ले जाने हेतु ड्राइव करने को उपस्थित रहते। एक लम्बे आकर्षक व्यक्ति चार्ली किसी प्रमुख सीमेंट कम्पनी में विक्रेता थे। चार्ली द्वारा बोले गये अधिकतर सुझाव तर्क संगत होते, या गहन ज्ञान लिए होते।

महर्षि सदा ही साफ समझ तथा व्यावहारिक बुद्धि वाले लोगों के प्रति आकर्षित रहते, और चार्ली की ओर उनके प्रेम का झुकाव समझना आसान था।

वह चार्ली थे जिन्होंने त्रिवर्षीय योजना की चर्चाओं को अंततः सम्पन्न किया। नई टिप्पणियों और अन्तहीन अच्छी–अच्छी बातों के एक दीर्घ सत्र के बाद चार्ली ने टाईपिस्ट के पास से सारे कागजों को एकत्रित किया, डॉक्टर हिस्लाप को बाँह से पकड़ा और दृढ़तापूर्वक कहा, "मैं इस सब को प्रिंटर के पास ले जा रहा हूँ।"

महर्षि केवल मुस्कुराये।

किसी प्रकार से उन दोनों व्यक्तियों ने सारे काम को सुलझा हुआ रूप दे ही दिया, और एक बाँटने योग्य पुस्तिका छपकर सबके सम्मुख प्रस्तुत की गयी।[18]

यद्यपि पुस्तिका में उल्लिखित प्रशिक्षकों की संख्या तथा ध्यान केन्द्रों की संख्या कुछ अधिक ही महत्वाकांक्षी थी, तथापि उसकी आधारभूत योजनायें तीन साल पूरे होने के पहले ही पूर्णतः अमल में लाई जा चुकी थीं।

द्वादश अध्याय

जय गुरुदेव

अगस्त महीने के अंत की ओर ध्यान साधकों के समूह के अधिकतर सदस्यों को '433' में ताका झाँकी करने से रोक पाना कठिन हो गया था, जब तक कि उन्हें कोई आवश्यक काम ना आ जाए– जैसे कि उनकी रोजी–रोटी का प्रश्न ही न आ जाए।

अपना निजी मकान रखने वाले एक से अधिक लोगों को कहते सुना गया कि, "मेरा मकान देखने योग्य है, किन्तु मुझे उस पर कोई आसक्ति नहीं रही। मैं अपना हर एक पल महर्षि के साथ बिताना चाहता हूँ।"

हमारा विचार भी ऐसा ही था, किन्तु हमारा उन्हें देखना और–और कम होता लग रहा था। कई लोग तो आकर केवल बैठक में या बगीचे में दिन भर बैठे रहते थे ताकि उन्हें व्याख्यान हेतु जाते समय कुछ क्षणों के लिये देख सकें। क्योंकि नाट्यशाला में मेरा मुख्य काम समाप्त हो चुका था और केवल कभी–कभी उपस्थिति दर्ज कराने जाना होता था, मैं घर पर अधिक समय बिताती थी, किन्तु प्रायः माताजी के साथ।

अगस्त के अंतिम सप्ताह का गौरवपूर्ण रविवार एक अपवाद साबित हुआ था। गर्मियों भर भोजन पकाने, कपड़े धोने और उन्हें इस्तरी करने के बाद अधिकतर महिलायें कुछ विश्राम पाकर खुश थीं। शीला बहुत समय पहले अपना काम माताजी को सौंप चुकी थी, और माताजी, जो कोई भी रसोई घर में आता उसे एक बड़ा टोकरा भरकर कपड़े इस्तरी करने को देते हुए कहतीं–

"आशिर्वाद?"

भारत में गुरु की सेवा करने का अवसर पाना बहुत बड़ा सौभाग्य माना जाता है। अधिकतर महिलायें आशिर्वाद हेतु कम और महर्षि के लिए कुछ कर पाने से मिलने वाली व्यक्तिगत प्रसन्नता हेतु अधिक लालायित रहतीं। किन्तु ऐसे में यदि भ्रमण की कोई योजना आकार लेती तो सभी इस्तरी करना, भोजन पकाना, कपड़े धोना छोड़कर द्वार पर जा पहुँचते। महर्षि किसी को भी निराश नहीं करते। "आओ, आ जाओ," उन्हें कहते सुनना कानों को बहुत मधुर लगता, और सभी को कारों में सिमटकर प्रसन्न, निश्चिंत बच्चों की तरह जाते देखना अच्छा लगा करता था।

क्योंकि शनिवार को एक ऐसा ही फेरा लग चुका था तो रविवार को रसोई घर देखने योग्य स्थिति में था। हेलन ल्यूट्स, क्रिस्टीना ग्रैन्विली और अन्य मित्रों ने सहायता का प्रस्ताव देते हुए फोन किया। मैंने सभी को कुछ विश्राम पा लेने देने के विचार से प्रसन्नतापूर्वक, और पूरे घर में महर्षि के साथ अकेले रहने की कल्पना से आनन्दित उनको मना करते हुए धन्यवाद दिया। माताजी और उनके भाई इतने प्रसिद्ध हो गए थे कि उन्हें दिन में दो से तीन बार कहीं से बुलावा आ ही जाया करता; रामा राव को किसी संबंध में भारत वापिस बुला लिया गया था। क्योंकि दिन रविवार का था तो हमारे समूह के अधिकांश लोग अपने–अपने गृहकार्यों में लगे हुए थे।

सारी साफ–सफाई करने और व्यवस्था लाने में और महर्षि के लिए भोजन बनाने में बहुत अधिक समय नहीं लगा। यह पहला अवसर था जब मैंने महर्षि के लिए भोजन बनाया था, और मैं उन्हें प्रसन्न कर देना चाहती थी। भोजन की तैयारी में मैं रुक ही नहीं पा रही थी। घर के सारे बर्तनों में सारी सब्जियाँ तैयार थीं– ताकि यदि वे स्वाद से नहीं तो मात्रा से ही प्रसन्न हों। वैसे मैं दोनों ही की अभिलाषा रखे हुए थी।

एक बादाम वाले बिस्किट की याद करते हुए जो मुझे लगा उन्हें पसन्द आएगा, मैं उसे तैयार करने लगी, और फिर छात्रों द्वारा लाए रसीले फलों को देखकर फलों का सलाद बनाने का विचार मन से ना हटा सकी। सिंक को पलटने पर मैंने महर्षि को भोजन की मेज पर बैठा पाया, उनकी बड़ी, भूरी आँखें हँस रहीं थीं और चेहरा बालक की भाँति कह रहा था–

"मैं भूखा हूँ।"

"ओह महर्षि मैं आपके लिए भोजन अभी लाई। मुझे आभास नहीं हुआ था कि देर बहुत हो चुकी।"

क्योंकि वे नाश्ता नहीं करते थे तो सामान्यतया उन्हें भोजन बारह से एक बजे के बीच स्टडी में दे दिया जाता था। अभी समय डेढ़ हो गया था।

वे हँसे और सहजता से बोले, "मैं यहीं भोजन कर लूँगा।

अच्छा था कि माताजी नहीं थीं। वे ऐसी अनियमितता स्वीकार नहीं करतीं, किन्तु हमारे लिए यह बहुत सजीला था।

महर्षि के भोजन करते–करते मैंने उनसे माताजी के विषय में पूछा।

"माताजी ने कलकत्ता के सबसे पुराने तथा धनिक घरानों में से एक में विवाह किया है। वे लोग पुराने संस्कारों के अनुसार चलने वाले लोग हैं। सारे परिवार एक ही छत के नीचे एक विशाल भवन में रहते हैं और घर के बड़ों का कहा सभी सुनते हैं। वे बड़े सख्त हैं। माताजी को बाहर सड़क पर अपना मुँह ढंके बिना आना तक वर्जित है। यह असामान्य बात है कि उन्हें यहाँ आने दिया गया।"

यह सच में बहुत बड़ा बदलाव था जिसने माताजी को ऐसे अनुशासन से सीधे हॉलीवुड में ला दिया। माताजी प्रशंसा की पात्र थीं, जिस तरीके से उन्होंने यहाँ के जीवन में स्वयं को ढाल लिया था। स्वाभाविक ही था, वे यहाँ पर प्रायः विस्मित–सी दिखती थीं।

"महर्षि, रामा राव ने हमें बताया कि भारत में माताजी को संत माना जाता है। आप संत को कैसे परिभाषित करेंगे?"

"संत वह होता है जो संसार में किसी को हानि नहीं पहुँचाता है।"

अब तक कुछ लोग भीतर आ चुके थे और रसोईघर के आस–पास बैठे थे, और हम सभी ने इस उत्तर पर चर्चा की। इस उत्तर से मैं तो संतुष्ट थी, यद्यपि मैं सोचा करती थी कि संत वे होते हैं जो चमत्कारों को कर दिखाने वाले होते हैं। एक व्यक्ति जो कि कोई भी शारीरिक, मानसिक अथवा आध्यात्मिक हानि संसार में नहीं फैलाता हो वह एक दिव्यात्मा अथवा संत ही हो सकता है। यह एक साधारण मानव का लक्षण कदापि नहीं है। निःसंदेह माताजी सांसारिक कामों में जुटी रहने वालों में से थीं, और उनमें कोई हानिकारक सम्भावना नहीं दिखती थी। महर्षि कई बार इस बात पर जोर दिया करते कि आध्यात्मिकता को संसार की क्रियाओं के मध्य अपने को सिद्ध करना परम आवश्यक होता है।

भोजन के उपरान्त महर्षि अपने कक्ष की ओर चले गए, और मैंने कपड़ों के पहाड़ को इस्तरी करने का काम संभाला। रेशमी वस्त्र छूने में कोमल और मोहक थे, और जैसे–जैसे इस्तरी किये हुए वस्त्रों का ढेर बढ़ता गया, मुझे थकान के बदले हर्ष तथा संतोष की अनुभूति होने लगी। रोलैंड की माँ "ग्रैमी", के एक सुस्त इस्तरी करने वाली होने के कारण मुझे अति उत्साह था कि मेरा काम माताजी को पसन्द आने वाला था।

मैंने अभी काम पूरा समाप्त किया भी नहीं था कि माताजी समेत वह महिलाएँ जो उन्हें भोजन पर ले गयीं थीं लौट आयीं।

जब माताजी ने मुझे कपड़ों में इस्तरी करते देखा और तैयार कपड़ों के ढेर को देखा तो वे प्रसन्न और चिंतित दोनों दिखीं।

"तुम्हें विश्राम भी करना चाहिए," वे मुझसे एक छोटी–माँ की तरह बोलीं।

किसी और ने कपड़ों को इस्तरी करने का काम संभाल लिया और जैसे उन्होंने मुझे बुलाते हुए "आओ, आओ" कहा, वे बिलकुल महर्षि की तरह लग रही थीं।

उनके पीछे–पीछे मैं ऊपर उनके छोटे कमरे में जा पहुँची। उनकी चारपाई पर दर्जनों साड़ियाँ फैली हुयीं थीं, जो कि सुन्दर, आकर्षक रंगों, श्रेष्ठ रेशम और बारीक काम से बनी हुयी थीं।

उन्होंने मुझे उनमें से एक छाँट लेने को संकेत किया।

"ओह! माताजी, मैं नहीं।"

माताजी बहुत सख्त भी हो सकतीं थीं।

"तुम लो," उन्होंने आदेशात्मक स्वर में कहा।

हमने रामा राव से पहले ही जान लिया था कि साड़ियों का मूल्य पचास से चार सौ डालर के बीच कुछ भी हो सकता है। सभी को देखने के बाद मैंने एक साड़ी चुनी जिसमें छोटी–सी कलाकारी कर फूल बनाए गये थे और जिसका हरा रंग का किनारा था। वे एक हरे रंग का सुन्दर सा सूती पैटीकोट ले आयीं जो कि कमर से फर्श तक जाता था। एक नाड़ा कमर में बाँधने हेतु उसी में व्यवस्थित किया गया था। इसी पर सब निर्भर करता था। उसे बहुत कस के बाँधा जाता, और फिर साड़ी को उसके भीतर फँसा दिया जाता।

उन्होंने मुझे अपनी साड़ी पहनकर प्रदर्शित की कि उनकी साड़ी किस प्रकार पहनी गई थी। यह बहुत सरल लग रहा था। मैं अपने कक्ष में आकर उसे पहनने के प्रयास में लगी ही थी कि बाहर हँसी की ध्वनियाँ सुनायी देने लगीं। और भी महिलाओं को साड़ियाँ भेंट की जा रही थीं।

साड़ी पहनना वास्तव में बहुत सरल तो नहीं था। पाँच गज का रेशमी वस्त्र बहुत होता है, और चाहे मैं जो कुछ भी करती कुछ तो बाहर फैल ही जाता था।

'महर्षि और ध्यान साधक बगीचे में। बायें से दायें: रामा राओ, लक्ष्मण, रॉन शैरिडैन, महर्षि, हेलिन ल्यूट्स, चार्ली ल्यूट्स, माताजी, हेलिना ऑल्सन, रोलैंड ऑल्सन, एमिलि ली।'

ऊपर के कक्ष में गूँजती हँसी की ध्वनियाँ महर्षि को उनके कक्ष से बाहर ले आयीं। वे दो–तीन महिलाएँ जो साड़ियों को संभालने में सफलता प्राप्त कर चुकीं थीं उनके साथ तस्वीर खिंचवाने हेतु बाहर बगीचे की ओर जाने लगीं। वे उनको देखकर प्रसन्नता से बोले–

"आह! अति सुन्दर। बहुत शोभायमान।"

कुछ सहेलियाँ मेरे कक्ष में आयीं और हमने साथ में विचार किया कि इसे पिनों की सहायता से मुझ पर कैसे शोभायमान बनाया जाए। भारत में साड़ी पहनने वाली महिलाएँ पिनों का प्रयोग नहीं करती थीं, और हमें भी लगा कि ऐसे सुन्दर रेशम में पिनों का प्रयोग करना उचित नहीं होगा। एमिली, जो सारे छोटे–मोटे कामों में निपुण थी और अपनी साड़ी को संभाले हुए थी, सहायता माँगने वालों की सहायता कर रही थी। चर्चा शुरु हो गयी कि ये साड़ियाँ महिलाओं की कितनी सुन्दर छवि उजागर करती हैं।

"यह कितनी निराशाजनक बात है कि यहाँ स्त्रियाँ इन्हें नहीं किन्तु स्कर्ट, केपरिस, आदि परिधानों में संलग्न रहती हैं।"

"मैं आश्चर्य करती हूँ कि इन्हें पहनकर महिलाएँ घर के आस–पास काम–काज कैसे कर पाती होंगी, और बच्चों की देख–रेख कैसे हो पाती होगी?", एक छोटी उम्र की महिला ने पूछा।

"माताजी तो इसे सरलता से संभाले रखती हैं और कितनी शोभायमान भी लगती हैं। मेरे विचार में साड़ी स्कर्ट या स्लैक्स की तुलना में अधिक सुन्दर दिखती हैं। इसके बारे में सोचने पर हमारे वस्त्र जो कम सुविधापूर्ण लगने लगते हैं। मेरे विचार में इसे मैं सदा ही पहनना आरम्भ करने वाली हूँ।" यह मेरी टिप्पणी मात्र थी जो कि करने का मेरा कोई गंभीर विचार नहीं था। मैं इस विचार के बारे में कुछ गंभीर अवश्य हो पाती यदि एक बार मैं साड़ी को संभालना सीख जाती।

तभी किसी ने सीढ़ियों के ऊपर को आवाज लगायी।

"कोई आपके बारे में पूछ रहा है, मिसेज ऑल्सन।"

मुझे लगा कि कोई नया ध्यान साधक होगा जो कुछ ले जाना भूल गया होगा, जैसा कि अक्सर होता था, और मैं सीढ़ियों से नीचे दौड़ी, हाथों में साड़ी को पकड़े जो कि मुझसे संभल ही नहीं पा रही थी– और अचानक अपनी पुत्री मैरी और उसके पति पीटर को देखकर चकित रह गयी– वह भी शार्ट्स पहने। मुझे उनके शॉर्ट्स कुछ अधिक छोटे लग रहे थे।

मैरी ने मुझे गले से लगाया, फिर गिरी हुयी साड़ी का एक कोना उठाकर पूछा, "यह तुमने क्या कर डाला है?"

भीतर–ही–भीतर मैं चाह रही थी कि उसका कुछ भाग लेकर मैरी को भी ढांक दूँ।

मेरे उत्तर दे पाने से पहले एक खिलखिलाता हुआ युवतियों का झुंड जो कि ऐमिली द्वारा संचालित था, सीढ़ियों से नीचे आया। तब हम सब सामने के हॉल में थे। एमिली के बाल लम्बे तथा सुन्दर तो थे ही, उसने भारतीय विधि से उन्हें नीचे की ओर लहरा दिया, और एक कान के ऊपरी भाग को जवाकुसुम से सजाने हेतु पिन का प्रयोग किया था। वह अनेक फूलों को ले जा रही थी और बगीचे की ओर जाते–जाते एक फूल मुझे दे गयी।

मैंने किसी को कहते सुना, "वहाँ कौन आया है?"

एमिली ने उत्तर में कहा, "मिसेज ऑल्सन का परिवार।"

पीटर ने मुझसे जवाकुसुम लिया। उसकी आँखों में चमक आ गयी। "आइये, मुझे इसे आप पर सजाने दीजिए। क्या यही वह वैज्ञानिक हैं जिनके बारे में आप मुझे बता रही थीं?"

"कोई बात नहीं। हमें भोजनालय में जाकर बातचीत करनी चाहिए।"

मैंने सोचा कि हम द्वार बंद लें तो भीतर कुछ एकान्त हो जायेगा जिससे हमारे बीच बात ठीक प्रकार से हो पायेगी। मैं जब अपने बच्चों की ओर अपरिचित की दृष्टि से देखती थी तो सोचती थी कि एक अधिक शोभायमान जोड़ा मिलना असंभव था। पीटर का गठन अच्छा था, छह फीट लम्बा कद और काले घुंघराले बाल। मैरी एक सुदर्शनीय युवती थी। वह अपने पिता के सुन्हरे स्कैंडिनेवियन लक्षण और स्वयं का संतुलन तथा गाभीर्य लिये थी।

यदि वे केवल कुछ ढंग के कपड़ों में होते।

"हम बस आपको और डैडी को शीघ्रता से हैलो कहने आये थे," मैरी बोली। "हमें टैनिस खेलने हेतु जाना है, और मैं अपना रैकेट यहाँ गैराज में भूल गयी थी।"

इस समय अपने बच्चों, मैरी तथा उसके प्रिय पति पीटर के लिए मेरे पास जो सर्वोच्च था वह यह कि उनको एक दृढ़, गंभीर समूह से मिलाती और महर्षि के सम्मुख प्रस्तुत करती, संभवतः ऐसे परिधानों में जो कि हिमालय से आया एक योगी देखकर प्रसन्न हो सके।

"तुम यहीं ठहरो। मैं तुम्हारे पिताजी को बुलाती हूँ। वे अवश्य जानते होंगे कि तुम्हारा रैकेट कहाँ है।"

अधिकतर रोलैंड रविवार का दिन छोटे–मोटे काम करने में लगाते, जैसे कुछ मरम्मत हो, या घर के आस–पास की स्थिति का निरीक्षण करना हो। अभी उनकी आवाज मकान के सबसे निचले तल से आ रही थी। क्योंकि वह तल एक वैज्ञानिक शोधशाला में परिवर्तित कर दी गयी थी, जहाँ कि पता लगाया जाता था कि ध्यान करते समय मुखमण्डल का प्रकाश कितना बढ़ता है, और वह उसे कुछ और सुविधासम्पन्न बनाने में लगे हुए थे।

"नहीं, नहीं, डैडी को परेशान मत कीजिए। हम उन्हें दिन के भोजन पर मिलेंगे जब ग्रीष्मकालीन स्कूल सत्र समाप्त हो जायेगा। मैं शायद जानती हूँ कि मेरा रैकिट कहाँ पर है।"

और वे बगीचे की दिशा में चल दिये।

साड़ी पहने महिलाएँ जिनके बालों में जवाकुसुम शोभायमान हो रहे थे जहाँ–तहाँ घूम रहीं थीं। महर्षि माताजी और लक्ष्मण उनमें से कुछ के साथ तस्वीरें खिंचवा रहे थे।

'पूजा में, जमीन पर मंच के समीप बैठे हुए....... क्रिस्टीन ग्रैनविले, हेलिन ल्यूट्स, जैस्सामाइन वैरिल, डेविड वैरिल, एमिलि ली।'

यदि कोई ऐसा समय था जबकि पूर्व और पश्चिम मिल नहीं पाये थे तो वह यही था। एक आश्चर्य से भरी आह, जो कि पूर्ण रूप से समझ में आने वाली थी, बगीचे में फैल गयी जब दो नग्न टाँगों वाले युवक–युवती समूह के मध्य आ गये। मुझे पूरा विश्वास था कि माताजी ने किसी भी पुरुष – या नारी ही को, शार्ट्स पहने कभी नहीं देखा होगा, और भय था कि कहीं वह बेहोश न हो जाएँ।

"मेरी पुत्री और दामाद टेनिस खेलने जा रहे हैं, और अपना एक रैकिट लेने आये हैं," मैंने महर्षि को समझाया।

"बिलकुल स्वाभाविक है," उन्होंने कहा, और तस्वीरें खिंचवाने के अपने कार्य में फिर से जुट गए।

पीटर के मन को पढ़ना आसान था। वो हमेशा सोचता रहा था कि मैं कुछ विचित्र किस्म की हूँ। उसके प्रतिभाशाली दिमाग तथा व्यंग्यपूर्ण स्वभाव के कारण मुझे आशा थी कि वह समूह के साथ सामंजस्य स्थापित कर लेगा, किन्तु अब ऐसा हो पाना संभव लग नहीं रहा था। सारी परिस्थिति बेतुकी बन गयी थी!

बगीचे में इधर–उधर दृष्टि दौड़ाने पर पीटर को महर्षि के शयनकक्ष की खिड़की से नवनिर्मित ध्यानशाला को जाता एक तार दिखा। उसकी प्रश्नपूर्ण दृष्टि देखकर मैंने कहा, "ओह! वह......." मैं वास्तव में इस पर चर्चा करना नहीं चाहती थी। असल में वह एक दूरसंचार व्यवस्था थी जो कि एक इंजीनियर द्वारा लगायी गयी थी। इससे महर्षि अपने शयनकक्ष में बैठे–बैठे ध्यान कक्ष में स्थित नये ध्यान साधकों से एक बटन दबा कर बात कर सकते थे, और वहाँ के लोग उन्हें उत्तर भी दे सकते थे। वह एक उपयोगी व्यवस्था थी और महर्षि को बहुत पसन्द भी थी। पर मुझे लगा पीटर को यह अच्छी ना लगेगी। और फिर मैं उन दोनों में से किसी को भी बगीचे के आस–पास बहुत देर तक देखना नहीं चाहती थी, उन कपड़ों को पहने हुए जिनमें वह थे।

"आओ चलें पीटर, हमें बहुत देर हो चुकी है," मैरी ने मेरी उलझन को समझा और सहायता हेतु कहा।

जब हम पुनः घर के भीतर जा रहे थे तो पता नहीं कैसे मेरी साड़ी दरवाजे के पाटों में फँस गयी और मुझसे पूरी तरीके से अलग ही हो गयी।

सभी हँस पड़े। भगवान का शुक्र था कि सूती पैटीकोट अपने स्थान पर ही था। ऐसी जटिल परिस्थिति से निपटने हेतु एक अच्छी हँसी बहुत सहायक होती है।

मैरी ने साड़ी को समेटकर उठाया और उसके रेशमी वस्त्र से तुरन्त प्रभावित हो गयी। वह शायद उसे पहनने का प्रयास भी करती यदि पीटर उसे बाहर खींच कर ले नहीं गये होते।

उनको गाड़ी में जाते देख मैं अनेक मिश्रित भावनाओं में घिर गयी। भावातीत ध्यान का कार्यक्रम मेरे लिए बहुत महत्व रखने लगा था। अपने छोटे–से अंतराल में ही उसने मुझे आंतरिक सुरक्षा तथा संतुलन दिया था। उसके कारण मुझे जीवन

'महर्षि रोलैंड, हेलिना और पुत्री थेरिसा के साथ। 'एक अनूठी स्मृति सुन्दर गर्मियों की।'

के अपने उद्देश्य में सुदृढ़ता मिली थी, और साथ ही जीवन को हल्केपन से जीने की प्रेरणा भी। मेरा स्वास्थ्य जो कि सदा से कमजोर रहा आया था अब प्रतिदिन सुधार दिखा रहा था, यद्यपि उस पर होते उत्तरदायित्व बढ़ते ही जा रहे थे। मैं चाहती थी कि मेरे बच्चे भी इन सभी खुशियों को बाँटें, किन्तु जानती थी कि यह व्यक्तिगत मामला था। ये ऐसा कुछ नहीं था जो कि जोर जबर्दस्ती से करवाया जा सके। मैं तो प्रस्ताव मात्र ही रख सकती थी। और प्रस्ताव ने उन्हें प्रभावित किया भी, किन्तु शायद वह समय उनके लिए इसे स्वीकारने हेतु आया नहीं था।

उन अंतिम शामों को जब महर्षि हमारे साथ थे, गर्मियों की योजना हेतु न्यूयार्क के लिए कार्यक्रम सामने आये– महर्षि का अगला पड़ाव।

रॉन शैरिडैन पहले जाने वाले थे और होटल के एक कमरे का चुनाव करने वाले थे। व्याख्यानों हेतु तथा प्रचार तथा व्यवस्थाओं हेतु प्रबंध होने थे। अधिक प्रचार एवं अधिक संगठन हेतु। आध्यात्मिक पुनरूत्थान आंदोलन के उद्देश्य का प्रसार जारी रखना था। सबने महर्षि से प्रार्थना की कि वे लॉस ऐन्जिल्स में सदा के लिए रह जाएँ और संसार ही को उन तक आने दें।

रोलैंड ने इस विचार के समर्थन में तर्क भी दिये। और जब वे उन्हें गिनाने लगे तो महर्षि विनोदी दृष्टि से उन्हें देखते रहे।

"मुझे जाना तो होगा ही, किन्तु मैं लौट कर आऊँगा।" महर्षि धीमे से बोले। हमारे चहेते योगी से यह सुनकर और आगे भी उनके सान्निध्य का आनन्द पाने की आशा से हमारा उनसे बिछड़ना कुछ सहनीय हो गया।

तीस से चालीस लोग घर में हमेशा रहते, किन्तु उनकी उपस्थिति हमारे आनन्द में वृद्धि ही करती गयी थी। इतने सारे मीठे अनुभव जो हमने साथ पाये थे हमारे प्रेम और मैत्री को गहरा बनाये हुए थे। हम सभी महर्षि की छाया तले प्रेम पाने को उत्सुक और व्याकुल थे। सभी ने उनके विश्व व्यापी उद्देश्य को अपने शब्दों में सराहा और उनके हृदय की इच्छा को पूर्ण करने में जो भी योगदान वे दे सकते थे, दिया।

समय, सुझाव, प्रेम तथा मुद्रा सभी अर्पित थे। जो पैसा व्यक्तिगत ध्यान दीक्षा से प्राप्त हुआ था वह संस्था हेतु था, महर्षि के व्यक्तिगत लाभ हेतु नहीं, बल्कि उन लोगों के लिए जो कि उनकी उपस्थिति में उनका सरल संदेश सुनने वाले थे और भावातीत ध्यान सीख कर अपने–अपने रास्तों में जाने वाले थे। उन्हें व्यक्तिगत भेंट स्वरूप कुछ भी दे पाना संभव ना था। यद्यपि उपहार आते जाते, किन्तु वे लोगों की भावना ग्रहण कर वस्तुएँ आगे बाँट दिया करते।

"हम महर्षि को जाते समय क्या भेंट करें?" पूरे दिन भर इसी बात पर चर्चा होती रही।

माताजी के साथ, एक दुभाषिये की सहायता से, जो हमें पता चला वह यह था कि कुछ विशेष किया जा सकता था।

"महर्षि पूजा करवाना बहुत पसन्द करेंगे।"

"पूजा" मेरे लिए अपरिचित थी, तो हम लूई के पास गये। लूई पूजा के बारे में जानती थी और यह व्यवस्था उन्हें सौंप दी गयी। हमें पता चला कि पूजा एक समारोह था जो कि भगवान को धन्यवाद देने हेतु किसी विशेष अवसर पर किया जाता था। भारत में यह एक धार्मिक रीति तथा उत्सव दोनों ही होता है। जो पूजा हमने करवाई वह गुरुदेव तथा गुरु–शिष्य परम्परा को समर्पित थी जो कि सदियों से ज्ञान प्रसारण का कार्यभार संभाले हुए थी। फलों तथा फूलों को अर्पित किया जाता, रूई तथा घी की बत्तियाँ प्रज्जवलित की जातीं, और हर व्यक्ति भगवान को प्रार्थनाएँ समर्पित करता।

हॉल में बहुत–सी तैयारियाँ करनी थीं। आशा थी कि सौ से अधिक लोग पूजा में आने वाले थे। सभी ध्यान साधकों को इस बारे में बताना भी नहीं था क्योंकि वे हमारे घर से कुछ अधिक दूरी पर निवास करते थे।

सारी कुर्सियाँ दीवार के समीप सटा दी गयीं और लम्बी, नीची मेंजें, जिनपर सफेद चादरें बिछीं थीं, लम्बाई में व्यवस्थित कर दी गयीं। मोमबत्तियाँ, अगरबत्तियाँ और महर्षि के गुरुदेव की तस्वीरें विविध स्थानों पर सजायीं गयीं। बिस्किट, फलों की टोकरियाँ और मेवे वातावरण को एक उत्सव–सा स्वरूप देने लगे।

हमने पूजा हेतु तैयार होना प्रातः जल्दी आरम्भ कर दिया। सारी स्त्रियाँ जिनके पास साड़ियाँ थीं वे उसी को पहने थीं। लगभग सभी उनमें बहुत शोभायमान तथा स्वाभाविक रूप से चल–फिर रही थीं, मुझे छोड़ कर। मैं अभी भी अपनी साड़ी को संभाल पाने में बहुत असुविधा अनुभव कर रही थी।

अपने अनुयायियों के साथ महर्षि '433' से हॉल में समय से कुछ पूर्व पहुँच गये। फिर हर एक व्यक्ति को एक–एक कागज की छोटी तश्तरी, उसपर फूलों की पंखुड़ियाँ, और मोमबत्ती दी गयी। जहाँ पर मैं फर्श पर मंच के समीप बैठी हुयी थी, वहाँ से मेजों की बहुमूल्यता स्पष्टता से प्रदर्शित थी, स्त्रियों तथा पुरूषों की आँखें जलते अंगारों की तरह चमक रहीं थीं, और गुलाब की सूक्ष्म गंध पूरे कमरे में व्यापक रुप से सबको आनन्दित कर रही थी। महिलाओं की सुन्दर साड़ियाँ उनके यहाँ–वहाँ चलने से रंगों की विभिन्नता प्रस्तुत कर रही थीं।

समारोह का आरम्भ शान्तिपूर्वक गुरुजी और सारे अनुयायियों का इकट्ठे ध्यान लगाने से हुआ।

"जब दो अथवा तीन मेरे नाम पर इकट्ठा होते हैं," मेरे मन में स्मरण हुआ और सच में मुझे भगवद् कृपा की अनुभूति हुयी। यह समझना सरल था कि सभी को मेरे जैसा ही लग रहा था क्योंकि हम सभी ध्यान के सूत्र से आपस में जुड़े हुए थे।

शान्तिपूर्वक महर्षि कुछ मंत्रों को उच्चारित करने लगे। हम सबने माताजी और लूई को मंत्र में हर एक नाम बोले जाने पर फूलों की कुछ पंखुड़ियाँ फैंकते देखा और उनका अनुसरण करने लगे।

अंत में अपनी–अपनी तश्तरियों पर रखी मोमबत्तियाँ सबने प्रज्जवलित कर लीं। माताजी और लक्ष्मण ने कुछ हिन्दू मंत्रों का उच्चारण किया।

महर्षि ने हमारी ओर संकेत करते हुए प्रार्थना कहने को कहा। रोलैंड और मैंने "अवर फादर इन हैविन" प्रार्थना आरम्भ की और फिर सभी ने हमारे स्वर में स्वर मिला लिए। वह अनुभव सागर की गर्जना की तरह गहरा था और ईसाई परम्परा में पले हम सभी लोगों को गहन शान्ति प्रदान करने वाला था।

इसके पश्चात् और सभी प्रकार की प्रार्थनाएँ भी कही गयीं। बहुत से पुरुषों ने सबको अपनी सरल किन्तु सुन्दर प्रार्थनाओं से प्रभावित किया। उनमें से कई तो चर्च से ली गयीं थीं और कई बचपन की उनकी स्मृतियों से। समूचा वातावरण प्रेम तथा ईश्वर को नमन से भर गया। भगवान जैसे सच में हमारे निकट आ गए थे। सभी का ह्वदय खुल गया और उन्होंने अपने मन की गहराई से विचारों की अभिव्यक्ति की।

लूई ने एक बहुत बढ़िया गीत प्रस्तुत किया जो कि उनके ईसाई धर्म का प्रचार करने के दिनों का था। "एव मारिया" गाया गया तथा लैटिन, स्पैनिश, जर्मन और पोर्टगीज में कहा गया। धार्मिक विज्ञान के जानकारों द्वारा पुष्टि की गई।

एक दीर्घ शान्ति ने संकेत दिया कि प्रार्थनाएँ समाप्त हो चुकी थीं।

फिर समय उत्सव मनाने का था।

सबने स्वादिष्ट पकवानों का मजा उठाया। माताजी कई स्वर्ण पदक साथ लाईं थीं जिनपर गुरुदेव की प्रतिमाएँ अंकित थीं। उन्होंने थेरिसा को इन्हें बाँटने को कहा ताकि जो कोई इन्हें लेना चाह रहा हो उसे यह प्राप्त हो जाएँ।

फिर अपने हाथों में पहने कंगन में से एक निकालकर, जिसमें गुरुदेव एक स्वर्ण कमल पर बैठे दिखाये गए थे, उन्होंने मुझे भेंट स्वरूप प्रदान किया। बाद में महर्षि ने मुझे बताया कि भारत के जिस प्रांत से माताजी आयीं थीं वहाँ की महारानी ने यह माताजी को भेंट किया था, और उन्हें बहुत प्रिय था। धन्य माताजी। वे प्रतिदिन मुझे भावातीत ध्यान के व्यावहारिक पक्ष में होने वाले लाभों का जीता–जागता उदाहरण प्रस्तुत करतीं, और उनकी भेंट सदा मेरे ह्वदय को आलोकित करती आयी है।

उत्सव कुछ लम्बा चला। ध्यान साधकों द्वारा ली गयी स्लाइड्स दिखाई गयीं तथा कुछ फिल्में भी प्रदर्शित की गयीं। महर्षि फिल्मों में स्वयं के दिखने पर हँसते और यदि छवि अच्छी होती तो "फिर से दिखाना" कहते।

हर कोई आनन्दित था और सुबह होने में अभी बहुत समय शेष था। किन्तु पूजा को समाप्ति पर पहुँचना ही था और अनिवार्य रूप से उस सुबह को आना ही था.... महर्षि की हमारे साथ अंतिम दिन की।

क्योंकि महर्षि न्यूयार्क जाने से पहले सैन–फ्रान्सिसको में एक बार ठहरना चाहते थे इसलिए उन्होंने कुछ लोगों द्वारा उन्हें उत्तर दिशा में छोड़ने का प्रस्ताव स्वीकृत कर लिया। योजनानुसार वे प्रातः आठ बजे प्रस्थान करने वाले थे।

अगले दिन सब उठकर तैयार हुए। सब लोगों ने लॉन में प्रतीक्षा की जब पूरे घर में सामान बाँधने की तैयारियाँ चल रहीं थीं। माताजी को बहुत–से उपहार मिले और उनका सामान उनके बैग की सीमा से अधिक हो गया। उनकी योजना थी कि वे भारत पहुँचकर इन भेंटों को कई लोगों के साथ बाँट लेंगीं।

"माताजी, किन्तु इसे कदापि नहीं बाँटियेगा," मैंने उन्हें पाँच गज नायलॉन का एक कपड़ा जिसमें फूलों का काम किया गया था देते हुए कहा। "इसे आप साड़ी बनाने में प्रयोग कीजिएगा। आपको इसे इस्तरी करने की आवश्यकता भी नहीं पड़ेगी।" माताजी बहुत हर्षित हुयीं और उसे स्वयं रखे रहने का वादा भी किया।

लक्ष्मण को अपना अतिरिक्त सामान गत्ते के डिब्बों में भरकर रखना पड़ा। किसी को पता भी नहीं चल पाया था कि वे अब तक टेप–रिकार्डर, कैमरे, और ऐसी वस्तुएँ जो भारत में उपलब्ध नहीं थीं, खरीदते रहे थे। इसके अतिरिक्त वे अपने अमेरिकी मित्रों की उदारता का प्रमाण भी संग ले जा रहे थे।

महर्षि का नया सूटकेस भी पूरा भर चुका था, और उन्हें विभिन्न स्थानों पर दिखाने हेतु विडियो टेप इत्यादि एक अलग डिब्बे में रखकर ले जाने पड़े। अपने साथ छपे–छपाये पर्चे भी ले गये जिससे उन्हें न्यूयार्क में समय ना गँवाना पड़े।

जब तक ले जाने हेतु सारा सामान तैयार हुआ तब तक महर्षि को ले जाने हेतु ड्राइवर भी आ पहुँचा जो उन्हें वॉक्सवेगन में पहुँचाने वाला था। उसने मन में केवल महर्षि और उनकी छोटी कालीन के बारे में सोचा होगा। भाग्य से वह एक ओपल स्टेशनवैगन का स्वामी भी था और वह घर जाकर उसे ले आया।

सामान लादने के बाद उसे टायरों में और हवा भी भरवानी थी। इसके बाद भी सड़क पर चलते समय कार बैठी हुयी–सी लग रही थी!

ढेरों लोग हाथों में फूल लिए सड़क के किनारे खड़े थे ताकि महर्षि को विदा होते देख सकें। कुछ लोगों को अपने साथ कैमरे लेकर आना याद रहा था। जिस पल महर्षि कार में बैठने वाले थे उन्होंने रोलैंड, थेरिसा तथा मुझे बुलाया और हम सबने साथ तस्वीरें खिंचवायीं। पूरी सुबह एक से दूसरे स्थान पर दौड़ने के बाद हमें तस्वीर खिंचवाने की इच्छा भी नहीं हो रही थी; महर्षि ने लू ली को संकेत दिया और उसने कलर प्रिंट में तस्वीर निकालने की पूरी व्यवस्था कर ली। यद्यपि उस सुबह आकाश

बादलों से घिरा था और संदेह था कि फोटो अच्छी निकलेगी कि नहीं, किन्तु आश्चर्यजनक रूप से न केवल वह बढ़िया निकल आयीं वरन अविस्मरणीय रूप से सदा के लिए हमारे हृदयों में स्थपित हो गयीं।

एक–एक करके सारे ध्यान साधक कार की खिड़की तक एक–एक फूल तथा आशिर्वाद पाने को सामने आये। इस दुर्लभ, मोहक और फिर भी गंभीर व्यक्तित्व ने हम सबके जीवन को अपने प्रेमपूर्ण तरीकों से छुआ था, और अब इनसे बिछड़ने का

'महर्षि, माताजी और लक्ष्मण के सान्निध्य में, '433' से प्रस्थान लेते हुए।'

समय आ गया था। सारे चेहरे हँसते दिख रहे थे किन्तु आँखों के पीछे आँसू छिपे थे, जो कि छलक नहीं रहे थे। अच्छा था कि लहराने हेतु फूल हमारे पास थे, हाथों के पास करने को कुछ था, और अपना चेहरा छुपाने का हमारे पास कुछ उपाय था।

कार की खिड़की पर जाने की मेरी बारी की प्रतीक्षा करते हुए मुझे पता था कि मेरे पास बोलने को कुछ नहीं था। आभारी होने हेतु बहुत कुछ था– हमारे घर में उनका आना, कमरों में गूँजते हँसी के ठहाके, उनके चेहरे पर आते विस्मय के वो भाव जो हमें समझने के प्रयास में आते, हमारी (प्रसन्नताओं तथा) उलझनों में उनका हमारे साथ होना, नहाते समय मन्त्रों का वह उच्चारण, बच्चों तथा सियामीज बिल्लियों के साथ उनका खेलना, वो सुन्दर फूलों को साथ सराहने वाले दिन, और वह बड़ा परिवार जो उनकी छाया में इकट्ठा होता। यह सब वे हम तक लाए, और इस सब से भी महत्वपूर्ण यह कि उन्होंने हमारे मन में हमारी पवित्र आत्मा जगायी।

नहीं, कुछ कह पाना संभव न था। बस फूल देना और मुस्कुरा देना पर्याप्त था।

जैसे–जैसे कार '433' से दूर हावर्ड बोलिवार्ड की ओर जाने लगी, एकत्रित भीड़ सिमटने लगी।

इस संभावना पर हँसते हुए कि सामान से ठुँसी हुयी यह कार कहीं ठप ही ना पड़ जाए, हम सबने अपने–अपने फूल लहराये और हमारे प्रिय गुरुदेव द्वारा सिखाए गए अभिवादन को बुदबुदायाः

"जय गुरुदेव........ महर्षि ...."

जय गुरुदेव।

हेलिना आल्सन द्वारा उपसंहार

स्मिथ परिवार को समर्पित मेरी कृतज्ञता

"कर्ली"(जिराल्ड ए.), ज्योर्जेट, और क्रिस्टी को।
इनकी सहायता के रहते, और इनके घर के आतिथ्य के दौरान
मुझे महर्षि के '433' आवास पर कुछ और लिखने का उचित
वातावरण मिल पाया।

अब 1975 है, और महर्षि ने इस काल को एज आफ इंलाइटेनमेंट (ज्ञानोदय के युग) का उषाकाल घोषित किया है।

"अभी भी अंधकार है," उन्होंने 1975 की जनवरी को, हरटैनस्टीन, स्विटजरलैंड में, अपने हजारों प्रशिक्षकों, शिक्षकों, अंतर्राष्ट्रीय स्टाफ, और अंतर्राष्ट्रीय पत्रकारों से कहा। "किन्तु, अंधकार से ही उषा की पहली किरण फूटती है; और प्रकाश की वह कुछ किरणें संकेत देती हैं कि और प्रकाश आने वाला है। हम विज्ञान की खिड़की के माध्यम से एज ऑफ इंलाइटेनमेंट के पदार्पण को देख सकते हैं।

मेरे लिए, यद्यपि कोई औपचारिक घोषणा नहीं हुयी थी, 1959 का वर्ष "लाईट ऑफ इन्टैलिजेन्स" (प्रज्ञा के प्रकाश)के आगमन का वर्ष था। एक ऐसे समय में जबकि लोगों का अनुभव युद्ध, आर्थिक अस्थिरता, चर्च का विखण्डन, राज्य, स्कूल एवं परिवार के प्रभुत्व में कमी, हो जाना था, एक हल्की आशा की किरण उत्तरकाशी, हिमालय, भारत से आये एक योगी द्वारा दिखाई गयी, जिन्होंने पश्चिमी जगत के अपने प्रथम श्रोताओं से कहा था–

"मैं पूरे विश्व के लोगों को यह बताने आया हूँ कि मनुष्य पीड़ित होने हेतु नहीं जन्मा है; वह आनन्द पाने के लिए संसार में आया है।"

उन्होंने समझाया कि आनन्द की यह स्थिति स्वतः सबके जीवन में एक सरल मानसिक तकनीक के अभ्यास से आ सकती थी जो कि वह सबको देने हेतु तैयार थे। जब मैं उनके साथ 1972 में मालौर्क, स्पेन, के एक होटल के छोटे–से कमरे में बैठी थी, तो उनकी अविश्वसनीय योजनाओं को सुन कर दंग रह गयी थी। उन्होंने

एक विश्व योजना की घोषणा की थी, स्वीकारते हुए कि वह बहुत महत्वाकांक्षी थी, जिसके अंतर्गत मानव जाति की युगों पुरानी समस्याओं को इस पीढ़ी में हल करने का प्रस्ताव था–विश्व में हर जगह एक हजार लोगों के लिए एक ध्यान प्रशिक्षक, हर दस लाख लोगों की जनसंख्या के लिए एक **विश्व शान्ति केन्द्र**, और यह सब कार्य समाप्त करने हेतु चार साल की अवधि।

1972 **ज्ञान का वर्ष** था–
(प्रचार–प्रसार सामग्रियों को पूर्णतया तैयार करना, पर्चों की छपाई और ध्यान शिक्षकों के प्रशिक्षण की योजना।)

1973 **क्रिया का वर्ष** थाः
(विख्यात वैज्ञानिकों व नोबेल पुरस्कार प्राप्त अनेकों माननीयों के साथ–साथ कला, विज्ञान तथा साहित्य के व्याख्याताओं की भागीदारी वाले अंतर्राष्ट्रीय सम्मेलनों का आयोजन। महर्षि द्वारा कई देशों में व्यक्तिगत यात्राएँ। अनेक देशों में ध्यान–शिक्षक–प्रशिक्षण कार्यक्रमों का आयोजन।)

1974 था **उपलब्धियों का वर्ष**–
(प्रशिक्षित शिक्षकों की दुनियाँ भर के देशों में नियुक्तियाँ। शिक्षक प्रशिक्षण कार्यक्रमों का आयोजन। महर्षि अंतर्राष्ट्रीय विश्वविद्यालय को ठोस स्वरूप प्रदान करना। **साइन्स ऑफ क्रियेटिव इंटेलीजेन्स** ® के विषय का अंतर्राष्ट्रीय शिक्षा पद्धति का भाग बनना)

1975 **पूर्णता का वर्ष** था; एज ऑफ इंलाइटेनमेंट का उषाकाल–
(संचार के समस्त साधनों को सुदृढ़ करना, लेखन, दूरदर्शन तथा रेडियो। महर्षि यूरोपियन अनुसंधान विश्वविद्यालय की स्थापना, जिसका मुख्य उद्देश्य चेतना के उन्नत स्तरों पर शोध करना और ऐसी व्यावहारिक प्रक्रियाओं का विकास करना था जिनसे ऐसे उन्नत स्तरों का विकास हो सके।)

1972 में महर्षि ने इन वर्षों के केवल नामकरण किये थे। मैं उनसे कहे बिना रह ना सकी, "किन्तु महर्षि, आपके पास हिमालय से यहाँ आने के पहले दिन से विश्व हेतु कुछ योजना थी।" महर्षि सौम्यता से मुस्कुराये, "हाँ, ऐसा है," और बोले, "किन्तु अब वह विश्व योजना वास्तविक रूप ले चुकी है।"

वह महर्षि की अभिव्यक्ति का तरीका ही था जिसके कारण उन्होंने अपने महत्वाकांक्षी विचारों को साधारण रूप देकर ऐसे बताया कि वह सारे मुट्ठी भर लोग जो कि लॉस एन्जिल्स में 1959 की गर्मियों में उनके आस–पास एकत्रित थे सच में आश्वस्त हो गए कि वे महर्षि की प्रत्येक इच्छा को, जो कि उनकी व्यावहारिक

शिक्षा को प्रत्येक मानव तक पहुँचा कर सबके जीवन को पूर्ण बनाने की थी, साकार कर पाएँगे।

सामान्यतया, मैं अपने आस–पास के माहौल की भव्यता से सहमति जताने में आनन्दित होती थी, किन्तु गुप्त रूप से मुझमें कुछ संशय थे। एक छोटी–सी समस्या यह है, मैंने सोचा, कि वे दुनियाँ को जानते नहीं हैं। वे केवल भारत में तथा कैलीफोर्नियॉ में कुछ लोगों को जानते हैं। उनके पास सहायता का कोई प्रत्यक्ष साधन भी नहीं है, ना प्रेस एजेन्ट, न प्रमोटर, न बुकिंग एजेन्ट और ना प्रचार–प्रसार सामग्री। वह एक व्यक्ति हैं, बिना किसी सम्पत्ति के एक साधु,, लेकिन एक विचार के साथ कि दुनियाँ भर के लोगों को उनके भीतर आनन्द दिया जाना चाहिए। कितना सुन्दर! संशयों और अनुमानों को दरकिनार कर, गतिविधियों का स्वागत किया गया, और उपलब्धियाँ आते देर न लगी।

1959 की पूरी गर्मियों के दौरान, महर्षि ने वैज्ञानिकों से बात करने का आग्रह किया था, याचना की थी। हमने माना कि ऐसा उनके स्वयं के विज्ञान की पृष्ठभूमि का होने के कारण था। (उन्होंने इलाहाबाद विश्वविद्यालय से भौतिक शास्त्र की डिग्री ली थी)। कई बार लोग जो कि तकनीक सीखने आते, प्रथम प्रश्नावली फार्म में पेशे पर वैज्ञानिक लिखकर कुछ रोचक शोधों हेतु संभावनाएँ उठा देते; किन्तु अधिकतर यह लोग जो कि अपने वैज्ञानिक पेशे में निष्कपट होते, उस श्रेणी के विद्वान नहीं होते जिसकी तलाश महर्षि को रहती। तब भी वे घंटों आने वालों के साथ वैज्ञानिक शोधों पर चर्चा किया करते, प्रयत्न करते हुए कि भावातीत ध्यान से शरीर पर होने वाले प्रभावों की जाँच हो सके और सभी लोग इस पर रुचि लेने लगें। जब एक ने प्रस्तावित किया कि वह ध्यान करते समय चेहरे पर आने वाली आभा को दर्ज कर सकता था तो महर्षि ने रोलैंड को स्टडी में बुलाया। "हम घर में वैज्ञानिक प्रयोगशाला कहाँ बना सकते हैं?" महर्षि के आगमन के बाद, हमारे घर, के सारे चौदह कमरे ठसाठस भर गये थे। कभी–कभी तो हमारे शयनकक्ष तथा ड्रेसिंग रूम पर भी चढ़ाई कर दी जाती जब हम उपस्थित न होते।

"तहखाने के बारे में क्या विचार है," रोलैंड ने सुझाया।

"बहुत अंधकार भरा है," एक व्यक्ति बोला। महर्षि मुस्कुरा कर बोले," प्रकाश पर शोध हेतु बिलकुल उपयुक्त है।"

तो रोलैंड तहखाने को ठीक करने में जुट गये। आवश्यकता थी तो अब क्रिसमस ट्री की सजावट, बच्चों के पुराने फर्नीचर, उपहारों के डब्बे जो कि फेंकने से बहुत अच्छे थे, और वैसी सब सामग्रियाँ जो कि एक गृहणी बचाए रखती है, हेतु नया स्थान ढूंढने की। मैं ठीक से जानती नहीं हूँ कि रोलैंड ने वह सब कहाँ रखे, किन्तु उस समय से मैंने उन्हें आजतक देखा नहीं है; और परिणाम स्वरूप एक स्वच्छ

प्रयोगशाला निखर कर आ गयी। इस नयी प्रयोगशाला में कई शोध किये गये। कई बार महर्षि अपना सिर एक ओर से दूसरी ओर हिलाते और कहते, "यह सब बहुत अपरिष्कृत है। हमें बेहतर उपकरणों की आवश्यकता है।" किन्तु वे कभी आये नहीं। हम में से ऐसे लोग जो कि भावातीत ध्यान के प्रारम्भिक आनन्द तथा लाभों को पा ही रहे थे, महर्षि की विज्ञान में रुचि पर आश्चर्यचकित थे। भला कौन सोच सकता था कि 1959 में हिमालय से आये एक योगी द्वारा दिये गये संदेश एक दिन वैज्ञानिक सिद्ध हो जाएँगे; और फिर सारे सारे लाभ और प्रभाव वैज्ञानिक तरीके से पुनः दोहराये जा सकेंगे और वैज्ञानिक शोधों से पुनः पुनः सिद्ध किये जा सकेंगे। किन्तु यही वह तरीका था जिससे कि ढेर सारे लोग एक साथ भावातीत ध्यान तकनीक को अपनाते, जिसके फलस्वरूप 1975 का वर्ष पूर्णता का वर्ष बन पाया। हमने तो इस तकनीक को हृदय से ग्रहण किया था, किन्तु बौद्धिक समझ और प्रमाण अधिक ठोस होते हैं।

मेरा एकमात्र प्रयास जो कि महर्षि की वैज्ञानिकों की माँग को लेकर हुआ था असफल रहा था। अगस्त की गर्मियों के एक दिन मैंने यू.सी.एल.ए. के विज्ञान विभाग में बात की। मुझे एक विभागाध्यक्ष से दूसरे के बीच दौड़ाया गया क्योंकि मैं हार नहीं मान रही थी। स्वास्थ्य संबंधी लाभों में कुछ बोलने के कारण मुझे चिकित्सा विभाग भेज दिया गया। मैंने विस्तारपूर्वक बताया कैसे ध्यान द्वारा शारीरिक क्रियाओं में तुरन्त परिवर्तन हुए थे, और बीमारियों में सुधार हुए थे और चैन मिला था।[19] मैंने एक छोटी उम्र के मिर्गी के बीमार का उदाहरण प्रस्तुत किया जिससे कि मैं प्रभावित थी

"यद्यपि उसे मिर्गी के भयंकर दौरे आते थे, किन्तु ध्यान करने के बाद से दौरे कम और–और कम होते गये।" किन्तु सब कुछ निरर्थक साबित हुआ।

फिर हुआ यह कि सामान्य रूप से यू.सी.एल.ए. के एक स्नातक परीक्षा देने वाले छात्र ने अपनी थीसिस के लिए भावातीत ध्यान का विषय ले लिया, "भावातीत ध्यान के मनोवैज्ञानिक प्रभाव।" डॉ राबर्ट कीथ वालेस ने एक बहुत अच्छा तथा स्पष्ट पेपर तैयार किया जो कि सूक्ष्म वैज्ञानिक उपकरणों के प्रमाण पर आधारित था। **साइन्स** नामक एक शीर्ष पत्रिका ने उसे 1972 में छापा; और महर्षि की वैज्ञानिक शोधों पर रुचि को आधार मिल गया। वैज्ञानिक समुदाय में जैसे हलचल मच गयी, और सैकड़ों वैज्ञानिक भावातीत ध्यान के विषय पर परीक्षण करने लगे; और फलस्वरूप उसके ज्ञान तथा लाभों का प्रचार भी करने लगे।[20] इस सब के ऊपर एक योगी का हाथ है जो कि वास्तविक पुष्टि की संभावना लेकर शुरु हुआ था और वैज्ञानिकों की इस खोज पर उन्हें आशीर्वाद दे रहा था; इसके परिणाम स्वरूप वैज्ञानिक चार्ट पुस्तक के अंत में उपलब्ध हैं परिशिष्ट ब तथा स को वैज्ञानिक चार्टों के विवरण तथा उदाहरण हेतु देखें जो कि पुस्तक में सम्मिलित भावातीत ध्यान के लाभों को स्पष्ट रूप से दर्शाते हैं।

परिशिष्ट–अ

महर्षि वैदिक तकनीकों का संक्षिप्त परिचय

आखिर क्या है भावातीत ध्यान तकनीक? यह कैसे काम करती है? क्या हैं वे उन्नत वैदिक तकनीकें जिनका उल्लेख इस पुस्तक में कई स्थानों में किया गया है? यहाँ पर आप उन अनेक तकनीकों का ब्यौरा संक्षेप में जानेगे जो महर्षि प्रत्येक व्यक्ति की आध्यात्मिक क्षमता को मानवीय अवस्था के चरम ज्ञानोदय तक पूर्णतः विकसित करने हेतु लाये हैं।

भावातीत ध्यान तकनीक

महर्षि महेश योगी की भावातीत ध्यान तकनीक एक सरल, प्राकृतिक, स्वाभाविक, प्रयासरहित प्रक्रिया है जिसका अभ्यास प्रतिदिन दो बार पन्द्रह–बीस मिनट तक आराम से बैठकर बन्द आँखों से किया जाता है। यह वैदिक तकनीक सीखने में सरल है और किसी विशिष्ट विश्वास, आचरण या जीवन शैली को बदले जाने की अपेक्षा नहीं रखती है। समस्त संस्कृतियों, धर्मों तथा शैक्षिक पृष्ठभूमि के व्यस्क व बच्चे इस तकनीक को सीख सकते हैं और इसका पूरा लाभ उठा सकते हैं।

भावातीत ध्यान तकनीक हमारे विचार के चेतन स्तर से युक्तिपूर्वक ध्यान हटाकर उसको अधिक सूक्ष्म और अमूर्त स्तर तक ले जाती है जब तक कि हम उसकी सूक्ष्मतम वैचारिक गतिविधि से परे जा कर बिना वैचारिक गतिविधि का मिश्रण किये विशुद्ध चेतना, जो कि मानवीय सजगता की सरलतम स्थिति है, का अनुभव नहीं करते।

विशुद्ध चेतना, एक अनन्त मौन की स्थिति है। महर्षि भावातीत चेतना को अस्तित्व का एक क्षेत्र मानते हैं।

ऐसी स्थिति में मन यद्यपि शान्त तदपि अपनी मूल प्रकृति में जागृत रहता है। वह अपने–आप को जानता है। क्योंकि यह अपने–आप को जानता है, हम इसको स्व–संदर्भित चेतना की अवस्था कहते हैं।

अपने पन्द्रह से बीस मिनट के ध्यान–सत्र के दौरान हम भावातीत चेतना का अनुभव कई बार कर सकते हैं। जैसे–जैसे मन की गतिविधियाँ शान्त होती जाती

हैं शरीर गहरे विश्राम को प्राप्त होता जाता है और एकत्रित तनाव को त्यागता है, और फलस्वरूप समस्त नाड़ीतंत्र में पुनः प्राणों का संचार करता है। जब हम ध्यान से बाहर आते हैं तो स्वयं को अधिक सृजनशील, अधिक तरोताजा पाते हैं और जीवन कुछ बेहतर चलने लगता है। जो लोग भावातीत ध्यान तकनीक का नियमित अभ्यास करते हैं वे मानसिक गतिविधियों, शारीरिक स्वास्थ्य और सामाजिक अंतर्संबंधों में–घर और कार्यालय, दोनों में सुधार पाते हैं। परिशिष्ट स में सम्मिलित की गई वैज्ञानिक तालिकाएँ हमें इनके बारे में पुष्ट निष्कर्ष की झलक देती हैं।

भावातीत ध्यान– सिद्धि कार्यक्रम

भावातीत ध्यान का सिद्धि कार्यक्रम एक उन्नत वैदिक तकनीक है। महर्षि के अनुसार, इस वैदिक तकनीक के नियमित अभ्यास से, चेतन मन मानवीय सजगता के सरलतम स्तर से विचार तथा कर्म करना सीखता है जो कि अस्तित्व का शान्त क्षेत्र–भावातीत चेतना है। यह योग्यता हमको दैनिक जीवन में बेहतर प्रभावोत्पादकता एवं सफलता के लिए गतिमान सृजनात्मक क्षमता के योग्य बनाती है।

भावातीत ध्यान के सिद्धि कार्यक्रम के दौरान मन कतिपय वाक्यांशों का प्रयोग करता है जिन्हें सूत्र कहते हैं। यदि हम इन सूत्रों पर साधारण सतही स्तर पर विचार करते हैं, जिससे कि हम सब परिचित हैं, तो उनका कोई प्रभाव नहीं जान पड़ता। किन्तु जब इन सूत्रों को अस्तित्व के स्तर पर प्रयोग किया जाता है, तो वे अस्तित्व की अनंत शान्ति को उन सूत्रों की विशिष्ट धाराओं में अभिव्यक्त कर देंगे। अनंत शान्ति गतिमान हो उठती है। भावातीत ध्यान के सिद्धि कार्यक्रम का अभ्यास करने से मन और शरीर के मध्य बढ़ता तालमेल देखने को मिलता है, और एक बेहतर जीवन के लिए प्रकृति का अधिक सहयोग हमारी इच्छाओं को पूरा करने के लिए मिलता है।

योगिक उड़ान

भावातीत ध्यान के सिद्धि कार्यक्रम में अभ्यास किये जाने वाले सूत्रों में से एक 'योगिक उड़ान' है। योगिक उड़ान मन और शरीर के सर्वोत्तम तालमेल को प्रदर्शित करती है और महत्तम मस्तिष्क तरंगों के सामंजस्य से संबंधित है। उड़ान की क्रिया वस्तुतः भावातीत चेतना से उद्‌भूत होती है। योगिक उड़ान के दौरान भावातीत चेतना के स्तर पर शरीर सहजतापूर्वक भूमि से ऊपर उठकर एक विशेष दिशा की ओर गतिशील होकर मन के आशय के अनुसार प्रतिक्रिया करता है। योगिक उड़ान के तीन चरण होते हैं: ऊपर उठकर श्रृंखलाबद्ध छोटी उड़ाने; ऊपर उठकर हवा में ठहर जाना; और हवा में उठकर हवा में उड़ान भरना।

योगिक उड़ान के प्रथम चरण से ही, जबकि शरीर उठकर श्रृंखलाबद्ध छलाँगें लेता है योगिक उड़ान भरने वाला अपने भीतर आनन्द के बुलबुलों और रोमाँच का अनुभव करता है और साथ ही स्वयमेव बाहरी वातावरण में व्यवस्था तथा सामंजस्य फैलाता है या निकट वातावरण में वास्तविक शान्ति पैदा करता है। यह पर्यावरणीय घटना **विस्तारित महर्षि प्रभाव** के नाम से जानी जाती है जिसके बारे में आगे चर्चा की जायेगी।

महर्षि प्रभाव

वैज्ञानिक शोधों के द्वारा यह पाया गया है कि संपूर्ण विश्व के जिन कस्बों और शहरों में जनसंख्या के एक प्रतिशत ने भी भावातीत ध्यान तकनीक का अभ्यास किया है वहाँ बढ़ते हुए अपराधों की दर घट गयी, जो कि संपूर्ण समाज की सामूहिक चेतना में सुव्यवस्था और सामंजस्य का द्योतक है।

शोधकर्ता वैज्ञानिकों ने इस घटना को **महर्षि प्रभाव** का नाम दिया क्योंकि महर्षि के द्वारा सन् 1959 में लॉस एन्जिल्स में और उससे भी पहले भारतवर्ष में, समाज को दिये गये वचन की पुष्टि के रूप में, यह निष्कर्ष प्राप्त हुआ था।

विस्तारित महर्षि प्रभाव

टी.एम. सिद्धि कार्यक्रम और विशेषकर योगिक उड़ान को जोड़ने के बाद शोधकर्ता वैज्ञानिकों को अपेक्षा थी कि किसी भी राष्ट्र के समाज की सामूहिक चेतना मौलिक रूप से प्रभावित होगी। शान्ति का प्रभाव तो वही रहेगा किन्तु इसे प्राप्त करने का आधार बदल जायेगा। वैज्ञानिकों का अनुमान था कि एक स्थान पर सुबह और शाम सामूहिक रूप से जनसंख्या के एक प्रतिशत के वर्ग मूल के भावातीत ध्यान तकनीक के अभ्यास से इतना पर्याप्त सत्व उत्पन्न होगा जो कि राष्ट्र की सम्पूर्ण जनसंख्या के मध्य सकारात्मक प्रवृत्तियों को प्रोत्साहित करेगा और नकारात्मक प्रवृत्तियों को हतोत्साहित करेगा। इसे **विस्तारित महर्षि** प्रभाव कहा गया।

इस अनुमान का पहला बड़ा परीक्षण 108 देशों में महर्षि जी के ग्लोबल आईडियल सोसायटी कैम्पेन के दौरान हुआ; हर जगह अपराध दर में कमी हुई।

वैश्विक महर्षि प्रभाव

जब दुनियाँ की कुल जनसंख्या के एक प्रतिशत का वर्गमूल (लगभग सात हजार योगिक उड़ाके) भावातीत ध्यान एवं टी.एम. सिद्धि कार्यक्रम का एक साथ समूह में प्रातः और सायं एक स्थान पर अभ्यास करते हैं, तो सत्व उत्पन्न करने वाला प्रभाव वैश्विक स्तर पर होता है, जिससे विश्व–भर में हिंसा और नकारात्मक प्रवृत्तियों में कमी आती है।

इस **वैश्विक महर्षि प्रभाव** का एक उदाहरण 1981 में मिला जब 7000 योगिक उड़ाकों ने अमेरिका, नीदरलैंड और भारत में दो से तीन सप्ताहों की अवधि के अंतराल में तीन विशाल विश्व शान्ति सम्मेलनों में भाग लिया। इन योगिक उड़ाकों ने गहन और विशुद्ध आनन्द की अनुभूति की जब वह सामूहिक चेतना में सत्व पैदा करते हुए दुनियाँ और राष्ट्रों के जीवन में एकता और संबद्धता की वृद्धि कर रहे थे। परिणाम स्वरूप नकारात्मक वृत्तियाँ जैसे अपराध, दुर्घटनाएँ और बीमारियाँ कम हो गयीं जबकि वैश्विक समाज ने सामाजिक आर्थिक और राजनीतिक मामलों में सकारात्मकता का अनुभव किया।

वैश्विक महर्षि प्रभाव का रहस्य एक ऐसी घटना है जिसे भौतिक विज्ञान में "फील्ड इफेक्ट" के नाम से जाना जाता है, जो कि विशुद्ध भावातीत चेतना के क्षेत्र द्वारा सकारात्मक रूप से उत्पन्न सत्व का प्रभाव है। यौगिक उड़ान का सामूहिक अभ्यास उसमें फील्ड इफैक्ट को प्रदर्शित करता है कि यह विभिन्न व्यक्यिों के दैहिकता के सम्बन्ध में पारस्परिक भिन्न मूल्यों के रहते, उनके मस्तिष्क की क्रियाओं में एकरूपता लाता है।

वेद एवं मानव देहः सर्वाधिक उन्नत वैदिक तकनीक

महर्षि से प्रेरित एक हार्वर्ड प्रशिक्षित चिकित्सा विज्ञानी डॉक्टर प्रोफेसर टोनी नेडर, एम.डी., पी.एच.डी., ने प्राचीन वैदिक साहित्य के सापेक्ष खोज की एक अद्‌भुत् यात्रा दैहिकता के सैद्धान्तिक क्षेत्र में की। अपने शोध में उन्हौंने आश्चर्यजनक समानताओं को उद्‌घाटित किया है। डा0 नेडर के अनुसार प्रकृति के जो नियम मानव मस्तिष्क और देह के निर्माण के लिए उत्तरदायी हैं उन्हीं से प्राचीन वेदों और वैदिक साहित्य के अक्षर, श्लोक, अध्याय और पाठों का निर्माण होता है।

डाक्टर नेडर की शोध ने दिखाया कि मानव देह (इसके बीजकोष डी.एन.ए सहित) की वही संरचना और क्रिया है जो कि सम्पूर्ण आत्मनिर्भर और स्व–व्याख्यायित वास्तविकता है जिसका वर्णन मूल पुस्तक ऋग्वेद में किया गया है। मानव देह के विशिष्ट अंग–उपांग, उसके नाड़ी तंत्र के समस्त भागों सहित, वैदिक साहित्य की चालीस शाखाओं से एक–एक करके सादृश्यता रखते पाये गये, संरचना और क्रिया दोनों में ही। डॉक्टर नेडर इंगित करते हैं कि वैदिक संरचना के हिसाब से देह का अध्ययन हमारे वैज्ञानिक युग में एक नवोद्‌घाटन है और यह मानव की वैयक्तिक गरिमा को ब्रह्मांड की वैश्विक गरिमा की ऊँचाई प्रदान करता है। डॉक्टर नेडर के लिए व्यक्ति सही मायनों में ब्रह्माण्ड ही है। इस खोज का अर्थ है कि हमारे अपने जीवन का आंतरिक प्रशासक वही है जो कि सम्पूर्ण ब्रह्माण्ड का है। हमारी अपनी देह, वस्तुतः, वैदिक साहित्य का ही साकार रूप है।

मानव देह का वेद के साथ सम्बन्ध के बारे में अधिक जानने के लिए आप डॉक्टर नेडर की पुस्तकः "ह्यूमन फिजीयोलॉजीः एक्सप्रेशन ऑफ वेदा एण्ड वैदिक लिट्रेचर" पढ़ सकते हैं।

परिशिष्ट–ब

टिप्पणियाँ

1. पृष्ठ 33

मनुष्य के मस्तिष्क में वह सामर्थ्य होती है कि वह परम आनन्द, पूर्ण प्रसन्नता, पूर्ण शान्ति, पूर्ण सृजनात्मकता, पूर्ण ज्ञान की अनुभूति कर सकता है..........

वैज्ञानिक शोधों ने इसकी पुष्टि कर दी है कि भावातीत ध्यान तकनीक के अभ्यास के दौरान प्रत्यक्षपरक प्रोत्साहन के प्रति वल्कुटीय प्रतिक्रिया बढ़ जाती है। साथ ही मस्तिष्क के दोनों गोलार्धों के मध्य के पारस्परिक संबंध में भी सुधार आता है। अर्थात्, एक सामान्य मस्तिष्क और अधिक व्यवस्थित हो जाता है जिसके फलस्वरूप सृजनात्मकता, स्मरणशक्ति और अनुभूति की क्षमता में वृद्धि होती है, मौखिक और विश्लेषणात्मक सोच में सुधार होता है, संश्लिष्ट और समष्टिगत विचारों में भी सुधार होता है। दैहिक रूप में हम स्वचालित नाड़ी तंत्र में स्थायित्व को बढ़ा हुआ पाते हैं, तीव्रतर प्रतिक्रिया, तीव्रतर प्रतिवर्त क्रिया और तनावों से शीघ्रतर मुक्ति (पुस्तक की पृष्ठ संख्या 168, 169 में चार्ट को देखें)।

2. पृष्ठ 40

नए आए हुए लोगों की सुविधा हेतु उन्होंने भावातीत ध्यान से होने वाले लाभों को पुनः बताया........................

वैज्ञानिक शोध दिखाते हैं कि भावातीत ध्यान तकनीक के दौरान व्यक्ति अत्यधिक शान्ति और गहन विश्राम की अवस्था को प्राप्त होता है जो कि साधारण विश्राम की स्थिति की तुलना में अधिक शान्ति और गहन विश्राम की अवस्था होती है जैसा कि श्वसन दर और प्लाज्मा लैक्टेट लेवल में आयी कमी से इंगित होता है।

इस विश्राम के साथ–साथ ई.ई.जी संसक्तता, मस्तिष्क की ओर जाता बढ़ा हुआ रक्त प्रवाह, और मस्तिष्क में सूचनाओं के आदान–प्रदान की बढ़ी हुयी सामर्थ्य, जो अधिक बलशाली मानसिक/शारीरिक अवस्था का द्योतक है, आती है। एक अन्य

शोध बुद्धि के बढ़े हुए विकास को और आत्मज्ञान की बढ़त को दिखाती है जो कि सबल मस्तिष्क की विशेषताएँ हैं। पृष्ठ 167, 168 में दिखाए गये चार्ट देखें।

3. पृष्ठ 40

यदि संसार की जनसंख्या का दसवाँ भाग भी भावातीत का ध्यान करता है, युद्ध असम्भव हो जायेगें.............................

पचास से अधिक शोध अध्ययनों से पुष्टि हुयी है कि जब समाज की जनसंख्या का एक प्रतिशत महर्षि के भावातीत ध्यान कार्यक्रम को सामूहिक रूप से करता है तो अपराध दर में कमी होती है और सकारात्मक सामाजिकता में वृद्धि के लक्षण दिखायी देते हैं। इस घटना को महर्षि प्रभाव कहा गया है।

इसके अतिरिक्त, जब किसी समाज, जैसे शहर, देश या पूरी दुनियाँ की कुल जनसंख्या के एक प्रतिशत का वर्गमूल महर्षि भावातीत ध्यान कार्यक्रम और उसके उन्नत कार्यक्रम–टी.एम सिद्धि कार्यक्रम, और इस उन्नत कार्यक्रम के मुख्य आकर्षण–यौगिक उड़ान, का समूह में अभ्यास करता है, तो सामंजस्य और सत्व की उत्पत्ति बड़ी सरलता से हो जाती है, जिससे कि बहुत शक्ति और प्रभाव के साथ शहरी अपराधों तथा सामाजिक द्वन्द्वों में अपने–आप गिरावट देखने को मिलती है। और तो और युद्धों की ललक और युद्धों में मौतों में कमी आती है। इन शुरुवाती लाभों के साथ–साथ यह लाभ भी देखने को मिलते लगते हैं कि आपसी मतभेद सुलझने लगते हैं तथा नगरीय, राज्य व राष्ट्रीय, और अंतर्राष्ट्रीय जीवन शैली बेहतर हो जाती है। पृष्ठ 181, 182 तथा 183 में दिये चार्टों को देखें।

4. पृष्ठ 48

दूसरी ओर, संभवतः ध्यान के कारण मैं उन्हें थोड़ा और सहन कर पाने में सक्षम हो चुकी थी...................................

भावातीत ध्यान तकनीक का नियमित अभ्यास मानसिक तनाव में कमी दिखाता है, सहनशीलता में वृद्धि करता है, वैर भावना को कम करता है और सकारात्मक गुणों का विकास करता है। पृष्ठ 176 में दिये चार्ट को देखें।

5. पृष्ठ 73

उस समय भावातीत ध्यान हमारे लिए बस यह अर्थ रखता था कि वो हमारी अनोखी परिस्थितियों में हमें शक्ति देता था।

महर्षि की भावातीत ध्यान तकनीक सार्थकता से हमारी वर्तमान के कार्य पर केन्द्रित रहने की क्षमता को, बिना विचलित हुए, बढ़ाती है। यह क्षमता किसी को भी "अनोखी परिस्थितियों से निकलने में" सहायता दे सकती है। भावातीत ध्यान तकनीक

सार्थकता से सैल्फ एक्चुअलाईजेशन–अर्थात, अपने भीतर की क्षमता को जानकर उसे पूरी तरह से जीवन के हर क्षेत्र में उपयोग में लाना, को भी विकसित करती है। अर्थात, हम अपने कार्य के लक्ष्य के प्रति सच्चे रहें, चाहे बाकी लोग कुछ भी कहें या सोचें। कई शोध यह भी दिखाते हैं कि इससे आत्म–विश्वास और आत्म–विकास भी बढ़ता है। इसका अर्थ है कि हमारे विचार और कर्म स्वयं के लिए और सभी के लिये पोषक तथा सहायक बन जाते हैं, जब हम भोलेपन से इस तकनीक का अभ्यास करते हैं। इसी कारण मेरी माँ कह रही थी कि उनकी अनोखी परिस्थिति में भावातीत ध्यान ने उनको शक्ति दी थी। पृष्ठ 172 में चार्ट को देखें।

6. पृष्ठ 73

हमें बताया जाता कि हम उम्र में छोटे लगने लगे थे, आनन्दित और अधिक शान्त दिखने लगे थे।

वैज्ञानिकों ने प्रमाणित किया है कि भावातीत ध्यान के नियमित अभ्यास से बढ़ती उम्र के प्रभाव उलटे हो जाते हैं। एक विशेष शोध में, वैज्ञानिकों ने अभ्यासियों की जैविक आयु और कालानुक्रमिक आयु की तुलना की। लम्बे समय से अभ्यास कर रहे साधक मनोवैज्ञानिक रूप से अपनी कालानुक्रमिक उम्र से बारह वर्ष छोटे पाये गये। इसके अतिरिक्त, भावातीत ध्यान विश्राम की स्थिति को और गहरा बनाता है जिससे हम अपने भीतर स्थित आनन्द के क्षेत्र का अनुभव कर सकें, एक विशुद्ध आनन्द की स्थिति का। वह कुछ देरी के आनन्द का अनुभव दिनचर्या की और गतिविधियों में भी आनन्द की वृद्धि करता है। पृष्ठ 167 तथा 175 में दिये चार्टस को देखें।

7. पृष्ठ 73

सब सहमत थे कि रोलैंड कम तनावग्रस्त और चिंतित लगने लगे थे......

भावातीत ध्यान तकनीक का नियमित अभ्यास उल्झनों को कम करने हेतु अन्य प्रकार के तनाव प्रबंधन तकनीकों, तथा एकाग्रता–आधारित या चिंतन–आधारित, को पीछे छोड़ता है। वह तनाव ग्रस्त अवस्था से शीघ्र राहत, आपसी संबन्धों में सौहार्द्रता, मन के भटकने और सामाजिक दबावों से निपटने, और व्यवसाय संबन्धी उलझनों और तनावों को हल करने में भी सहायता देता है, तथा दाम्पत्य जीवन में अधिक संतोष और सामंजस्य प्रदान करता है। पृष्ठ 172 तथा 168 में चार्टों को देखें।

8. पृष्ठ 73

जिस एक बदलाव के बारे में मैं सचेत थी वह था रंगमंच के प्रति मेरे मूल्यों में परिवर्तन।

भावातीत ध्यान तकनीक का अभ्यास करने वाले साधकों में उच्च स्तरीय नैतिक परिपक्वता देखने को मिलती है, और साथ ही बढ़ता हुआ आत्म विश्वास तथा अपनी

इच्छाओं की पूर्ति करने की बढ़ती क्षमता दिखती है। पृष्ठ 172 के चार्ट को देखें।

9. पृष्ठ 102

.........*भावातीत ध्यान तकनीक शिक्षा को पूर्णता प्रदान करेगी।*

महर्षि ने अपने स्कूलों तथा विश्वविद्यालयों के माध्यम से संसार को शिक्षा की वैदिक पद्धति से परिचित कराया है जो कि मानव जीवन के उच्चतम ज्ञान तथा अनुभव प्रदान करती हैं। यहाँ विद्यार्थीगण पढ़ाई में गहरी रुचि दिखाते हैं और उनकी स्मृति तथा सृजनात्मकता में भी वृद्धि देखने को मिलती है। महर्षि स्कूल के छात्रों को शैक्षिक क्षेत्रों में उपलब्धियाँ सुलभता से प्राप्त रहती हैं, और विश्वविद्यालय के स्नातक बाहर आने पर वर्तमान की गतिशील सामाजिक व्यवस्था में आसानी से ढल जाते हैं। स्कूल–स्तर की हिंसा महर्षि स्कूलों तथा विश्वविद्यायलों में नहीं के बराबर है। पृष्ठ 169, 170 और 171 के चार्ट को देखें।

10. पृष्ठ 113

एक दिन व्यक्ति अकस्मात् पाता है कि धूम्रपान उसके जीवन का हिस्सा नहीं रहा।

धूम्रपान करने वाले व्यक्ति जिन्होंने भावातीत ध्यान तकनीक सीखी है वे अपनी धूम्रपान के व्यसन को बिना परेशानी के, जैसा कि व्यसन से मुक्ति पाने में अक्सर होती है, छोड़ पाते हैं। यह स्वयमेव अनायास ही हो जाती है। पृष्ठ 177 के चार्ट को देखें।

11. पृष्ठ 114

साउथ कैलीफोर्निया के एक विश्वविद्यालय में रोचक प्रश्न उठे।

परिशिष्ट य को महर्षि के साउदर्न कैलीफोर्निया के विश्वविद्यालय में दिये गए पूरे व्याख्यान हेतु देखें।

12. पृष्ठ 115

जेल में बंद लोगों को यदि भावातीत का ध्यान सिखाया जा सके तो वे भी स्वतः सुधार दिखाने लगेंगे.....................

वैज्ञानिक शोध इसकी पुष्टि करते हैं कि आपराधिक प्रवृत्ति के जो कैदी भावातीत ध्यान करते हैं, उनमें पुनर्पतन की प्रवृत्ति कम देखने को मिलती है। शोध यह भी दिखाते हैं कि तकनीक के अभ्यास से जेल में नियमोल्लंघन की घटनाएँ भी कम होती हैं, परस्पर शत्रुता में भी कमी आती है, मादक पदार्थों के सेवन में भी कमी मिलती है तथा सशर्त कारामुक्ति के अभिलेखों में भी उनका आचरण साफ–सुथरा दिखता है। मिडवेस्ट के कई न्यायाधीशों ने अब कानून तोड़ने वालों को भावातीत

ध्यान तकनीक का अभ्यास करने का दंड दिया है जिसके कि आश्चर्यजनक रूप से अच्छे तथा दीर्घकालिक परिणाम देखने को मिले हैं। शायद यह वह तरीका होगा जिससे कि हम अपराधियों को आंतरिक पूर्णता प्रदान करके, और अस्थाई बाहरी पूर्णता हेतु अपराध करने की प्रवृत्ति को बदल के अपनी जेलों को खाली कर पाएँगे। पृष्ठ 180 के चार्ट को देखें।

13. पृष्ठ 116

"भावातीत ध्यान तकनीक का किशोर अपचार पर क्या प्रभाव पड़ेगा?"

शोध दिखाती है कि नियमित रूप से भावातीत ध्यान करने वाले आपराधिक प्रवृत्ति के किशोर अपने आचरण में सुधार दिखाते हैं। ऐसे किशोरों की न्यायालय संबंधी समस्याओं में कमी आ जाती है, उनकी उलझनें कम हो जाती हैं, और उनमें सकारात्मक परिवर्तन भी आता है जैसा कि वे स्वयं या उनके अभिभावक तथा माता–पिता बताते हैं। यदि सभी किशोर भावातीत ध्यान करने लगें तो स्कूलों में होने वाली हिंसा यदि पूर्णतया लुप्त नहीं भी हो तो अत्यधिक कमी तो आ ही जायेगी। पृष्ठ 180 के चार्ट को देखें।

14. पृष्ठ 116

तो क्या हम एक आदर्श सामाजिक व्यवस्थाः 'यूटोपिया', को जन्म नहीं दे सकते?

यूटोपिया का अर्थ है एक आदर्श समाज। वैज्ञानिक शोध बार–बार दिखा चुकी है कि महर्षि प्रभाव से किसी भी समाज की सामूहिक चेतना में बढ़ता हुआ सामंजस्य देखने को मिलता है। जैसे–जैसे सामाजिक जीवन की स्तर अच्छा होता जाता है, समाज आदर्श होने के गुण दिखाने लगता है। वास्तविकता में, इन वैज्ञानिक परिणामों के आध ार पर 1977 में महर्षि ने 108 देशों में एक वैश्विक बैठक का आयोजन किया था जिसमें उन 108 देशों में आदर्श समाज व्यवस्था लाने पर विचार किया गया था। वह योजना अभी भी कार्यरत है। पृष्ठ 181 तथा 182 के चार्टस् को देखें।

15. पृष्ठ 119

व्यवसायी भावातीत तकनीक के लाभों पर जोर दिया करते.......

भावातीत ध्यान तकनीक का अभ्यास करने वाले व्यावसायिक व्यक्तियों की, कार्य सम्बन्धी चिंताएँ और तनाव कम होते हैं; काम में और व्यक्तिगत संबंधों में लाभ पहुँचता है; काम के प्रति लगन और उससे प्राप्त संतोष में वृद्धि होती है। एक ध्यान करने वाला कार्यरत समूह बढ़ती हुयी सृजनात्मकता, बेहतर आपदा प्रबंधन योग्यता, और काम करते समय श्रेष्ठकर मानसिक संतुलन का अनुभव करता है। पृष्ठ 178 तथा 179 के चार्टों को देखें।

16. पृष्ठ 119

......त्वचा का रंग निखर जाता है, स्वास्थ्य में सुधार देखने को मिलता है क्योंकि तनाव से छुटकारा मिल जाता है।

बहुत से शोध दस्तावेज दिखाते हैं कि भावातीत ध्यान के नियमित अभ्यास से स्वास्थ्य संबंधी लाभों में बढ़त देखने को मिलती है। जैसेः अस्पतालों में कम भर्तियाँ, डॉक्टरों के यहाँ कम निरीक्षणों हेतु जाना, रक्त चाप सीमित रहना, सीरम कोलेस्ट्रौल स्तर कम रहना, तनाव के प्रति स्वस्थ्य प्रतिक्रियाएँ होना, और आयु दीर्घ होना। पृष्ठ 173, 174 देखें।

17. पृष्ठ 120

पूरी दुनियाँ की दसवीं जनसंख्या भी यदि नियमित ध्यान करे तो विश्व शान्ति स्थापित हो सकती है।"

आज, वर्तमान में, **वैश्विक महर्षि प्रभाव** के नाम से जाना जाता हुआ यह प्रभाव जिसमें कि वैज्ञानिक शोध दिखाती है कि जब संसार की कुल जनसंख्या के एक प्रतिशत का वर्गमूल (लगभग 7000 लोग) भावातीत ध्यान, टी.एम, सिद्धि कार्यक्रम, तथा योगिक उड़ान को करते हैं तो अंतर्राष्ट्रीय शत्रुता में कमी देखने को मिलती है, वैश्विक स्तर की सकारात्मकता में बढ़त होती है, तथा परिणाम स्वरूप अधिक सम्पन्नता दृष्टिगोचर होती है।

विश्व शान्ति इस युग की एक स्थाई वास्तविकता के रूप में स्थापित हो सकती है; हमें केवल इतना करना है कि प्रतिदिन की गतिविधि का एक छोटा अंश निकालकर इस अद्भुत् सरल युक्ति के अभ्यास को देना है और फिर शेष दैनिक कार्य यथावत करने हैं। थोड़ी देर का अभ्यास जिससे संसार रहने योग्य बन सके; क्या यह माँग बहुत अधिक है? पृष्ठ 183 में चार्ट देखें।

18. पृष्ठ 129

परिशिष्ट द में *"the most constructive program for world peace known so far to the civilized world"* को पढ़ें, जो कि आध्यात्मिक पुनरुत्थान आंदोलन की त्रिवर्षीय योजना (1960–62) थी।

19. पृष्ठ 152

सहस्रों लोगों हेतु भावातीत ध्यान तकनीक एक "दवा रहित तनाव मुक्ति" देने वाली तकनीक है। वह सरलता से मानसिक तनावों को हटा कर मनः शारीरिक पीड़ाओं का निदान करती है। पृष्ठ 167, 176, 177 के चार्टों को देखें।

20. पृष्ठ 152

वर्तमान में 600 से अधिक वैज्ञानिक शोध, जो कि 200 से अधिक विश्वविद्यालयों और अनुसंधान संस्थानों में संचालित हुयी हैं, भावातीत ध्यान और टी.एम सिद्धि कार्यक्रम के मन, शरीर, व्यवहार और पर्यावरण पर होने वाले गहरे लाभों को दिखाती हैं। महर्षि के दुनियाँ भर के विश्वविद्यालयों में जो वैज्ञानिक अनुसंधान केन्द्र हैं वे गहन अध्ययन करके वर्तमान में भी महर्षि की वैदिक तकनीकों से जीवन के हर क्षेत्र में होने वाले लाभों को प्रदर्शित करते जा रहे हैं।

परिशिष्ट–स

वैज्ञानिक चार्ट

गहन विश्राम के मनोवैज्ञानिक संकेत

भावातीत ध्यान तकनीक के अभ्यास के दौरान

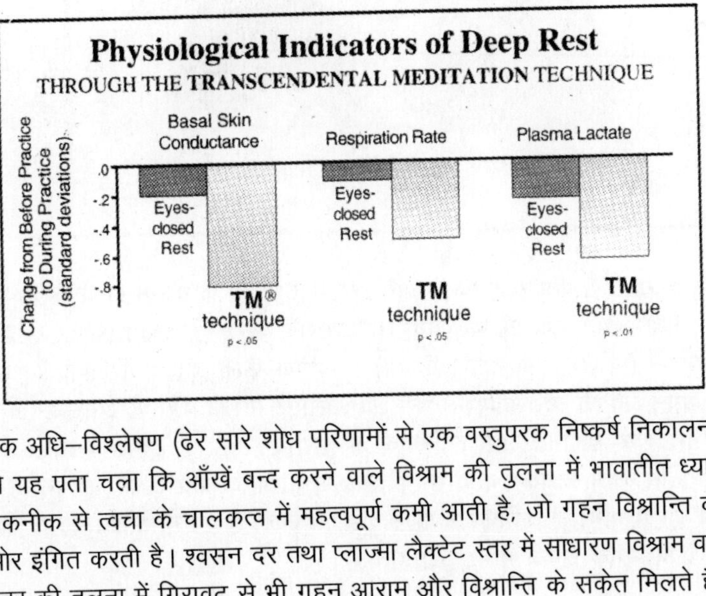

एक अधि–विश्लेषण (ढेर सारे शोध परिणामों से एक वस्तुपरक निष्कर्ष निकालना) से यह पता चला कि आँखें बन्द करने वाले विश्राम की तुलना में भावातीत ध्यान तकनीक से त्वचा के चालकत्व में महत्वपूर्ण कमी आती है, जो गहन विश्रान्ति की ओर इंगित करती है। श्वसन दर तथा प्लाज्मा लैक्टेट स्तर में साधारण विश्राम वाले स्तर की तुलना में गिरावट से भी गहन आराम और विश्रान्ति के संकेत मिलते हैं। यह शारीरिक परिवर्तन स्वतः होते चले जाते हैं जब मन प्रयास–रहित होकर शान्तिपूर्ण–सजगता अर्थात् भावातीत चेतना के स्तर में ढल जाता है।

References:

1. *American Psychologist 42*(1987): 879-881
2. *Science 167*(1970): 1751-1754
3. *American Journal of Physiology 221*(1971): 795-799

मस्तिष्क के अव्यक्त भण्डार का क्रियान्वयन

भावातीत ध्यान तकनीक के अभ्यास के दौरान

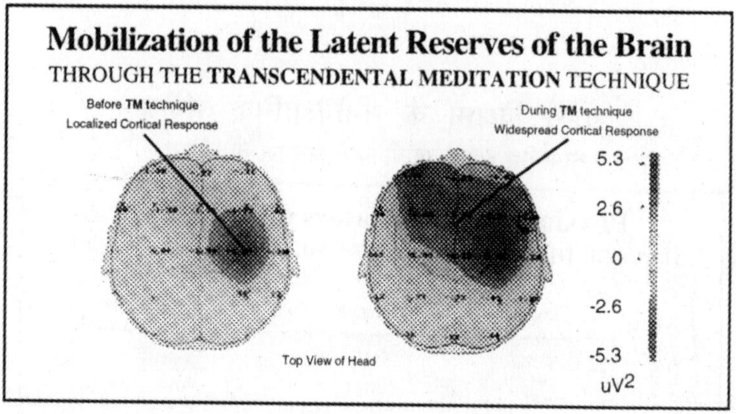

इस अध्ययन से पता चला कि भावातीत ध्यान कार्यक्रम के दौरान मस्तिष्क के कुछ शुरुवाती संवेदी अंगों की प्रतिक्रिया सोमैटोसैंसरी प्रेरणा (0–100 msec.) के प्रति कार्टेक्स (मस्तिष्क का बाहरी हिस्सा) में अधिक फैली हुई पायी जाती है। यह अध्ययन, जो कि न्यूरोसाइबरनैटिक्स शोधशाला के मास्को मस्तिष्क अनुसंधान केन्द्र के निदेशक डॉ निकोलाय ल्यूबिमौव, के द्वारा की गयी है, इंगित करती है कि भावातीत ध्यान कार्यक्रम के दौरान विशिष्ट सूचनाओं के बोध से कार्टेक्स (मस्तिष्क का बाहरी भाग) के कतिपय भागों में वृद्धि हो जाती है एवं दोनों अर्धवृतों के बीच के प्रकार्यात्मक संबंधों में भी वृद्धि होती है।

References:

1. Proceedings of the International Symposium *Physiological and Biochemical Basis of Brain Activity*, St. Petersburg, Russia, (June 22 24, 1994).
2. 2nd Russian-Swedish Symposium *New Research in Neurobiology*, Moscow, Russia (May 19-21, 1992).

मस्तिष्क की क्रियाओं का श्रेष्ठतर होना

भावातीत ध्यान तकनीक के अभ्यास के दौरान

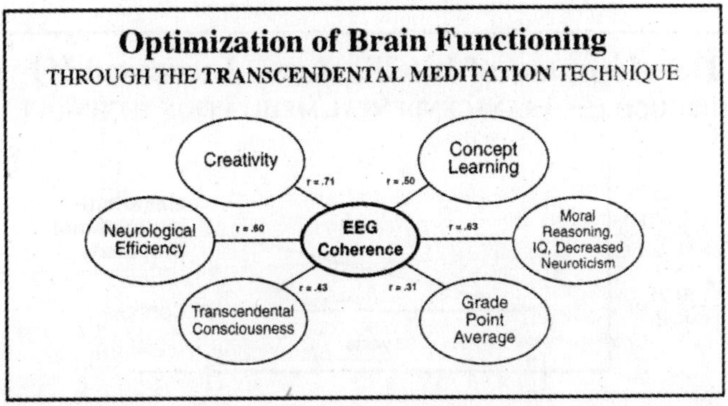

जैसा कि एच–प्रतिवर्त (H-reflex) के शीघ्रतर क्षतिपूर्त्ति से मापा गया है, भावातीत ध्यान अभ्यास के दौरान ई.ई.जी. सत्व के उच्च स्तर का अन्तर्सम्बन्ध महत्वपूर्ण रूप से मौखिक उच्चारण की प्रवाहशीलता, नई अवधारणाओं को समझने की क्षमता, अधिक नैतिक सैद्धांतिक समझ, बेहतर मौखिक आई.क्यू., विक्षिप्तता में कमी, उच्चतर शैक्षिक उपलब्धियों, स्पष्टतर भावातीत चेतना के अनुभव और बढ़ी हुई तंत्रिका विषयक क्षमताओं से होता है।

References:

The chart above was constructed with data from the following four studies:

1. *International Journal of Neuroscience 13*(1981): 211-217.
2. *International Journal of Neuroscience 15*(1981): 151-157.
3. *Scientific Research on the* Transcendental Meditation *Program: Collected Papers, Volume I*(1977): 208-212.
4. *Scientific Research on the* Transcendental Meditation *and* TM-Sidhi *Programme: Collected Papers, Volume 4* (1989): 2245-2266.

बौद्धिक विकास– बढ़ती हुयी आई.क्यू.

भावातीत ध्यान तकनीक के अभ्यास के दौरान

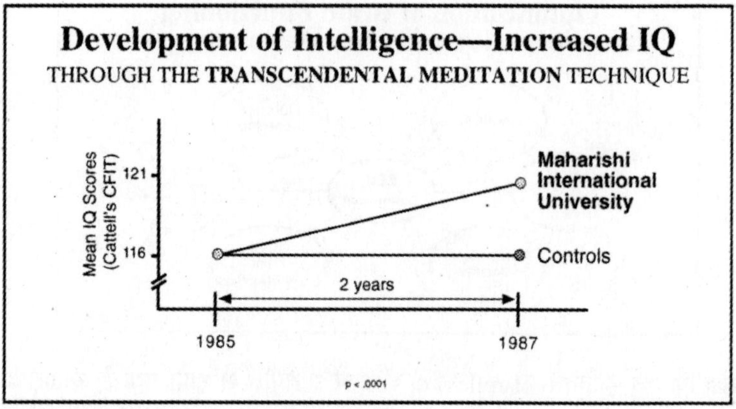

महर्षि इण्टरनेशनल युनिवर्सिटी (महर्षि अन्तर्राष्ट्रीय विश्वविद्यालय), अब महर्षि युनिवर्सिटी ऑफ मैनेजमेन्ट (महर्षि प्रबन्धन विश्वविद्यालय), जो कि फेयरफील्ड, आईओवा, यू. एस. ए. में है, के दो साल की अवधि में नियमित तौर पर भावातीत ध्यान तथा टी.एम. सिद्धि कार्यक्रम का अभ्यास करने वाले विद्यार्थी सार्थक रूप से बढ़ी हुयी बौद्धिक क्षमता, तथा किसी और आईओवा विश्वविद्यालय के छात्रों की तुलना में अधिक शीघ्रता से निर्णय लेने की क्षमता दिखाते हैं। यह खोज कई और ऐसी खोजों का समर्थन करती है कि भावातीत ध्यान तकनीक के अभ्यास से आई. क्यू. में वृद्धि होती है तथा शीघ्रता से निर्णय लेने की क्षमता भी बढ़ती है।

References:

1. *Personality and Individual Differences 12*(1991): 1105-1116.
2. *Perceptual and Motor Skills 62*(1986): 731-738.
3. *College Student Journal 15*(1981): 140-146.
4. *The Journal of Creative Behavior 19*(1985): 270-275.
5. *Journal of Clinical Psychology 42*(1986): 161-164.
6. *Gedrag: Tijdschrift voor Psychologie [Behavior: Journal of Psychology] 3*(1975): 167-182.

श्रेष्ठतर होता शैक्षिक प्रदर्शन

भावातीत ध्यान तकनीक के अभ्यास के दौरान

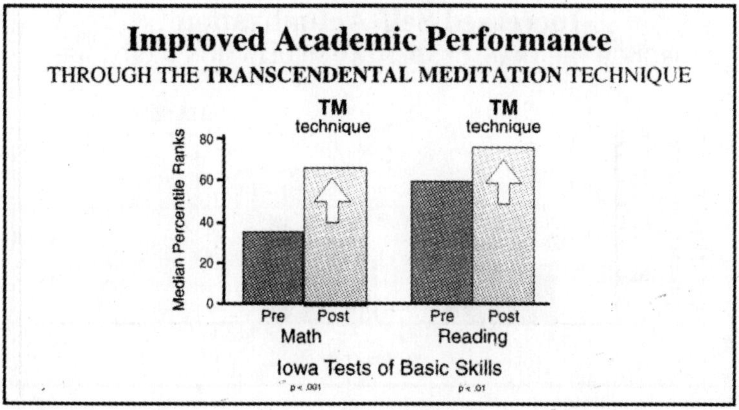

भावातीत ध्यान कार्यक्रम के एक साल के अभ्यास के बाद प्राथमिक विद्यालयों के छात्रों ने आईओवा के मौलिक कुशलताओं की परीक्षा, एक राष्ट्रीय मानकीकृत परीक्षा, में महत्वपूर्ण उपलब्धियाँ दर्शित की हैं। एक दूसरे अध्ययन ने हाई स्कूल छात्रों में आईओवा के शैक्षिक विकास की परीक्षाओं में सार्थक विकास दिखलाया है। एक तीसरे अध्ययन में सामने आया कि छात्रों के आई.क्यू. अंकों से बिल्कुल अलग, छात्रों की शैक्षिक उपलब्धियाँ उनके भावातीत ध्यान शुरु करने की अवधि से सीधे–सीधे संबन्धित थीं,।

References:

1. *Education 107*(1986): 49-54.
2. *Education 109*(1989): 302-304.
3. *Modern Science and Vedic Science I*(1987): 433-468.

बढ़ा हुआ स्व–प्रत्यक्षीकरण

भावातीत ध्यान तकनीक के अभ्यास के दौरान

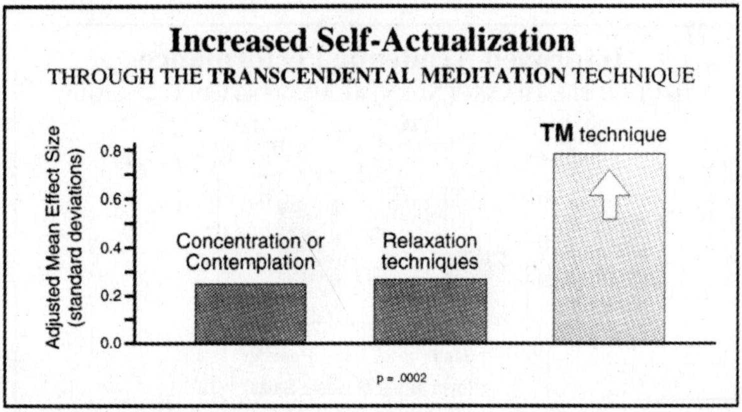

सभी उपलब्ध अध्ययनों के सांख्यिकीय अधि–विश्लेषण (42 स्वतंत्र निष्कर्ष) इंगित करते हैं कि एकाग्रता, गहन वैचारिकता, तथा विश्राम–आधारित तकनीकों की तुलना में भावातीत ध्यान कार्यक्रम का प्रभाव स्व–प्रत्यक्षीकरण की वृद्धि हेतु अधिक श्रेष्ठ है। स्व–प्रत्यक्षीकरण जीवन के प्रत्येक क्षेत्र में अभिव्यक्त होने वाली आन्तरिक क्षमताओं : व्यक्तित्व के एकीकरण तथा स्थायित्व, आत्म–सम्मान, संवेदनाओं की परिपक्वता, सौहार्दिक संबन्धों की उष्णता को बनाये रखने की क्षमता तथा चुनौतियों के प्रति अनुकूलित प्रतिक्रियाओं से सम्बधित है।

References:

1. *Journal of Social Behavior and Personality 6*(1991): 189 247.
2. *Journal of Counseling Psychology 19*(1972): 184-187.
3. *Higher Stages of Human Development: Perspectives on Adult Growth*(New York: Oxford University Press, 1990), 286-341.

अस्पताल भर्ती तथा चिकित्सकीय जाँचों में कमी

भावातीत ध्यान तकनीक के अभ्यास के दौरान

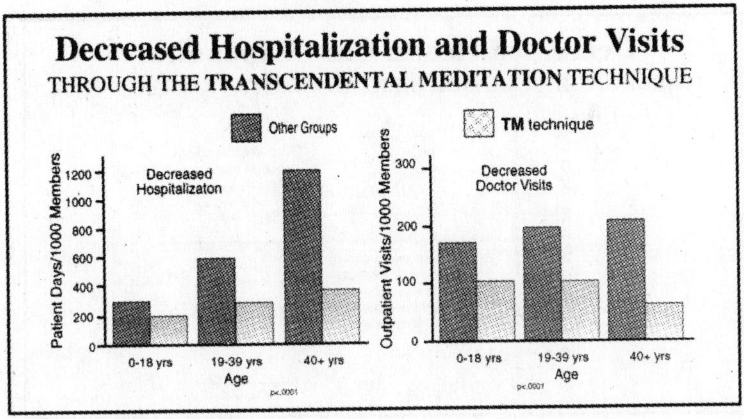

नियमित रूप से भावातीत ध्यान करने वाले 2000 अमेरिकियों पर किये गये पाँच वर्षीय अध्ययनों के सांख्यिकीय परिणाम बताते हैं कि उनका अस्पतालों में भर्ती होना सामान्य लोगों की तुलना में 56 प्रतिशत तक कम हो गया। भावातीत ध्यान करने वाले समूह ने हर वर्ग श्रेणी में कम भर्तियाँ दिखाईं। हृदय सम्बन्धी रोगों में 87 प्रतिशत कम भर्ती, कैंसर में 55 प्रतिशत कम भर्ती, स्नायु तन्त्र सम्बन्धी रोगों में 87 प्रतिशत कम भर्ती, नासिका, कण्ठ एवं फेफड़ों सम्बन्धी रोगों में 73 प्रतिशत कम भर्ती,।

References:

1. *Psychosomatic Medicine 49*(1987): 493-507.
2. *American Journal of Health Promotion, 10* (1996): 208 216.

स्वास्थ्य सम्बन्धी खर्चों में कमी

भावातीत ध्यान तकनीक के अभ्यास के दौरान

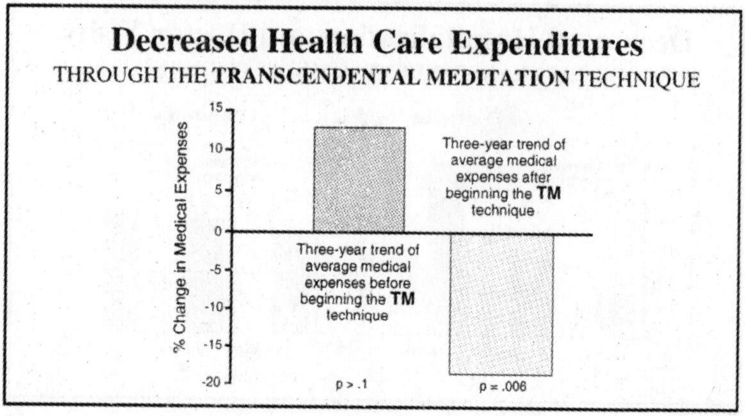

यह चार्ट भावातीत ध्यान करने के पहले और बाद में प्रतिभागियों के चिकित्सकीय खर्चों में आई औसत कमी को दर्शित करता है। इस शोध में सरकार द्वारा चिकित्सकों को दिये गये भुगतान (पूरे स्वास्थ्य संबन्धी खर्चों का लगभग 20 प्रतिशत) की जाँच 677 क्यूबैक् स्वास्थ्य योजना के अंतर्गत भावातीत ध्यान सीखने वाले प्रतिभागियों पर की गयी। भावातीत ध्यान सीखने के पूर्व के तीन वर्ष के दौरान प्रतिभागियों के स्वास्थ्य सम्बन्धी खर्चों (मुद्रास्फीति, उम्र तथा लिंग के अनुसार समंजित) में कोई विशेष अन्तर नहीं आया। भावातीत ध्यान सीखने के बाद प्रतिभागियों के समंजित खर्चों में महत्वपूर्ण कमी आई, 5–7 प्रतिशत वार्षिक की दर से।

References:

1. *American Journal of Health Promotion*(1996, in press).
2. *Psychosomatic Medicine 49*(1987): 493-507.
3. *Journal of the Iowa Academy of Science 95*(I)(1988): A56.

बढ़ती उम्र का घटना

भावातीत ध्यान तकनीक के अभ्यास के दौरान

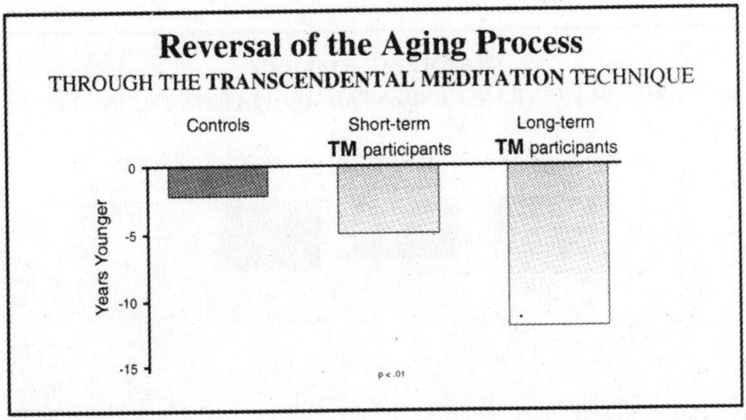

भावातीत ध्यान तकनीक महर्षि के वैदिकीय स्वास्थ्य कार्यक्रम का प्रमुख अंग है। इस अध्ययन ने परीक्षण किया कि भावातीत ध्यान कार्यक्रम का किस प्रकार का प्रभाव किसी व्यक्ति की "जैविक आयु" पर होता है, जैसा कि शारीरिक–वृद्धि के क्षेत्र में कार्य करने वाले शोधार्थी कहते हैं – कालानुक्रमिक उम्र की तुलना में व्यक्ति की दैहिक उम्र। एक समूह के तौर पर भावातीत ध्यान के लम्बे अरसे के साधक, जिन्होंने भावातीत ध्यान कार्यक्रम पाँच वर्षों से अधिक किया था, अपनी कालानुक्रमिक उम्र की तुलना में शारीरिक तौर पर बारह वर्ष छोटे थे, जैसा कि नापे गये उनके कम रक्तचाप, श्रेष्ठतर निकट–दृष्टि, और श्रेष्ठतर श्रवण क्षमता से पता लगता था। अल्पावधि से भावातीत ध्यान कार्यक्रम कर रहे साधक शारीरिक तौर पर कालानुक्रमिक उम्र से पाँच वर्ष छोटे थे। शोध में भोजन नियंत्रण तथा व्यायाम जैसे पहलुओं को भी ध्यान में रखा गया था।

References:

1. *International Journal of Neuroscience 16*(1982): 53-58.
2. *Journal of Personality and Social Psychology 57*(1989): 950-964.
3. *Journal of Behavioral Medicine*(1986): 327-334.

चिंता में आती कमी

भावातीत ध्यान तकनीक के अभ्यास के दौरान

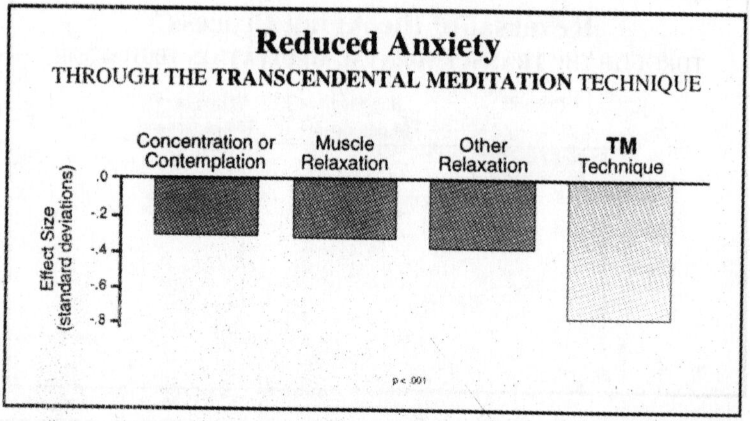

स्टैनफोर्ड युनिवर्सिटी में किये गये एक सांख्यिकीय अधि–विश्लेषण जो कि समस्त उपलब्ध अध्ययनों (146 स्वतंत्र परिणामों पर) पर आधारित था ने इंगित किया कि चिन्ता की आदत को मिटाने में भावातीत ध्यान तकनीक एकाग्रता तथा ध्यानपरायणता या माँसपेशियों के विश्राम सहित शारीरिक विश्राम की युक्तियों से अत्यधिक श्रेष्ठतर है। विश्लेषण ने यह भी दिखाया कि इन सकारात्मक परिणामों का श्रेय साधक की अपेक्षाओं, प्रयोगकर्ता के पूर्वाग्रह या शोध की रूपरेखा की गुणवत्ता को नहीं दिया जा सकता था।

References:

1. *Journal of Clinical Psychology 45*(1989): 957-974.

2. *Journal of Clinical Psychology 33*(1977): 1076-1078.

मादक पदार्थों तथा शराब में कमी आना

भावातीत ध्यान तकनीक के अभ्यास के दौरान

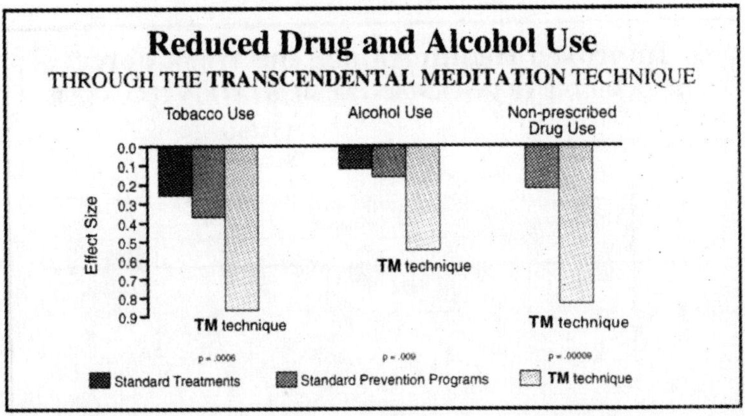

198 स्वतंत्र चिकित्सा परिणामों के एक सांख्यिकीय अधि–विश्लेषण से पता चला कि भावातीत ध्यान कार्यक्रम तम्बाकू, शराब तथा अन्य मादक पदार्थों के सेवन को कम करने में अन्य मानकीकृत पदार्थ दुरुपयोग चिकित्साओं तथा मादक–पदार्थ–निरोध कार्यक्रमों से अधिक सफल रहा है। जबकि अन्य परम्परागत कार्यक्रमों के प्रभाव तीन माह में ही क्षीण पड़ने लगते हैं भावातीत ध्यान कार्यक्रम का प्रभाव समयावधि के साथ साथ बढ़ने लगता है। यह शराब, तम्बाकू और अन्य अनिर्धारित (non-prescribed) दवाओं के सेवन की लत को पूर्णतः 51–89 प्रतिशत मामलों में 18 से 22 माह की अवधि में समाप्त कर देता है। भावातीत ध्यान कार्यक्रम के प्रभाव प्राकृतिक तथा आधारभूत रूप से व्यक्ति के मनोवैज्ञानिक तथा शारीरिक क्रियाकलापों में सुधार दिखाते हैं।

References:

1. *Alcoholism Treatment Quarterly II*(1994): 13-87.
2. *International Journal of the Addictions 26*(1991): 293-325.
3. *Self Recovery: Treating Addictions Using Transcendental Meditation and Maharishi Ayur-Veda. The Haworth Press, New York* (1994).

कामगार समूह में स्वास्थ्य सुधार

भावातीत ध्यान तकनीक के अभ्यास के दौरान

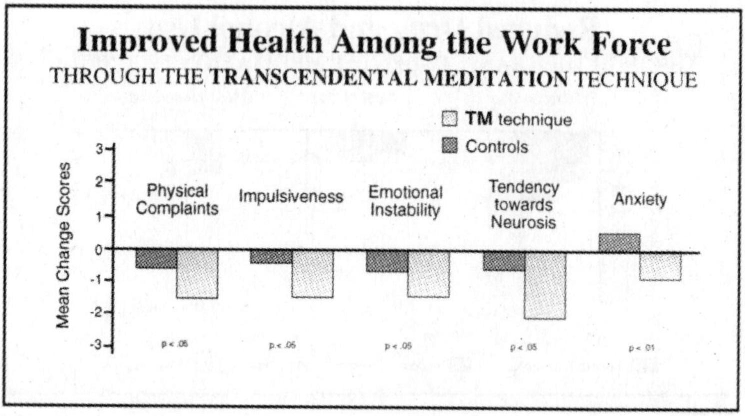

पांच माह की अवधि का एक विस्तृत अध्ययन, जो कि जापान के श्रम मंत्रालय के राष्ट्रीय औद्योगिक स्वास्थ्य संस्थान और सेंट मैरायना स्वास्थ्य संस्थान ने कराया था में सुमिटोमो हैवी उद्योग के 447 कर्मचारियों को भावातीत ध्यान तकनीक सिखायी गयी और उनकी उन 321 कर्मचारियों के साथ तुलना की गयी जिन्होंने यह तकनीक नहीं सीखी थी। भावातीत ध्यान करने वाले समूह ने शारीरिक शिकायतों में व आवेगशीलता में महत्वपूर्ण कमी दिखाई, भावनात्मक अस्थिरताओं में सुधार दिखाया, विक्षिप्तता में कमी दिखायी, व्यग्रता तथा अनिद्रा–सरीखी समस्याओं में भी सुधार दिखाया।

References:

1. *Japanese Journal of Industrial Health 32*(1990): 656.
2. *Japanese Journal of Public Health 37*(1990): 729.

कार्य–प्रदर्शन तथा कार्य–संतुष्टि में वृद्धि

भावातीत ध्यान तकनीक के अभ्यास के दौरान

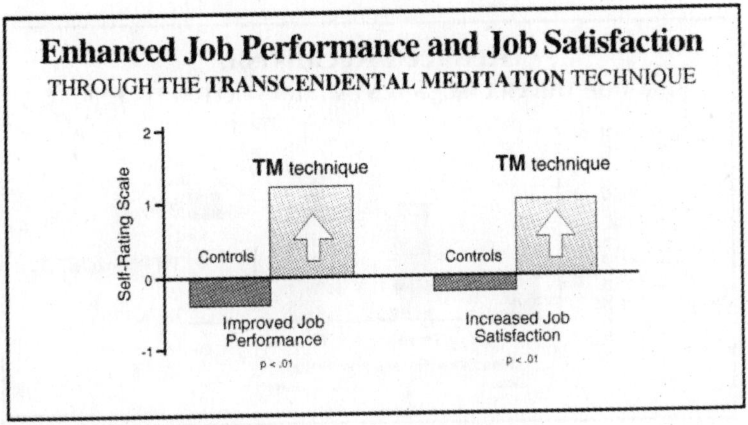

जिन कर्मचारियों ने औसतन 11 माह की अवधि तक भावातीत ध्यान तकनीक का अभ्यास किया था उनके कार्य में एक अन्य नियन्त्रित समूह की तुलना में अधिक महत्वपूर्ण सुधार परिलक्षित किये गये। सह–कर्मियों तथा पर्यवेक्षकों के साथ संबन्धों में सुधार हुआ तथा कार्य प्रदर्शन और कार्य–संतुष्टि में वृद्धि देखने को मिली, जबकि काम बदलने की प्रवृत्ति में भी कमी आयी। शोध के इन परिणामों को एक अध्ययन में कई और नियन्त्रित समूहों पर दोहराया गया, और उसमें भी उक्त क्षेत्रों में महत्वपूर्ण सुधार पाये गये।

References:

1. *Academy of Management Journal 17*(1974): 362-368.
2. *Scientific Research on the Transcendental Meditation Program: Collected Papers, Volume I*(1977): 630-638.
3. *Anxiety, Stress, and Coping: An International Journal 6*(1993): 245-262.

अपराध की तरफ झुकाव में कमी

भावातीत ध्यान तकनीक के अभ्यास के दौरान

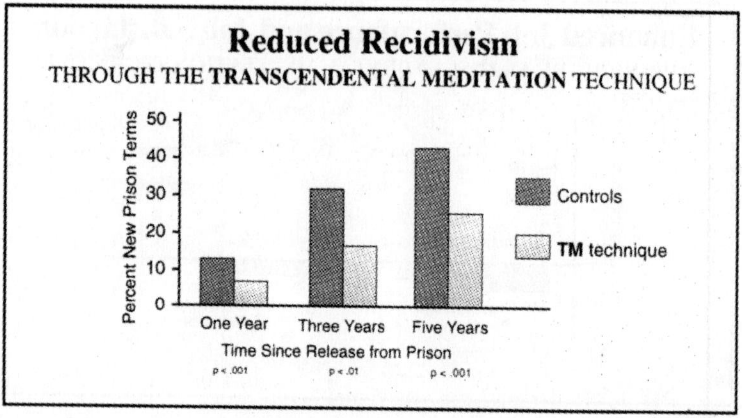

इस अध्ययन में कैलीफोर्निया करैक्शंस विभाग के महापराध की सजा काट रहे 259 कैदी जो कि कारामुक्ति (पैरोल) में थे, और जिन्होंने काराप्रवास के दौरान भावातीत ध्यान तकनीक सीखी थी, उन्होंने नई अवधि के लिये जेल जाने की बारम्बारता में कमी दिखायी और रिहा होने के बाद प्रत्येक वर्ष अगले पाँच वर्षों की अवधि के रिकार्डों में अन्य समूहों की तुलना में अधिक बेहतर कारामुक्ति परिणाम दिखाए। भावातीत ध्यान कार्यक्रम ने सार्थक रूप से कारामुक्ति के बाद छः माह से छः वर्ष की अवधि तक अपराध की ओर झुकाव कमी का प्रदर्शन किया, जबकि जेल–शिक्षा, व्यावसायिक प्रशिक्षण, तथा मनोचिकित्सा ने अपराध की ओर झुकाव की प्रवृत्ति को कम करने में कोई निरन्तरता नहीं दिखाई।

Reference:

1. *Journal of Criminal Justice 15*(1987): 211-230.
2. *Dissertation Abstracts International 43*(1982): 539B.
3. *International Journal of Comparative and Applied Criminal Justice II*(1987): III-132.

महर्षि प्रभावः बढ़ती हुयी व्यवस्था, कम होते शहरी अपराध

भावातीत ध्यान तकनीक तथा टी.एम. सिद्धि कार्यक्रम के अभ्यास के दौरान

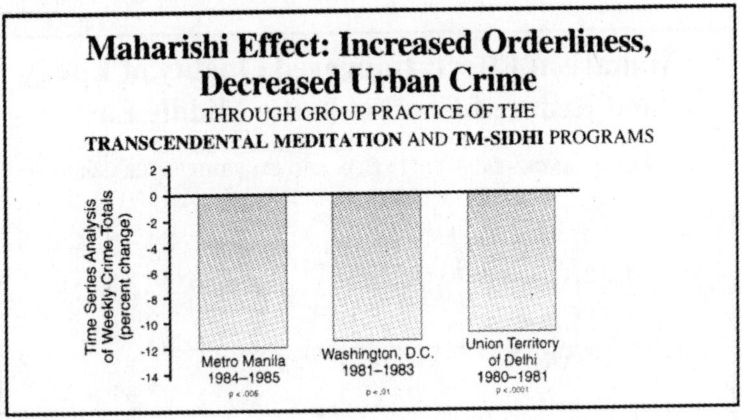

उन अवधियों में जब भावातीत ध्यान तथा टी.एम. सिद्धि कार्यक्रम करने वाले साधक कुल जनसंख्या के एक प्रतिशत के वर्गमूल से अधिक हो गये तो महानगरी मनीला, फिलीपीन्स (मध्य अगस्त 1984 से जनवरी 1985); वाशिंगटन डी० सी० (अक्टूबर 1981 से अक्टूबर 1983); केन्द्रशासित क्षेत्र दिल्ली, भारत (नवम्बर 1980 से मार्च 1981) में अपराध में कमी आई। टाईम पत्रिका के धारावाहिक विश्लेषण ने सिद्ध किया अपराध में ये कमियाँ अपराध के प्रवाह या चक्र के कारण या पुलिस की नीतियों या प्रक्रियाओं में बदलाव के कारण भी नहीं हो सकती थीं।

Reference:

1. *The Journal of Mind and Behavior* *8*(1987): 67-104.
2. *The Journal of Mind and Behavior* *9*(1988): 457-486.

वैश्विक महर्षि प्रभावः मध्य–पूर्व में बेहतर होता जीवन स्तर और घटता संघर्ष

भावातीत ध्यान तकनीक तथा टी.एम. सिद्धि कार्यक्रम के अभ्यास के दौरान

Maharishi Effect: Improved Quality of Life and Reduced Conflict in the Middle East

THROUGH GROUP PRACTICE OF THE
TRANSCENDENTAL MEDITATION AND **TM-SIDHI** PROGRAMS

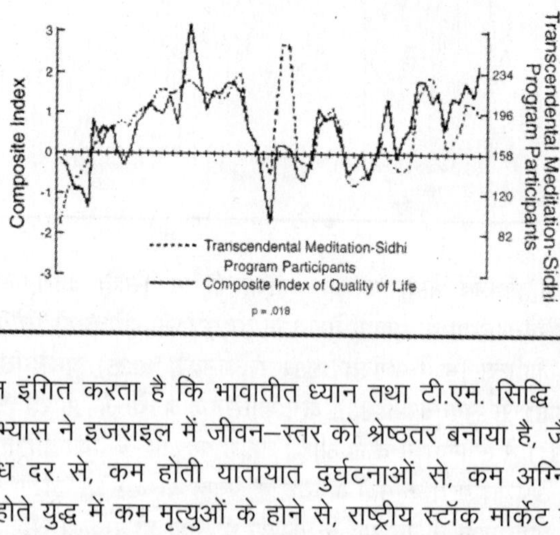

यह अध्ययन इंगित करता है कि भावातीत ध्यान तथा टी.एम. सिद्धि कार्यक्रम के सामूहिक अभ्यास ने इजराइल में जीवन–स्तर को श्रेष्ठतर बनाया है, जैसा कि कम होती अपराध दर से, कम होती यातायात दुर्घटनाओं से, कम अग्नि कांडों से, लेबनान में होते युद्ध में कम मृत्युओं के होने से, राष्ट्रीय स्टॉक मार्केट में वृद्धि होने से, तथा समूचे राष्ट्र की सुधरती मनोदशा से पता चलता है। उपर्युक्त चार्ट जेरुसलम में एक भावातीत एवं सिद्धि ध्यान कार्यक्रम के प्रतिभागियों के और उपर्युक्त सभी परिवर्तियों के एक संश्लिष्ट सूचकांक के मध्य सादृश्यता दिखाता है।

Reference:

1. *Journal of Conflict Resolution 32*(1988): 776-812.
2. *Dissertation Abstracts International 4*(1988): 238IA.

वैश्विक महर्षि प्रभावः सकारात्मकता में वृद्धि तथा अन्तर्राष्ट्रीय संघर्षों में कमी

भावातीत ध्यान तकनीक तथा टी.एम. सिद्धि कार्यक्रम के अभ्यास के दौरान

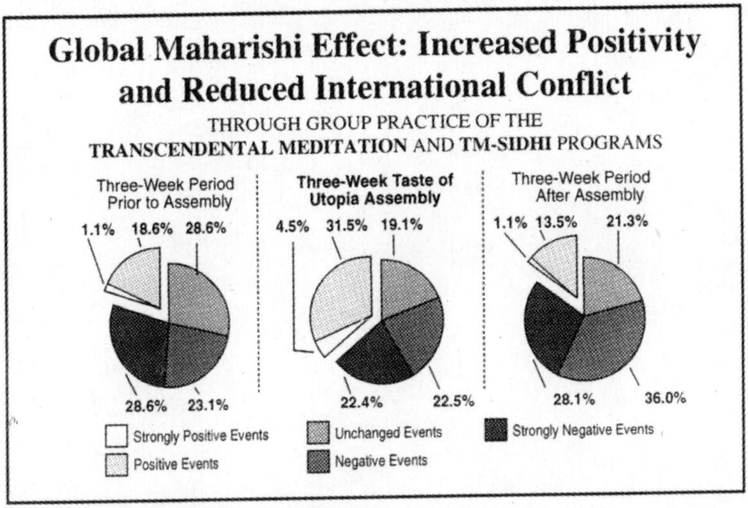

1983–84 की सर्दियों में टी.एम. सिद्धि कार्यक्रम के 7,000 यौगिक उड़ाकों का एक समूह महर्षि युनिवर्सिटी ऑफ मैनेजमैंट, आईओवा में, विश्व शान्ति स्थापित करने हेतु एकत्रित हुआ (द टेस्ट ऑफ यूटोपिया एसेंबली)। सभा के दौरान अंतर्राष्ट्रीय संघर्षों का वर्णन करने वाले लेखों की सामग्री के विश्लेषण ने सभा के पूर्व की तुलना में एक महत्वपूर्ण झुकाव महत्तर सकारात्मकता और घटते संघर्ष की ओर हुए विचलन के बारे में दिखाया। सभा समापन के उपरान्त, अन्तर्राष्ट्रीय घटनाएँ संघर्ष के अपने पूर्व स्तर पर लौट आयीं।

Reference:

Scientific Research on the Transcendental Meditation *and* TM-Sidhi *Program: Collected Papers, Volume 4* (1989).

परिशिष्ट–द

आध्यात्मिक पुनरुत्थान आंदोलन (1960–1962) की त्रिवर्षीय योजना

संपादकीय टिप्पणी:

जो त्रिवर्षीय योजना महर्षि ने 1959 में आध्यात्मिक पुनरुत्थान आंदोलन हेतु बनायी थी उसने भावातीत ध्यान आंदोलन के प्रसार हेतु आधारभूत भूमिका निभाई। तब से अब तक महर्षि ने एक दूसरी त्रिवर्षीय योजना, विद्यार्थियों हेतु पंच वर्षीय योजना तथा 70 के दशक की विश्व योजना भी प्रस्तावित की है। 1976 में उन्हौंने दस मंत्रालयों वाले "ज्ञानोदय के युग की विश्व सरकार" की स्थापना की, जिसका उद्देश्य उनके मूल त्रिवर्षीय योजना की आधारभूत बातों की पूर्ति करना था।

1980 के दशक में महर्षि ने एक आदर्श सभ्यता का निर्माण करने के लिये शिक्षा, स्वास्थ्य, शासन, अर्थशास्त्र, रक्षा, पुनर्वास तथा कृषि हेतु वैदिक पद्धतियों का प्रतिपादन किया। उन्हौंने सम्पूर्ण स्वास्थ्य हेतु भी एक विश्व योजना प्रस्तुत की जिसका उद्देश्य सम्पूर्ण विश्व में स्वास्थ्य हेतु महर्षि की वैदिक पद्धति के क्रियान्वयन के जरिये एक रोग–मुक्त समाज की स्थापना करना था। और 1988 में महर्षि ने धरती पर स्वर्ग के निर्माण हेतु एक महायोजना का उद्घाटन किया।

1990 का दशक प्रकृति के नियमों के द्वारा वैश्विक प्रशासन के विकास पर केन्द्रित था। इस दशक में महर्षि ने अपने वैश्विक भावातीत ध्यान आंदोलन के प्रशासन हेतु विश्व भर में बारह समय–क्षेत्र राजधानियाँ स्थापित करके एक नवीन संरचना बनाई। महर्षि के अनुसार, हर राजधानी को उसके समय–क्षेत्र में स्थित महर्षि वैदिक केन्द्रों, विश्वविद्यालयों और आयुर्वैदिक सुविधाओं की आवश्यकताओं हेतु प्रशासनिक व्यवस्था करनी थी। प्रत्येक राजधानी उसके समय–क्षेत्र में, महर्षि स्थापत्य वेद के नियमों के अंतर्गत निर्मित सबसे ऊँची इमारतों में से एक में आवासित होगी,। प्रत्येक समय–क्षेत्र में निर्मित राजधानी भवन पर्याप्त संख्या में यौगिक उड़ाकों को भावातीत ध्यान, तथा टी.एम. सिद्धि कार्यक्रम का अभ्यास एक

समूह के रूप में साथ साथ करने का अवसर देगा और इस प्रकार उस समय–क्षेत्र में आदर्श जीवन को शक्ति देगा।

1999 में महर्षि ने ब्राजील के निकट विश्व–शान्ति–राष्ट्र के प्रथम देश का उद्घाटन किया। उनका स्वप्न साकार हुआ। त्रिवर्षीय योजना बीसवीं शताब्दी के अंत में यथार्थ बन गई।

यहाँ हम उस मूल त्रिवर्षीय योजना के प्रासंगिक भागों को पुनः छाप कर प्रस्तुत कर रहे हैं।

व्यक्ति के आन्तरिक अस्तित्व के अनन्त संसाधनों को समर्पित

विश्व शान्ति हेतु राजपथ
आध्यात्मिक पुनरुत्थान आंदोलन हेतु
त्रिवर्षीय योजना
1960–1962

आध्यात्मिक पुनरुत्थान आंदोलन का लक्ष्य संपूर्ण विश्व में शान्ति और सत्व का विकास प्रत्येक व्यक्ति के जीवन में शान्ति और सत्व का विकास करने के द्वारा है। इस विश्व व्यापी आंदोलन की अनूठी विशेषता, जो कि उसके समकक्षी और इसी लक्ष्य वाले अन्य आंदोलनो से इसे अलग करता है, यह है कि यह हमें व्यावहारिक उपयोगिता में ला पाने योग्य युक्ति प्रदान करता है।

यह एक व्यस्त, सांसारिक व्यक्ति के घर पर ही ऐसा उपाय लेकर आता है जिससे उसके लिए उन्नत चेतनाओं का विकास संभव हो पाये– ध्यान का एक सरल अभ्यास जो कि हर किसी को मन की शान्ति, भीतरी आनन्द, क्षमताओं की वृद्धि, और जीवन के सभी पहलुओं में मूल्यों की सही समझ प्रदान करती है।

आंदोलन का दर्शन

जीवन आनन्द है, तत्वतः वह एक संघर्ष नहीं है।

मानव का जन्म आनन्द पाने को हुआ है, ना कि कष्ट पाने को।

मानव का जन्म आनन्द से हुआ है, चैतन्य से हुआ है, तथा विवेक और सृजनात्मकता से हुआ है।

यह सब कुछ पूर्णता में प्राप्त होता है जब जीवन रूपी पुष्प पूर्णतया खिलता है– भीतरी और बाहरी गुणों के पूर्णतया खिल जाने पर।

जब जीवन के भीतरी आध्यात्मिक और बाहरी भौतिक गुण चेतन मन के विचारों द्वारा सामंजस्य में लाये जाते हैं तो जीवन का एकीकरण होता है, और ऐसा जीवन जीने योग्य बन जाता है।

जीवन के दो पहलू हैं– आन्तरिक एवं बाह्य।

आन्तरिक जीवन परम चैतन्य आनन्द है।
यह निर्बन्ध, शाश्वत, अस्तित्व, आनन्द, प्रज्ञा और सृजनात्मकता है।

बाह्य जीवन सापेक्ष है।
यह देश–काल–परिस्थिति से प्रभावित होने वाला अस्तित्व, आनन्द, प्रज्ञा एवं सृजनात्मकता है।

जीवन का आन्तरिक पक्ष बाह्य का उद्गम है।
यह बाह्य जीवन धारा के स्रोत का मुहाना है।

आन्तरिक जीवन के साथ सीधा संबन्ध तथा सामंजस्य विश्व में बाह्य जीवन के सारे गौरवों का मूल है।
प्रत्येक का मन सदा अधिकाधिक आनन्द ढूँढता रहता है।
जब वह सही प्रकार से अपने भीतर को देखता है तो भीतर व्याप्त आनन्द को सुलभता से प्राप्त करने लगता है।

मन को भीतर मोड़ने हेतु किसी मानसिक नियंत्रण अथवा कठिन अभ्यास की आवश्यकता नहीं होती है।
मन के आन्तरिक पक्ष की दिशा में आनन्द का सागर रहता है, परम आनन्द, जो कि स्वाभाविक रूप से मन को अपनी ओर खींच लाने की सामर्थ्य रखता है, और मनुष्य को उन भीतरी गुणों को अपने जीवन के सभी व्यावहारिक मामलों में अभिव्यक्त करने की सामर्थ्य प्रदान करता है।

अपने जीवन का एकीकरण करने हेतु तथा विश्व में जीवन की पूर्णता को जीने हेतु जीवन के उत्तरदायित्वों के निर्वाहन को छोड़ने की कोई आवश्यकता नहीं होती है।
यह विश्वास गलत है कि मन का स्वभाव भटकना होता है।
मन इसीलिए भटकता रहता है क्योंकि वह कहीं आनन्द पाकर बैठ-जाए। कहीं पर भी कुछ ऐसा मोहक ना पाकर जिसपर विश्राम करने हेतु रुक पाये; स्वयं को अभागा अनुभव करने लगता है। यह सिद्ध करता है कि मन का स्वभाव भटकना नहीं है। फलस्वरूप, मन को नियंत्रित करने के सारे लाभ सरलता से लिये जा सकते हैं जब उसे भीतरी जीवन के आनन्ददायी क्षेत्र से परिचित करा दिया जाए और उसकी आनन्द की तृष्णा को तृप्त किया जाये।
महर्षि की भावातीत ध्यान शैली की सरल तकनीक एक ऐसी ही तकनीक है जो कि मन की अधिकाधिक आनन्द की खोज करने की स्वाभाविक वृत्ति पर आधारित है।
इसी कारण से, इस तकनीक के अभ्यास से उन्नत चेतना के स्तरों की अनुभूति करना प्रत्येक के लिये बिलकुल सरल है।

महर्षि की भावातीत ध्यान पद्धति सरलता से जीवन की आन्तरिक तथा बाह्य भव्यता में सामंजस्य लाती है।

यह एक स्वर्णिम सूत्र है जो जीवन के भौतिक तथा आध्यात्मिक मूल्यों को आपस में जोड़ता है।

इसके अतिरिक्त– यह ना केवल जीवन के भौतिक तथा आध्यात्मिक पहलुओं में सामंजस्य लाती है अपितु प्रत्यक्ष तरीके से जीवन की भौतिक संपन्नता को आध्यात्मिकता के प्रकाश से दीप्तिमान करती है; और यही इस तकनीक की विशेषता भी है, जो कि वर्तमान तीव्रगामी भौतिकवादी जीवनशैली के अनुकूल है।

विश्व भर में सहस्रों व्यक्तियों का ऐसा ही अनुभव रहा है।

अनेक लोगों के व्यक्तिगत अनुभवों तथा उनकी सहायता के आधार पर यह आंदोलन शीघ्रता से फैल रहा है, सभी स्थानों की ओर, सभी तक।

और इसी सब ने त्रिवर्षीय योजना को जन्म दिया है।

जॉन स्मिथ हिस्लाप, एम.ए, एड. डी.
लॉस एन्जिलिस, कैलीफोर्निया
द्वारा
त्रिवर्षीय योजना की भूमिका

आध्यात्मिक पुनरुत्थान आंदोलन की त्रिवर्षीय योजना सभ्य जगत में विश्व शान्ति हेतु अब तब की सबसे अधिक रचनात्मक योजना है। इसका उद्देश्य प्रत्येक व्यक्ति के जीवन में शान्ति और सामंजस्य लाकर विश्व–भर में शान्ति और सामंजस्य लाने का है। यह एक व्यवस्थित प्रयास है जिससे कि सब जगह सभी हेतु आध्यात्मिक पुनरुत्थान आंदोलन का लाभ उपलब्ध हो पाये और फलस्वरूप उन्नत चेतना के जागरण से मानवीय जीवन के सभी पहलुओं के तनाव मिट पाएँ।

मूलभूल सिद्धांत

इस विश्वव्यापी आंदोलन का मौलिक सिद्धांत यह है कि प्रत्येक व्यक्ति में प्रचुर मात्रा में ऊर्जा और सक्षमता निहित होती है, तथा हर किसी के पास अपनी इस ऊर्जा के मूल स्रोत को ढूँढ निकालने और प्रयोग करने की योग्यता भी होती है। ऐसे प्राकृतिक वरदान के साथ किसी को भी किसी भी प्रकार से पीड़ित होने की आवश्यकता नहीं होनी चाहिए। किन्तु मनुष्य पीड़ित पाया जाता है। वह अनेकों प्रकार से पीड़ित केवल

इसलिए पाया जाता है क्योंकि वह इस बात से अनभिज्ञ होता है कि अपने भीतर की क्षमताओं को कैसे खोजा जाये, उन्हें अपने प्रतिदिन के जीवन में कैसे प्रयोग में लाये। अपनी भीतरी चेतना की क्षमताओं को उजागर करके उन्हें प्रयोग में लाने का भान ना होने के कारण ही मनुष्य जीवन में पीड़ित पाया जाता है। मानवजाति की समस्त पीड़ाओं को शिक्षा के द्वारा उसमें निहित भीतरी चेतना को उजागर कर तथा उसे उसके सच्चे स्वभाव का भान करा कर– जो कि सभी त्रुटियों से मुक्त होता है, दूर किया जा सकता है।

मनुष्य को अवश्य ही सहायता की आवश्यकता है

क्या मनुष्यों को उनके भीतर ही स्थित कोष पाने हेतु, अपनी चेतना के गौरव के ज्ञान हेतु, सहायता की आवश्यकता है? अभिलेखों से पता चलता है कि उन्हें सहायता की आवश्यकता बिलकुल है। एक क्राइस्ट, एक बुद्ध, एक कृष्ण संसार में मनुष्यों का उद्धार करने हेतु आते हैं। कुछ व्यक्ति जो कि हर युग में ईश्वर के साथ एकाकार हो पाते हैं उन्हें सब लोग 'गुरु' अथवा 'मास्टर' कहते हैं और विनती करते हैं कि वे समष्टि हेतु शाश्वत आनन्द के मार्गदर्शक बने। धर्म इसलिए अस्तित्व में आते हैं क्योंकि मानव अपनी पीड़ित, व्यथित अवस्था से उठकर शाश्वत आनन्द पाना चाहता है।

कहाँ?

आज के वर्तमान युग में ऐसा गुरु कहाँ है? आज ऐसा महान आध्यात्मिक गुरु कहाँ है जो कि सभी मानवों के लिए उनकी शाश्वत मुक्ति हेतु स्पष्ट मार्गों को प्रदर्शित कर सके?

मैं कहता हूँ आज संसार में ऐसा व्यक्ति बिलकुल है। महर्षि महेश योगी स्वयं हेतु कोई पद, कोई प्रतिष्ठा का दावा नहीं करते हैं। वे केवल यह कहते हैं कि उनके पास एक युक्ति है जिसके उपयोग से कोई भी सामान्य मस्तिष्क का व्यक्ति अपने भीतर गोता लगाकर ऊर्जा का, शान्ति तथा आनन्द का स्रोत पा सकता है और जीवन का परम लक्ष्य प्राप्त कर सकता है। वे केवल इतना कहते हैं कि यह उनका लक्ष्य है कि हर स्त्री तथा पुरुष को प्रतिदिन की चिंताओं से मुक्ति का मार्ग दिखाएँ, तथा पीड़ा और बन्धन से छुटकारे का मार्ग प्रशस्त करें। वे मात्र यह घोषित करना चाहते हैं कि उनका उद्देश्य मानवता का आध्यात्मिक पुनरुत्थान करके विश्व में शाश्वत शान्ति और आनन्द स्थापित करना है।

इतिहास का उदात्त उपाख्यान

स्वयं के लिये किसी प्रतिष्ठित स्थान के दावे को अस्वीकृत करने के बावजूद महर्षि

महेश योगी का इतिहास में एक महान आध्यात्मिक गुरु के रूप में अंकित होना निश्चित है।

उनका यह संघर्ष जिसने पूरी मानव जाति को भावातीत ध्यान के सीधे–सरल माध्यम द्वारा आध्यात्मिक रूप से पुनर्जीवित कर दिया इतिहास के परम उदात्त उपाख्यानों में है। भारत से आया एक व्यक्ति जिसने शाश्वत शान्ति तथा समृद्धि की ओर अग्रसर करने के लिये संसार के मार्ग को बदल दिया! ऐसे व्यक्ति के प्रति, ऐसे आदर्श के प्रति, ऐसे पवित्र संघर्ष हेतु मैं अपने घुटने टेक कर प्रशंसा तथा श्रद्धा अर्पित करता हूँ, और अपने द्वारा की जा सकने वाली समस्त सहायता तथा समर्थन हेतु प्रतिज्ञा लेता हूँ।

आंदोलन का इतिहास

आध्यात्मिक पुनरुत्थान आंदोलन का आरम्भ परम पूज्य महर्षि महेश योगी द्वारा जनवरी, 1958 में, मद्रास, भारत में किया गया था, जब आध्यात्मिक विद्वानों के सम्मेलन का आयोजन महान आध्यात्मिक गुरु, परम पूज्य श्री ब्रह्मानन्द सरस्वती, जगतगुरु शंकराचार्य, ज्योतिर्मठ, हिमालय, की 89वीं जयन्ती मनाने हेतु हुआ था। प्रथम वर्ष के अंत तक आध्यात्मिक पुनरुत्थान आंदोलन की लहर प्रशान्त महासागर के पार तक, आधी दुनियाँ में, फैल चुकी थी और अमेरिका की आध्यात्मिक मान्यताओं में हलचल मचा चुकी थी। प्राचीन भारत का आधुनिक संदेश महर्षि महेश योगी के व्याख्यानों में सुना जा सकता था जिनकी घोषणा थी, 'भीतरी जगत की दिव्यता तथा गौरव को अनुभव करना कठिन नहीं है, एक व्यस्त, आधुनिक युग के व्यक्ति हेतु भी।' उन्हौंने इस बात का अनुभव करने के लिये लोगों का मार्गदर्शन करके सैद्धांतिक रूप से कहा, तार्किक, वैज्ञानिक एवं व्यावहारिक रूप से सिद्ध किया।

ध्यान

महर्षि के अनुसार, ध्यान का अर्थ होता है अपनी एकाग्रता को मन रूपी सागर के सूक्ष्म–स्तरों की ओर ले जाते जाना जब तक कि जीवन का मौलिक स्तर अनुभव में ना आ जाए, और अनन्त ऊर्जा, शान्ति तथा आनन्द के स्रोत की उपलब्धि ना हो पाए।

एक सरल युक्ति

महर्षि ने भावातीत ध्यान की एक सरल युक्ति का विकास किया है जिसमें उन्नत चेतनाओं की शीघ्रता से प्राप्ति हो जाती है। फलस्वरूप भीतरी आत्मा की समस्त क्षमताओं का उपयोग मन की सुप्त शक्तियों को जाग्रत करने हेतु तथा विचार तथा कर्म के क्षेत्रों में विविध उपलब्धियों को पाने हेतु होने लगता है।

अनूठापन

महर्षि की भावातीत ध्यान की सरल पद्धति अनूठी है, क्योंकि इसने ना केवल पश्चिम में किन्तु पूर्व में भी ध्यान करने के परम्परागत तरीकों को बदल डाला है। महर्षि के अनुसारः

1. *हर कोई भावातीत ध्यान करने हेतु योग्य है।*
2. *ध्यान साधक की तरफ से इसके लिए कोई विशेष एकाग्रता की क्षमता नहीं चाहिए।*
3. *इसके लिए प्रतिदिन की सामान्य क्रियाओं से विमुख होना आवश्यक नहीं होता है।*
4. *इस तकनीक से लाभान्वित होने हेतु प्रतिदिन कुछ मिनट ही चाहिए होते हैं।*
5. *इसके अभ्यास के तुरन्त बाद से ही इसके प्रत्यक्ष प्रभाव अनुभव होने लगते हैं।*
6. *इसके टिकाऊ परिणामों को पाने हेतु किसी अध्ययन अथवा तैयारी की कोई आवश्यकता नहीं होती है।*
7. *यह सम्मोहन अथवा आध्यात्म से पूर्णतः भिन्न है।*

प्रथम अंतर्राष्ट्रीय सम्मेलन

आध्यात्मिक पुनरुत्थान आंदोलन का प्रथम अन्तर्राष्ट्रीय सम्मेलन गहन महत्व का था उसने कैलीफोर्नियॉ के सिक्वोइया नैश्नल पार्क, जुलाई, 1959 में त्रिवर्षीय योजना को जन्म दिया जो विश्व के कल्याण और शान्ति हेतु मानव के श्रेष्ठतम सपने और सदाशयता का प्रतीक बना। हम सबको उठ खड़े होकर अपने हृदय में संकल्प लेना चाहिए कि त्रिवर्षीय योजना की महान सफलता हेतु महर्षि महेश योगी की पूरी सक्षमता से सहयोग और सहायता करेंगे। इस कार्य से बड़ा ऐसा कोई भी कार्य हम कभी नहीं कर सकेंगे, जिससे कि विश्व में और स्वयं हममें इतना बड़ा सकारात्मक और महान प्रभाव उत्पन्न हो पाए।

त्रिवर्षीय योजना (1960–1962)

त्रिवर्षीय योजना का मुख्य उद्देश्य एक ठोस बुनियाद बनाना है और साहसिक रचनात्मक कार्यक्रम प्रारम्भ करना है जिससे सम्पूर्ण विश्व का आध्यात्मिक पुनरुत्थान शीघ्रातिशीघ्र संभव हो पाए।

पूरे विश्व के आध्यात्मिक पुनरुत्थान का अर्थ यह कि शान्ति, सामंजस्य तथा आनन्द का विकास, और व्यक्ति के जीवन के हर क्षेत्र की सम्भावनाओं का जागरण– व्यक्तिगत, सामाजिक, राष्ट्रीय तथा अन्तर्राष्ट्रीय। यह इसलिए जिससे कि मानव

मात्र प्रतिदिन की चिन्ता, अव्यवस्था, असत्व और पीड़ा से मुक्त हो पाए, और वैश्विक शान्ति तथा सामंजस्य की स्वाभाविक रूप से स्थापना हो पाए।

इसी उद्देश्य की पूर्ति हेतु त्रिवर्षीय योजना का ध्येय पूरे विश्व में 25,000 ध्यान केन्द्रों की स्थापना करना है।

किसी भी व्यक्ति के शरीर, मन, तथा आत्मा के समेकित विकास हेतु ये ध्यान केन्द्र सम्पूर्ण पुनरुत्थान के तीर्थ जैसे होंगे। आधुनिक भाषा में, यह ध्यान केन्द्र ऐसे केन्द्र होंगे जहाँ कि विज्ञान, कला तथा तकनालॉजी का प्रयोग जीवन के आन्तरिक क्षेत्रों में चेतना के अध्ययन हेतु होगा।

ये ध्यान केन्द्र व्यक्तियों को आन्तरिक जीवन के वैभव को जानने की कला हेतु शिक्षित करेंगे और महर्षि की भावातीत ध्यान की व्यावहारिक तकनीक का प्रशिक्षण देंगे, जिससे कि सामान्य मस्तिष्क का हर कोई व्यक्ति उन्नत चेतना के क्षेत्र में प्रवेश पा सकेगा, अपने भीतर शाश्वत शान्ति तथा आन्तरिक आनन्द पा सकेगा, और अपनी सुप्त क्षमताओं तथा योग्यताओं को जगा कर जीवन के हर क्षेत्र में अधिक ऊर्जा तथा योग्यता को अनुभव कर सकेगा।

ऐसा होने पर पृथ्वी में जीवन संघर्षमय नहीं रहेगा। सभी को अनुभव होगा कि *"जीवन आनन्द है।"*

हर क्षेत्र में विकास चिरस्थाई होगा, और विश्व स्वाभाविक रूप से शान्ति तथा सामंजस्य में स्थापित हो जाएगा।

सम्पूर्ण विश्व में 25,000 ध्यान केन्द्रों की स्थापना तीन वर्षों में एक बहुत व्यवस्थित तरीके से हो जाएगी।

भावातीत ध्यान सिखाने वाले शिक्षकों का प्रशिक्षण सीधे परम पूज्य महर्षि महेश योगी के मार्गदर्शन में होगा। वे शिक्षक फिर ध्यान केन्द्रों की स्थापना करेंगे और अपने–अपने क्षेत्रों में ध्यान प्रशिक्षक के रूप में कार्य करेंगे।

त्रिवर्षीय योजना की उपलब्धि

त्रिवर्षीय योजना की समाप्ति तक संसार में लगभग 25,000 प्रशिक्षित ध्यान–शिक्षक विभिन्न देशों में 25,000 ध्यान केन्द्रों को संचालित करने हेतु तैयार हो जाएँगे। इस समय तक जनता में रुचि जागृत हो चुकी होगी और सभ्य समाज में वयस्कों का लगभग दसवां भाग महर्षि की सरल भावातीत ध्यान तकनीक का अभ्यास करते हुए उसका आनन्द लेने लगा होगा।

यह वास्तव में आध्यात्मिक पुनरुत्थान आंदोलन की प्रथम मुख्य उपलब्धि होगी।

महर्षि को पूर्ण विश्वास है कि इस आधार पर ऐसी ही दो और त्रिवर्षीय योजनाएँ विश्व का आध्यात्मिक पुनरुद्धार करने हेतु पर्याप्त होंगी।

ध्यान की अन्तर्राष्ट्रीय अकादमी

भारतवर्ष में हिमालय पर्वत श्रृंखला के हृदय में स्थित संतों की घाटी उत्तरकाशी में, पावन गंगा के तट पर, यह पवित्र–स्थल स्थापित होगा जो कि आध्यात्मिक पुनरुत्थान आंदोलन के मुख्य प्रशिक्षण केन्द्र के रूप में काम करने हेतु प्रकाश स्तम्भ बनेगा।

यह आधुनिक जीवन शैली की सुविधा–संपन्नता को तथा हिमालय की गुफाओं की शुचिता तथा शान्ति को एक साथ लिए होगा। यह सत्यानुसंधानी साधकों हेतु बिलकुल उपयुक्त स्थल होगा। 84 ध्यान गुफाएँ, एक दूसरे से कुछ दूरी पर बनी हुयीं, अपने ऊपर कक्ष लिए होंगी जिनमें विद्यार्थी रह सकेंगे। संचार एवं आवासादि की आधुनिक सुविधाओं से युक्त अंतर्राष्ट्रीय ध्यान अकादमी में एक व्याख्यान कक्ष तथा पुस्तकालय भी होगा।

ध्यान की अन्तर्राष्ट्रीय अकादमी में प्रशिक्षण

ध्यान–प्रशिक्षकों के प्रशिक्षण में निम्नलिखित बातें होंगी :

1. *महर्षि की सरल भावातीत ध्यान तकनीक की कला का व्यावहारिक प्रशिक्षण।*
2. *भावातीत ध्यान की विचारधारा का सैद्धांतिक प्रशिक्षण– उसके विभिन्न पहलुओं – सरलता, वैश्विकता; प्रभावशीलता, और दीर्घकालिक परिणाम, और साथ ही उसका ज्ञान की समस्त शेष शाखाओं, विभिन्न दार्शनिक विचारधाराओं तथा विश्व के अनेक धर्मों से सम्बन्ध।*
3. *भावातीत ध्यान की क्षमताओं का अध्ययन जिससे कि जीवन के भौतिक तथा आध्यात्मिक मूल्यों का एकीकरण हो पाए।*
4. *भावातीत ध्यान तकनीक अभ्यास में,अन्य लोगों को मार्गदर्शन की कला में प्रशिक्षित करने हेतु प्रशिक्षण देना।*
5. *उत्तम स्वास्थ्य के विकास हेतु विभिन्न पद्धतियों में सैद्धांतिक तथा व्यावहारिक प्रशिक्षण।*
6. *व्यक्तियों के मानसिक अवरोधों, चिंताओं तथा तनावों को मिटाने की पद्धतियों का सैद्धांतिक तथा व्यावहारिक प्रशिक्षण।*
7. *आध्यात्मिक नेतृत्व के विभिन्न पक्षों हेतु प्रशिक्षण।*

हमारा आमंत्रण

हम विश्व के नागरिकों को आध्यात्मिक पुनरुत्थान आंदोलन की त्रिवर्षीय योजना में

सक्रियता से सम्मिलित होने हेतु आमंत्रित करते हैं :

1 प्रतिदिन की चिन्ताओं व तनावों से उबरने के लिए,

2. अधिक ऊर्जा की प्राप्ति हेतु,

3. अधिक उपलब्धियाँ प्राप्त करने हेतु,

4. अधिक आनन्द के लिये,

5. और जीवन के सभी वैभवों –भौतिक तथा आध्यात्मिक की प्राप्ति के लिये।

हम व्यक्तियों को तथा *संगठनों के नेताओं* को आध्यात्मिक पुनरुत्थान आंदोलन के प्रशिक्षण कार्यक्रम में भागीदारी हेतु और महर्षि की भावातीत ध्यान शैली के सिद्धांत तथा अभ्यास को सीखने हेतु आमंत्रित करते हैं ताकि वे इस तकनीक के लाभों को अपने साथियों व संगठन के सदस्यों के साथ बाँट पाएँ।

हम विभिन्न देशों के *शिक्षाधिकारियों*, विभिन्न विश्वविद्यालयों तथा कॉलेजों के न्यासी गण तथा प्रबंधकों, का ध्यान आमंत्रित करते हैं – ताकि वे अपने प्राचार्यों को ध्यान प्रशिक्षक बनने का प्रशिक्षण देने में सहायक हो सकें जिससे कि उनके विद्यार्थियों को जीवन में ध्यान के लाभों को उठाने का अवसर मिले और वे अपनी समस्त योग्यताओं को उजागर कर अपने–अपने देशों के शक्तिशाली तथा उत्तरदायी नागरिक बन सकें। यह कहने की आवश्यकता नहीं है कि यदि बालकों को दिनभर में पाँच से दस मिनट भी ध्यान करने का प्रशिक्षण मिलेगा तो वे बुरी प्रवृत्तियों की ओर कभी नहीं झुकेंगे, और किशोर अपचार की समस्याएँ समाप्त हो जाएँगी।

हम आमंत्रण देते हैं सभी देशों के स्वास्थ्याधिकारियों, चिकित्सकीय कालेजों तथा सम्बद्ध संस्थानों के प्रबन्धकों को –कि वे उन सभी विद्यार्थियों हेतु जो कि चिकित्सक, नर्स, मनोचिकित्सक तथा उन सभी को जो लोगों के उपचार हेतु मानसिक अथवा भौतिक स्वास्थ्य संबन्धी शिक्षाओं को ग्रहण कर रहे हैं, भावातीत ध्यान के अध्ययन तथा अभ्यास हेतु सुविधाओं को तैयार करें, ताकि वे गहन ध्यान के रोगहारी प्रभाव से लोगों के शरीर तथा मन से कष्ट व पीड़ा को हटा सकें।

हम आमंत्रण देते हैं विश्व के प्रत्येक भाग में और हर कहीं *सार्वजनिक जीवन के शुभाकाँक्षियों* को और समस्त देशों के राज्य और सरकारों के प्रमुखों को, जो कि अपने नागरिकों को हर तरीके से श्रेष्ठ बनाना चाहते हैं, कि वे आध्यात्मिक पुनरुत्थान आंदोलन के आह्वान पर आगे आयें और मानव–जाति की बसासत के हर कोने में ध्यान केन्द्रों की स्थापना करने में सहायक हों, तथा भावातीत ध्यान पद्धति को हर किसी की दिनचर्या का अभिन्न अंग बनायें।

विश्व में **शान्ति तथा आनन्द** तभी स्थाई हो सकते हैं जब व्यक्ति जीवन के द्वन्द्व एवं चिन्ताओं से ऊपर उठकर, जीवन के उच्चतर मूल्यों में जीने के लिये

प्रशिक्षित हो। आध्यात्मिक पुनरुत्थान आंदोलन की त्रिवर्षीय योजना का ध्येय है– न्यूनतम अवधि में अधिकतम लोगों को प्रबुद्ध कर विश्व शान्ति लाना।

आध्यात्मिक पुनरुत्थान आंदोलन की त्रिवर्षीय योजना के उद्देश्य को सफल बनाने हेतु सभी से सहायता एवं सहयोग अपेक्षित है।

परिशिष्ट–य

महर्षि महेश योगी द्वारा मई 25, 1959 में साउदर्न (दक्षिण) कैलिफोर्निया के विश्वविद्यालय में दिये गए व्याख्यान की प्रतिलिपि

मैं इस सुबह प्रसन्न हूँ कि दक्षिणी कैलिफोर्निया के विद्यार्थियों के सान्निध्य में हूँ। विद्यार्थी जीवन तैयारी हेतु होता है, तैयारी एक सफल जीवन हेतु। यह वह समय होता है जब आपको जीवन को आनन्दपूर्वक जीने हेतु एक अच्छे शरीर, अच्छे मस्तिष्क, अच्छी आत्मा, सभी अवयवों के विकास की और भावी जीवन की बेहतरी सुनिश्चित करने की भी, तैयारी करनी होती है। विद्यार्थी–जीवन सम्पूर्ण जीवन हेतु तैयारी मात्र ही होता है।

जैसा कि आप जानते हैं गतिविधियों का सम्पूर्ण क्षेत्र मन की क्रीड़ा मात्र होता है। एक व्यक्ति जिसका मन शक्तिशाली होता है संसार में एक सफल व्यक्ति होता है। वह अधिक उपलब्धियाँ पाता है, अधिक उपार्जित करता है, अधिक आनन्दित होता है। सब कुछ मन की शक्ति पर निर्भर करता है। आप धर्म का अध्ययन कर रहे हैं। मुझे बताया गया है कि आप वैश्विक धर्म के विद्यार्थी हैं; और सभी धर्मों का तुलनात्मक अध्ययन करके जीवन को गौरवपूर्णता से जीने का मार्ग ठीक से समझ लेना आपका उद्देश्य है।

धर्म का मार्ग जीवन के सर्वांगीण विकास का मार्ग है, जीवन के सभी वैभवों को प्रदान करता है, और अंततः उस शाश्वत वैभव को प्रदान कराता है जो कि जीवन की अनिवार्य प्रकृति होती है, शाश्वत आनन्द। धर्म वह सीधा मार्ग है जिससे शाश्वत आनन्द प्राप्त होता है, मोक्ष प्राप्त होता है।

दर्शन वर्णनात्मक होता है। दर्शन जीवन के उद्देश्य की प्रकृति का वर्णन करता है। धर्म एक मार्ग प्रशस्त करता है, ऐसा करें तथा ऐसा ना करें, जिससे कि आपको अपने भीतर स्थित स्वर्ग के साम्राज्य में निःशुल्क प्रवेश मिल पाए। भीतर के स्वर्ग के साम्राज्य के साथ भी और उसके बिना भी अनन्त आनन्द का अनुभव होना चाहिए।

अतएव जब आनन्द मन में अनुभव होगा तो बाहर भी अनुभव होगा। जो कुछ भी निकट और दूर हो उसे अपनी निकटतम दूरी पर पाना सबसे सरल होता है। इसी कारण से सारे धर्मों का उद्देश्य वर्तमान में शान्ति, समृद्धि तथा आनन्द को निश्चित कर लेना होता है तथा भविष्य हेतु भी शान्ति, समृद्धि तथा आनन्द सुनिश्चित करना होता है। इसी कारण से जीवन का उद्देश्य, जीवन के उद्देश्य की नीति, एक सदाचारपूर्ण जीवन शैली होता है। धर्म हमें समझाता है कि यह कैसे किया जाए तथा वह कैसे किया जाए, पुण्य को परिभाषित करता है, पाप को परिभाषित करता है, सदाचार को ग्रहण करने हेतु प्रेरित करता है, दुराचार को ना अपनाने हेतु समझाता है। यही मोक्ष हेतु व्यावहारिक पथ है; यही जीवन में सारे विकास हेतु व्यावहारिक पथ है। यह सब ही करने योग्य है, और इसे करने का तरीका प्रदर्शित करना ही धर्म का क्षेत्र है। वह जो कि जीवन के उद्देश्य के रूप में पाने योग्य है, एक धार्मिक जीवन का परिणाम है, वही दर्शन है।

जब मेरा परिचय दिया गया था तो मुझे शंकराचार्य पंथ से आया बताया गया था। शंकर का दर्शन यही था कि सम्पूर्ण विश्व आनन्द है, और मैं भी आनन्द हूँ, और इसके सिवा कुछ नहीं।

सब कुछ ब्रह्म है। ब्रह्म परम आनन्द है, शाश्वत आनन्द है, अंतिम वास्तविकता है, अस्तित्व का सत्य है। तो यह सभी कुछ आनन्द है; और वह मैं हूँ, और केवल वही है। उसके सिवा कुछ भी नहीं है। ऐसा कुछ भी नहीं जो वह नहीं है, और वह आनन्द है, तो सब कुछ आनन्द है, यही शंकर का दर्शन है।

इसे जीवन में जिया कैसे जाए? अब, यह विश्व का महानतम दर्शन है। सब कुछ आनन्द है; स्वर्ग का साम्राज्य सर्वव्यापक है। क्योंकि तुमने धर्म को पढ़ा है, और कुछ दार्शनिक कलाबाजियाँ देखी हैं, हम देखेंगे कि किस प्रकार यह सब आनन्द स्वरूप है, क्योंकि कदाचित हम सोच रहे हैं कि मात्र आनन्द ही दृष्टिगोचर नहीं है और शेष सभी का अनुभव होता है। विपत्ति अनुभव में आती है, पीड़ा भी अनुभव में आती है, प्रसन्नता भी अनुभव में आती है; अलावा उसके जिसे आनन्द कहते हैं– आनन्द अर्थात् सर्वोच्च स्तर की प्रसन्नता का स्थाई भाव।

जब हम पाते हैं कि सब कुछ अस्थाई है, सब कुछ बदलता चला जाता है और कुछ भी स्थाई नहीं लगता है....... तो भला प्रसन्नता कैसे स्थाई हो सकती है और सब कुछ प्रसन्नतास्वरूप हो सकता है? कैसे यह फूल प्रसन्नता हो सकता है, और कैसे यह पत्तियाँ प्रसन्नता हो सकती हैं? इसका अर्थ क्या है?

विज्ञान हमें इस निष्कर्ष पर आने हेतु सहायता करता है कि यह सब कुछ आनन्द ही है। शंकर का दर्शन किसी अधपगले मस्तिष्क की व्यर्थ की बकवास नहीं है। यह अनुभव सर्वोच्च वैज्ञानिक मस्तिष्कों का रहा है। हम आज के समय में पदार्थ विज्ञान

से परिचित हैं, रसायन शास्त्र ने पदार्थ पर अन्वेषण करके पाया है कि सब कुछ अणु–परमाणुओं से मिलकर बना हुआ है; और यह कि अणुओं को इलैक्ट्रान तथा प्रोटान में विभाजित किया जा सकता है। इलैक्ट्रान और प्रोटान और कुछ नहीं किन्तु विद्युत ऊर्जा भर हैं; इसलिये यह सब विद्युत है। यह सब रूप और कुछ नहीं किन्तु निराकार ऊर्जा ही हैं। इस पर कुछ विवाद नहीं कर सकते। यह विज्ञान का स्थापित सत्य है। तो वर्तमान के विज्ञान के अनुसार इस फूल की वास्तविकता तथा इस पत्ती की वास्तविकता निराकार विद्युत ही है, निराकार ऊर्जा ही है ।तो यह सभी आकार, गुलाब की सारी सुन्दरता, और कुछ नहीं इस निराकार ऊर्जा का अध्यारोपण भर है। इस पत्ती का हरापन और कुछ नहीं बस निराकार ऊर्जा का अध्यारोपण भर है।

तो विज्ञान के अन्वेषणों ने हमें विश्वस्त कर दिया है कि इन सब विभिन्न आकारों, नमूनों तथा रंगों के रूप में जिसे हम वास्तविकता में अनुभव कर रहे हैं वह और कुछ नहीं निराकार ऊर्जा ही है। यही पदार्थ की वास्तविकता है– निराकार ऊर्जा।

अब आकार का अंत हो चुका है और जो सब वास्तविकता में बचा हुआ है वह ऊर्जा है। तो आज, पदार्थ विज्ञान की खोज के आधार पर, हम ऐसी स्थिति में हैं कि यह कह सकते हैं कि समस्त विश्व निराकार ऊर्जा है, यद्यपि हम देख रहे हैं यह सब.....और यह सब।

बर्फ और कुछ नहीं किन्तु पानी है। बर्फ का प्रत्येक कण पानी का कण होता है; और भीतर तक बर्फ पानी ही होता है यद्यपि हम उसे बर्फ के रूप में देखते हैं। किन्तु वह और कुछ नहीं पानी ही है। यह सारे रूप तथा आकार और यह विभिन्न अनुभव में आने वाली क्रियाएँ और कुछ नहीं निराकार ऊर्जा ही हैं। एक बार जब हम उर्जा की वैधता को अस्तित्व के रूप में स्थापित करने में समर्थ हो जाते हैं तो फिर जो भी अस्तित्व में है वह ऊर्जा भर है और इसके सिवा कुछ नहीं है। यह एक स्थापित तथ्य है।

हम विश्लेषण के क्षेत्र में और भी आगे जा सकते हैं। अब, क्योंकि पदार्थ को ऊर्जा में परिणित कर दिया गया है, तो यह समस्त आकार निराकार में परिवर्तित हो चुके हैं। पदार्थ विज्ञान का क्षेत्र पूरा हो चुका है क्योंकि उनमें अन्वेषण पदार्थ विज्ञान के होते हैं, अर्थात पदार्थ के क्षेत्र के होते हैं। अब पदार्थ समाप्त हो चुका है। किन्तु, वही सब कुछ नहीं है। हमें पता है कि जो हमारा शरीर है वह भी पदार्थ है। अब शारीरिक वास्तविकता को भी ऊर्जा के रूप में स्थापित किया जा चुका है।

किन्तु हमारे अस्तित्व का एक और पक्ष भी होता है, और वह है अस्तित्व का आत्मपरक पक्ष। यह शरीर हमारे अस्तित्व का वस्तुपरक पक्ष है; मन, बुद्धि, अहम्कार, आत्मा, ये हमारे अस्तित्व के आत्मपरक पक्ष है। तो पदार्थ विज्ञान के विषय में हुए अन्वेषण केवल वस्तुपरक होते हैं। किन्तु वह ब्रह्मांड में अस्तित्वमान सभी कुछ का विश्लेषण नहीं है।

यदि हमारे पास विश्लेषण के सूक्ष्मतर स्तरों में जाने का तरीका हो, यदि हम पता लगा पायें कि मन किस चीज का बना हुआ है, बुद्धि किस चीज की बनी हुयी है, अहम् किस चीज का बना हुआ है तो ही अंततः हम एक निष्कर्ष पर पहुँचेंगे। तो वह ब्रह्म, वह आनन्द ही अन्तिम सत्य है जिसका अहम् बना हुआ है, जिसकी बुद्धि बनी हुयी है, जिसका मन बना हुआ है, और फिर स्थूल आविर्भाव के क्षेत्र में, शरीर बना हुआ है तथा यह अनन्त, विशाल ब्रह्मांड बना हुआ है। वही एकमात्र चीज–वही इलेक्ट्रान, प्रोटान की ऊर्जा परिणित होकर पत्ती के रूप में, तने के रूप में, फूल के रूप में, सारे विभिन्न तत्वों के रूप में, और समस्त ब्रह्मांड के क्रमचयों तथा संयोजनों द्वारा व्यक्त हुई है। तो वह एक, निराकार ऊर्जा स्वयं को विभिन्न आकारों में व्यक्त करती है। ब्रह्मांड का विश्लेषण और आगे ले चलते हैं–वह आनन्दमय, अंतिम वास्तविकता अहम् में व्याप्त है, बुद्धि में व्याप्त है, मन में व्याप्त है, पूरे शरीर में व्याप्त है, पूरे ब्रह्मांड में व्यापी हुयी है। यहाँ पर हम इस तथ्य के निष्कर्ष पर पहुँचते हैं कि वह एक वास्तविकता है, कभी ना बदलने वाली और जो अंतिम वास्तविकता है वह कभी ना बदलने वाली ही होती है।

सारे परिवर्तन सापेक्षता के क्षेत्र में होते हैं– सापेक्ष क्रम में। वह जो सापेक्षता की अंतिम वास्तविकता है, वही परम सत्य है। वह कभी नहीं बदलती है; वह परिवर्तन को नहीं जानती। सदा एक समान रहती है; और अपने अनिवार्य स्वभाव में परम आनन्द होती है, आनन्द चेतना, परम आनन्द चेतना, "सच्चिदानन्द", ब्रह्म। और 'केवल उसी'' का अस्तित्व होता है, और 'वह मैं हूँ,' और 'वही तुम हो।' वही जीवन की वास्तविकता है। वही जीवन के समस्त आत्मपरक पहलुओं की सच्चाई है। वही जीवन के समस्त वस्तुपरक पहलुओं की सच्चाई है। यही, आत्मपरक तथा वस्तुपरक, हमारे व्यक्तित्व के दो पहलू हैं।

आत्मपरक व्यक्तित्व–सभी अनुभव, हमारे भीतर का अनुभवकर्तापन– अनुभवकर्ता इन्द्रियों के ज्ञान की छाप से, मन से, बुद्धि से तथा अहम् से बना होता है। और इनमें जो आत्मा होती है वह आत्मपरकता एवं वस्तुपरकता से परे होती है। आपको यह पता रहता है, यद्यपि आप पाते हैं कि आपका वस्तुपरक भाग परिवर्तित होता जा रहा है, तो आत्मपरक भाग भी बदलता जा रहा है। शरीर कभी स्थिर नहीं रहता है, बदलता रहता है। ऐसे ही हमारे व्यक्तित्व का आत्मपरक पक्ष भी बदलता रहता है। मन सदा कुछ ढूंढता रहता है, परिवर्तित होता रहता है। बुद्धि सदा परिवर्तनशील रहती है; अहम्कार भी बदलता रहता है। तो व्यक्तित्व का आत्मपरक भाग भी बदलता रहता है और व्यक्तित्व के वस्तुपरक भाग भी बदलते रहते हैं। मनुष्य के आत्मपरक तथा वस्तुपरक दोनों पक्ष बदलते रहते हैं।

इन सब परिवर्तनों के मूल में जीवन का अपरिवर्तनशीलता का सिद्धान्त है; और वही मैं हूँ; और वही जीवन की सत्यता भी है। वह कभी परिवर्तित नहीं होता है और

इसी को शंकर के दर्शन के अनुसार हम ब्रह्म कहते हैं। ब्रह्म का स्वभाव वही है जिसे ईशू "स्वर्ग का साम्राज्य", "मैं और परम पिता एक ही हैं" कहते हैं, वही एकता का ऐसा स्तर है जो किसी द्वैत को नहीं जानता है, प्रकृति के समस्त क्षेत्रों, वस्तुपरक तथा आत्मपरक दोनों, के परे होता है।

वह सम्पूर्णता का स्तर होता है, होने का स्तर होता है, शुद्ध अस्तित्व का स्तर। वह भावातीत होता है, व्यक्तित्व की वस्तुपरक तथा आत्मपरकता से परे– भावातीत वास्तविकता। उसका स्वभाव आनन्द होता है। आनन्द अथात सर्वोच्च स्तर की प्रसन्नता। अब वह आनन्द, क्योंकि वह अंतिम सच्चाई है, सर्वव्यापक है। वह वातावरण की हवा में व्याप्त गैस की वास्तविकता भी है, सभी कुछ की अंतिम वास्तविकता है। और वह जो सभी कुछ की अंतिम वास्तविकता है सभी कुछ का अत्यावश्यक अवयव (constituent) है। यदि, उदाहरणार्थ, पानी बर्फ की अंतिम सच्चाई है, तो पानी बर्फ का अवयव है, और, और हम पाते हैं कि बर्फ और कुछ भी नहीं पानी ही है।

क्योंकि ब्रह्म ही सब कुछ का अंतिम सत्य है, मात्र वह ही व्यापक है। केवल वह ही स्वयं को विभिन्न प्रकार से व्यक्त करता है, जैसे कि उस अमूर्त, निराकार वस्तु ने स्वयं को भिन्न–भिन्न प्रकारों में व्यक्त कर सारे नाम तथा रूप धर लिए हों, और व्यक्ति के समस्त आंतरिक अनुभवों में ढल गया हो। कहीं पर वह अहम् बन गया है, कहीं पर बुद्धि, कहीं मन तो कहीं इन्द्रियाँ, कहीं प्राण, कहीं श्वास, कहीं शरीर, तो कहीं नाखून, कहीं उँगलियाँ, कहीं छत, कहीं पृथ्वी, पत्थर, पेड़। उसने स्वयं को भिन्न–भिन्न अंशों में व्यक्त कर दिया है। यह पूरा ब्रह्मांड और कुछ नहीं किन्तु उसी एक सिद्धांत का क्रमचय तथा संयोजन है, जो कि बदलते–बदलते भी परिवर्तनशील रहता है। वही एक, अपने स्वभाव में आनन्द है। यदि आनन्द सर्वत्र है, यदि आनन्द सर्वव्यापक है, यदि आनन्द भीतर तथा बाहर है, यदि आनन्द ही सब कुछ है तो फिर वह अनुभव से परे क्यों चला गया है? यही प्रश्न है। ऐसी सत्यता जो कि भीतर–बाहर है अनुभव से पार कैसे जा सकती है– वह आखिर अनुभव से परे जा कैसे सकती है?

इस "कैसे" के उत्तर हेतु हम अपने अनुभव के यन्त्र का निरीक्षण करेंगे। हमारे अनुभव का यंत्र मन है, और अनुभव इन्द्रियों से होता है। तो अब हम जानते हैं कि इन्द्रियाँ तभी तक अनुभव करा सकती हैं जब तक विषय स्थूल हों। जब फूल बड़ा होता है, तभी आँखें उसे देख पाती हैं; यदि फूल बहुत छोटा हो जाए तो आँखें उसे देख नहीं पाएँगी, और हमें माइक्रोस्कोप की आवश्यकता पड़ेगी। जब ध्वनि बड़ी होती है, तब कान उसे सुन पाते हैं; जब वह मंद होती है तो फिर कान सुन नहीं पाते हैं। जब गंध बड़ी स्थूल होती है तो नाक सूँघ लेती है; जब गंध हल्की होती है तो नाक सूँघ नहीं पाती है।

आपने देखा, हमारे अनुभव का यंत्र वस्तुपरकता के स्थूल पक्षों को ही अनुभव करने योग्य है। वस्तुपरकता के सूक्ष्म स्तरों को इन्द्रियाँ अनुभव नहीं कर पातीं। और क्योंकि मन सदा ही इन्द्रियों से अनुभवों को लेने में व्यस्त रहता है तो वह प्रकृति के केवल स्थूल पक्षों का आनन्द उठा पाता है। प्रकृति के सूक्ष्म पक्ष दृश्य के पीछे छिप जाते हैं क्योंकि यंत्र स्थूल है।

इन्द्रियों के पास सूक्ष्मतर अनुभवों को पाने की क्षमता नहीं है। आँखें बहुत छोटी चीजें देख नहीं सकतीं। हमें छोटी वस्तुओं हेतु सूक्ष्मदर्शी आवश्यक पड़ता है, तथा और छोटी वस्तुओं हेतु और शक्तिशाली सूक्ष्मदर्शी की आवश्यकता होती है, और सबसे सूक्ष्म वस्तुएँ किसी भी बड़े सूक्ष्मदर्शी की क्षमता के परे पहुँच जाती हैं। क्योंकि मन को वस्तुओं को इन्द्रियों के माध्यम से जानते–जानते बहुत समय हो गया है, इसलिए उसकी अनुभव करने की क्षमता कुण्ठित हो गयी है। प्रकृति के सूक्ष्मतर स्तरों को हम अनुभव कर ही नहीं रहे हैं। हमारा समस्त जीवन प्रकृति के स्थूल वैभव के क्षेत्र में चलता है।

जैसा कि हम जानते हैं, शक्ति, सौन्दर्य, प्रकृति की सूक्ष्मता में स्थित होती है। यदि आप किसी को इस फूल से दे मारें, उसे चोट लगेगी, किन्तु यदि आप इसके अणु को उत्तेजित कर पाएँ, तो वह फूट पड़ेगा। शक्ति प्रकृति की सूक्ष्मता में होती है। यदि आप पंखुड़ी को तोड़ें तो कुछ ऊर्जा उत्पन्न होती है, कुछ ऊष्म ऊर्जा, किन्तु बहुत अधिक नहीं। किन्तु यदि आप एक अणु को विभक्त कर दे तो यह पूरा फूट जाएगा। शक्ति प्रकृति की सूक्ष्मता में होती है, वैभव प्रकृति की सूक्ष्मता में होता है, सौन्दर्य प्रकृति की सूक्ष्मता में होता है। प्रकृति की सूक्ष्मताएँ कहीं अधिक वैभवशाली होतीं हैं, कहीं अधिक रोचक होतीं हैं, कहीं अधिक आकर्षक होती हैं, उसके स्थूल क्षेत्रों की तुलना में। और जब तक हम अपने अनुभवों को इन्द्रियों के जरिये स्थूल क्षेत्रों तक ही सीमित रखते हैं, हम अपने जीवन के आनन्द को सीमित रख देते हैं। पूरा क्षेत्र पदार्थ ही है, स्थूल क्षेत्र तथा सूक्ष्म क्षेत्र। पदार्थ क्षेत्र और हमारा इन्द्रियगम्य जीवन मात्र स्थूल क्षेत्र में ही है।

भावातीत ध्यान वह तकनीक है जिससे कि मन प्रकृति के सूक्ष्मतर वैभवों के अनुभवों में पहुँच जाता है; और तब, हर चरण में, मन प्रकृति के अधिकाधिक वैभवों को पाता चला जाता है जब तक वह भावातीत के वैभव तक ना पहुँच जाए, जो कि शाश्वत आनन्द होता है। क्योंकि हम केवल इसी पक्ष का अनुभव करते आ रहे हैं इसलिए हमारा अनुभव बहिर्मुखी ही है। बहिर्मुखी तथा अंतर्मुखी वह अभिव्यक्तियाँ हैं जिनका अर्थ प्रकृति के स्थूल वैभवों तथा सूक्ष्म वैभवों को लेकर है। जब मन प्रकृति के कहीं मध्य में होता है, स्थूल वैभवों तथा सूक्ष्म वैभवों के मध्य में, तो मन इस ओर खड़ा होता है। जब वह इस ओर खड़ा होता है तो जीवन के बड़े वैभवों की ओर

पीठ करके खड़ा होता है, प्रकृति की सूक्ष्मताओं की ओर पीठ करके खड़ा होता है। यदि कोई ऐसा तरीका हो जिससे अनुभव का मुख पलटा जा सके तो मन आगे बढ़ता चला जाएगा क्योंकि जीवन में अधिक आकर्षक, यह क्षेत्र, स्वाभाविक रूप से मन को आकर्षित करता जाता है।

हर एक कदम पर मन अधिक वैभव की ओर जाता रहता है, अधिकाधिक वैभव की ओर उसका आनन्द लेता हुआ। अंततः वह सर्वोत्तम वैभव का आनन्द लेता है ध्वनि के रूप में, प्रकृति का महत्तम वैभव, बिन्दु प्रकृति में, बिन्दु– ध्वनि में, बिन्दु –घ्राण में और फिर अंततः, उसके पार जाकर, वह परम स्तर आता है जो कि इस पृथ्वी के स्तरों से परे है। भीतर की ओर प्रयाण जीवन के अधिक वैभवों की ओर प्रयाण है, अधिक गौरव की ओर, जीवन के शाश्वत गौरव की ओर, सनातन आनन्द, परम आनन्द की ओर।

एक छोटा–सा मामला आप बाहर अनुभव करते हैं, भीतर सीधे स्वयं की प्रकृति का अनुभव करने लगते हैं। अपने आप का अनुभव करना उस आनन्द का अनुभव करना है जो कि परम है और जो कि सर्वव्याप्त, भावातीत वास्तविकता है।

इसका अर्थ यह निकलता है कि मन को माध्यम के भीतरी वैभवों का अनुभव कराना चाहिए, माध्यम जो कोई भी हो। आप एक आकार लेकर उसे छोटा करते –करते इतना छोटा कर दें कि वह शून्य हो जाए, और मन भावातीत में उतर जाए।

आप एक ध्वनि लेकर उसे कम करें। आप ध्वनि के सूक्ष्म स्तरों पर जाते हैं, और–और सूक्ष्म स्तरों पर जाते हैं, और फिर मानसिक स्तर पर आ जाते हैं। सब जानते हैं कि मानसिक ध्वनि ध्वनि का सबसे सूक्ष्म स्तर होता है, किन्तु यदि आप मानसिक ध्वनि को भी कम करते–करते वैचारिक सूक्ष्मता पर पहुँच सकें– ध्वनि की मानसिक ध्वनि अर्थात विचार– और यदि विचार को कम करते–करते इतना कम कर सकें कि शून्य पर आ पहुँचें ताकि मन भावातीत में चला जाए, तो यह प्रकृति के महत्तर वैभवों को अनुभव करने का तरीका हो सकता है। इसमें कोई रहस्यवादिता नहीं है। पूरी प्रक्रिया सीधे अनुभव की प्रक्रिया है। यह प्रयाण एक वैज्ञानिक प्रयाण है। वह सब कुछ जो अनुभव किया जा सकता है, वह सब कुछ जो कि सीधे स्पष्ट तरीके से अनुभव के क्षेत्र में जाँचा जा सकता है, वैज्ञानिक है। भावातीत ध्यान की पूरी प्रक्रिया वैज्ञानिक है, और इसका अर्थ यह निकलता है कि प्रकृति के सूक्ष्म वैभवों को अनुभव किया जाए जब तक कि सर्वव्यापक वैभव अनुभव में ना आ जाए।

क्योंकि मन सदा इन्द्रियों से अनुभव करने में ही व्यस्त रहता है, वह प्रकृति का केवल स्थूल पक्ष ही अनुभव करता रहता है, जैसे कि मन की क्षमता कुण्ठित हो गयी हो। उसे प्रकृति के सूक्ष्मतर स्तरों को अनुभव करने दें और उसकी अनुभव करने की क्षमता और–और बढ़ती चली जाएगी। यह मन को शुद्ध करने का तरीका

है। यह मन को तीक्ष्ण बनाने का तरीका है। यह वह तरीका है जिससे मन के सागर में छुपी समस्त क्षमताओं को जगाया जा सकता है। सूक्ष्म प्रकृति का पूरा क्षेत्र मन का क्षेत्र है। और मन का सम्पूर्ण क्षेत्र वह है जो कि चेतन मन, अवचेतन मन, वैश्विक मन और अंततः शुद्ध चैतन्य का क्षेत्र है। और जैसे–जैसे आप मन को अपने माध्यम के सूक्ष्म स्तरों का अनुभव करने देते हैं तो अंततः शुद्ध चैतन्य तक पहुँच जाते हैं।

यह पूरा क्षेत्र मनोविज्ञान का क्षेत्र है। किन्तु, दुर्भाग्यवश, वर्तमान समय का मनोविज्ञान मन के सागर की सतह मात्र छू रहा है। वह भावातीत ध्यान की युक्ति है जो कि मन को प्रत्येक पग पर अधिक आकर्षण की ओर प्रेरित करती है, जिससे अवचेतन मन के सारे स्तरों को पार करके चेतना अंततः वैश्विक मन तक पहुँच जाती है, सर्वव्यापक चैतन्य तक पहुँच जाती है। वैश्विक मन तुरीयातीत चेतना होता है, और यह सर्वव्यापक होता है। उसका स्वभाव आनन्द होता है।

भावातीत ध्यान के अभ्यास के बिना जीवन संघर्ष बन जाता है। आप जानते हैं कि यदि आप किसी व्यक्ति को पानी की सतह पर तैरना सिखाना चाहते हैं तो उसे पहले गोता लगाना सिखाना चाहिए। जब वह पानी में गहरा जाना सीख जाता है तो फिर सतह पर भी तैरना सीख जाता है। यदि आप जीवन की गहराई में जाकर बड़े वैभव तथा आनन्द ले सकें, तो जीवन की सतह पर भी भली–भाँति तैर पाएँगे। मन के सागर के भीतरी स्तरों तक पहुँच कर, उसके अवचेतन स्तरों में गोता लगाकर, इसकी सारी सुप्त शक्तियाँ जाग्रत कर उन्हें सतह पर ला सकते हैं।

मेरी इच्छा यह है कि लोगों को सीधे भीतर गोता लगाकर, उनकी सारी सोयी हुयी क्षमताओं को जगाकर, जीवन के महान आनन्द लेने की युक्ति सिखलाऊँ। क्योंकि मन आनन्द की अनुभूति करके आता है तो बाहर आने पर ऊर्जा से भरा हुआ आता है, शान्ति से भरा हुआ आता है, प्रसन्नता से भरा हुआ आता है; और तब उस महान ऊर्जा, शान्ति और प्रसन्नता के साथ संसार को कहीं श्रेष्ठ तरीके से अनुभव कर पाता है।

भीतर गोता लगाने का कारण यह है कि सागर के तल तक जाकर वहाँ से मोती लाये जाएँ जिनका मूल्य सतह पर आकर प्रयोग में लाया जाये और लाभान्वित हुआ जाए। हम भीतर जाते हैं और गोता लगाकर आनन्द के क्षेत्र में पहुँच जाते हैं, और फिर मन को उसमें भीग जाने देते हैं, मन को वही बन जाने देते हैं, उसे आनन्द में भीग जाने देते हैं जैसे कि स्पंज, और फिर जब वह बाहर आता है तो उसी महान आनन्द को लेकर, तथा पूर्ण संतोष पाकर फिर संसार का आनन्द लेना शुरु करता है।

तो एक मार्ग है दिव्य की ओर, आनन्द की ओर प्रयाण; दूसरा मार्ग है संसार के आनन्द की ओर प्रयाण का। हम दिव्य की ओर जाकर उसके आनन्द को संसार

में लाते हैं जिससे कि संसार भी दिव्य बन जाए। और फिर यह सब कुछ करने से मानसिक क्षमताएँ भी विकसित हो जाती हैं, तथा हम इस संसार का बेहतर तरीके से अधिक आनन्द ले पाते हैं। हर क्षेत्र में सफलता मिलती है। अन्यथा जीवन बस सीमित रह जाता है; और जब तक वह सीमित रहता है संतोष नहीं दे पाता है। ऐसे में जीवन संघर्ष बन जाता है, और हम जीवन को संघर्ष परिभाषित करने लगते हैं। जबकि सत्य यह है कि जीवन आनन्द है।

जीवन जीने की तकनीक से अनभिज्ञ (जीवन जीने की तकनीक बस इतनी है कि आनन्द में गोता लगाया जाए, मन को आनन्दपूर्ण बनाया जाए, उस आनन्द के साथ ऊपर आया जाए, और फिर जीवन आनन्द होता है) यदि आप भीतर की प्रसन्नता के कक्ष से संपर्क नहीं कर पाते हैं, फिर हर चीज अशान्ति देने वाली हो जाती है, क्योंकि बाह्य जगत की कोई भी वस्तु मनुष्य को तृप्ति नहीं दे सकती। इतना आकर्षक, इतना मोहक कुछ भी नहीं जो कि मन की तृष्णा को मिटा सके। मन महान प्रसन्नता हेतु यहाँ–वहाँ भटकता रहता है, अपनी तृष्णा में। और आपको बताया जाता है कि मन बन्दर जैसा है और बहुत बुरा है और यह बिल्कुल भी एकाग्रचित्त नहीं है। मैं इस विचार को पूर्णतया खारिज करता हूँ कि मन बन्दर जैसा है। मन तो राजाओं का राजा है: प्रत्येक का मन राजाओं का राजा है। इसे बन्दर कहना बुरा है।

किसी भी आदरणीय व्यक्ति को बैठने हेतु उचित स्थान चाहिए होता है। यदि एक राजा यहाँ–वहाँ भटकता पाया जाए तो यह निष्कर्ष निकालना कि राजाओं का स्वभाव भटकना होता है गलत होगा। राजा का स्वभाव भटकना नहीं होता है। उस बेचारे को बैठने हेतु उचित स्थान नहीं मिल पा रहा है। वह बैठे भी तो कैसे? उसके मन को एक प्रशंसनीय स्थान चाहिए, एक आकर्षक स्थान चाहिए, एक सुन्दर, आनन्ददायी स्थान चाहिए, और फिर वह विश्राम करने लगेगा। संसार का कुछ भी इतना महान आनन्द नहीं दे सकता जो कि उसे संतृप्त कर सके। बाहरी वैभव में कुछ भी नहीं है जो कि मन को उचित शान्ति दे सके, और इसी कारण से वह यहाँ–वहाँ भटकता रहता है। और फिर आपको लगता है कि आपको विविधता की आवश्यकता है, और विविधता शान्ति देती है। यह एक गलत धारणा है। वह विविधता शान्ति नहीं देती है। वह गौरव की अप्रभावशीलता है। गौरव की कमी है, और इसी कारण से मन पादकन्दुक (फुटबॉल) के समान एक स्थान से दूसरे स्थान को लतियाया जाता है।

एक प्यासा व्यक्ति, जिसे कहीं भी पानी नहीं मिलता है, हरी घास पर एकत्रित ओस की बूँदों को चखने लगता है। क्यों? केवल इसलिए क्योंकि कोई भी एक बूँद संतुष्टि नहीं दे पाती है। वह दूसरे बूंद की ओर आकृष्ट होता है, इसलिए नहीं क्योंकि उस दूसरी बूँद का गौरव उसे आकर्षित कर रहा होता है, किन्तु इसलिए

क्योंकि प्रथम बूँद से मिलने वाली निराशा उसे भगा देती है। यदि प्रथम बूँद मन को संतोष दे सके तो वह दूसरी बूँद की ओर नहीं जाएगा। तो, वह दूसरी बूँद का वैभव नहीं है जो उसे आकर्षित कर रहा है वरन् पहली बूँद की निराशा उसे दूसरी बूंद की ओर ले जाती है। वह भी उसे दूर भगाती है और बार बार उसे निराशा हाथ लगती है तो मन इधर भटकता है, यहाँ, वहाँ, वहाँ, इसलिए नहीं कि इन स्थानों में अधिक गौरव है, किन्तु इसलिए कि उसे प्रथम से भी अधिक निराशा मिलती जाती है। यही जीवन है। मन चलता जा रहा है। मन केवल इसलिए भटकता जा रहा है कि कहीं आनन्द पाकर बैठ सके।

यह निष्कर्ष निकालना गलत होगा कि मन की प्रकृति भटकना है। मन भटक नहीं रहा है, मात्र बाहरी विवशता भटक रही है। भटकने के सिवा वह कर भी क्या सकता है। मन की प्रकृति भटकाव नहीं है। यह विवशता के कारण भटक रहा है। बैठने के लिये स्थान न मिलने के कारण। और यह कहीं आनन्दपूर्वक बसने की फिराक में भटक रहा है। यह सिद्धांत ही गलत है और तब वे कहते हैं कि भटकते मन को नियंत्रित करके रखना चाहिए। तो मन को नियंत्रित करना क्या है? मन किसी भी ऐसी चीज से नियंत्रित नहीं किया जा सकता जो कि मन–मोहक नहीं है। मन किसी भी ऐसी चीज से नियंत्रण में नहीं लाया जा सकता जो कि शत् प्रतिशत आनन्द ना हो। एक प्यासा व्यक्ति भला कैसे नियंत्रित किया जा सकता है जब तक कि उसे तृप्त करने हेतु पानी ना मिल सके? पर्याप्त पानी ही उसे तृप्त करेगा और तभी वह नियंत्रित होगा। जब आप कुत्ते को पकड़ने को उसके पीछे भागते हैं तो वह भी भाग जाता है; और वह तेज, और तेज भाग जाता है, और आप उसके पास तक पहुँच कर पकड़ने की चेष्टा करें तो वह काटने आता है। कुत्ते को पकड़ना कठिन काम है। सर्वोत्तम तरीका यही है कि दरवाजे पर थोड़ा सा खाना छोड़ दें और कुत्ता कहीं नहीं जाएगा। कुत्ते को तृप्ति दे दें। उसे संतुष्ट करके आप उसे नियंत्रित करने के सारे लाभ ले सकते हैं। यही कुत्ते को नियंत्रण में लाने की युक्ति है। उसके पीछे भागना कुत्ते को नियंत्रित करने का बुरा तरीका है।

मन को बिना कोई बड़ी प्रसन्नता दिये नियंत्रण करने की युक्ति एक व्यर्थ की युक्ति है। यह नियंत्रित करने की व्यर्थ विधि है। यह नियंत्रण करने की युक्ति कारगर नहीं है। नहीं, सबसे अच्छी युक्ति वह है कि उसे तृप्त करने की कोई वस्तु दे दी जाए। फिर से, कुत्ते को भोजन दे दें, और कुछ समय के लिए वह आपको तब भी छोड़ कर नहीं जायेगा जब आप उसे पीट तक दें।

यदि मन को नियंत्रित करना है, उसे केवल आनन्द की ओर भेज दें, और वह स्वतः नियंत्रित हो जाएगा। इसी कारण से मैं मन को तृप्त करने की तकनीक का प्रस्ताव देता हूँ ना कि नियंत्रित करने का। हम मन को भीतर ले जाते हैं; और भीतर लेजाना बहुत ही स्वाभाविक होता है। मन पहले ही बाहरी जगत की सारी चीजों

से थका हुआ है। वह पहले ही बाहरी जगत में पड़े रह कर थक चुका है। बस थोड़ा सा भीतर की ओर मुड़ना भर होता है और आंतरिक गौरव उसे मुग्ध कर लेता है और क्योंकि यह क्षेत्र गौरवशाली है मन उसकी ओर चल पड़ता है। वह केवल जाता ही नहीं है बल्कि और–और भीतरी स्त्रोतों की ओर दौड़ पड़ता है। हम कोई धुन सुन रहे होते हैं और कहीं दूर से कोई बेहतर धुन आती है। एकदम मन उसकी ओर चला जाता है। बेहतर धुन का आनन्द उठाने हेतु मन को प्रशिक्षित नहीं करना पड़ता। कोई दीर्घ समय नहीं लगता है, कोई कठोर अभ्यास आवश्यक नहीं है, कोई प्रशिक्षण आवश्यक नहीं है ताकि मन अधिक आनन्द की ओर जाए, क्योंकि वह तो पहले से ही अधिक आनन्द हेतु प्रयासरत है। बस भीतर मुड़ना भर है, और मन प्रसन्नता से चला जाता है। जब आप प्रकाश की ओर चल पड़ते हैं तो हर पग पर प्रकाश बढ़ता चला जाता है। जब आप मन को शाश्वत आनन्द की ओर ले चलते हैं, हर कदम पर आनन्द बढ़ता चला जाता है; और वह बढ़ता हुआ आनन्द मन को स्वाभाविक रूप से आकृष्ट करता जाता है, मोहित करता जाता है, और मन उस ओर चल पड़ता है। अतः जो भी कहता है कि ध्यान का प्रशिक्षण कठिन है, अपने भीतर उतरना कठिन है, स्वर्ग का साम्राज्य कठिन है, और ऐसा कुछ, यह सब मूर्खतापूर्ण है, सब अज्ञान के अंधकार पर आधारित है, मन के वास्तविक स्वभाव के ज्ञान के अभाव के कारण है।

मन का स्वभाव भटकना नहीं है, उसका स्वभाव स्थिर हो जाना है। यदि मन का स्वभाव भटकना होता तो प्रसन्नता अनुभव करता, प्रसन्नता और संतुष्टि, यदि उसे और–और भटकने का अवसर दे दिया जाता। कुछ भी जो प्रकृति के नियमों के अंतर्गत् किया जाता है मनुष्य को शान्ति देता है। यदि भटकना मन का स्वभाव होता को वह भटकने का अवसर पाकर और–और प्रसन्नता अनुभव करता। किन्तु हम देखते हैं कि जब मन को भटकने का अवसर मिलता है, यदि तब उसे बैठने हेतु कुछ मधुर नहीं मिलता है, आनन्द पाने हेतु कुछ मधुर नहीं मिलता है, तो वह दुर्गतिपूर्ण, अशान्त, और असंतुष्ट अनुभव करता है। जब मन को कोई उचित स्थान नहीं मिलता है, जब उसे आनन्द हेतु कोई माध्यम नहीं मिलता है, तब वह एक स्थान से दूसरे में भटकता रहता है; और भटकना उसे प्रताड़ित कर देता है; और इस सब का निष्कर्ष यह निकलता है कि भटकना मन का स्वभाव नहीं होता है। मन का स्वभाव कहीं बैठ जाना होता है; बैठे रहना उस का स्वभाव होता है। शान्ति मन का स्वभाव होती है। मन शान्त तभी होता है जब आनन्द में बैठा हुआ हो। शत् प्रतिशत आनन्द के सिवा मन को कुछ भी संतुष्ट नहीं कर सकता है। वह सदा कुछ खोजता, ढूँढता, तलाशता रहेगा।

वर्तमान की सारी ध्यान पद्धतियाँ जो कि आज प्रचलित हैं, मन को नियंत्रित करने के सारे तरीके, वो सब मन को शुद्ध करने का प्रयास करते हैं। जहाँ तक बात इन

मानसिक सुधारों को किये जाने वाले तरीकों की है, मैं इन्हें दो पद्धतियों में बाँटता हूँ। एक उदाहरण से समझाता हूँ। एक घर है, बहुत पुराना, टूटा–फूटा, निर्धन अवस्था में, पददलित, सारा गन्दा और नीरस। घर में घुसने को दो तरीके हैं। एक तरीका है घर का नवीनीकरण करना, पॉलिश करके चमकाना तथा उसे आकर्षक और सुन्दर बनाना जिससे कि उस तक पहुँचने पर घुसने का मन करे। इसे मैं वस्तुपरक गौरवान्वित करना कहुँगा। आप वस्तु को गौरवान्वित करें जिससे कि उसके लिए भावना जाग जाए; और फिर आपके पास वैभवशाली वस्तु होगी।

दूसरा तरीका है आत्मपरक परिष्करण। आप अपना मन परिष्कृत कर लें, और फिर क्या करें? घर जाकर गन्दगी का अनुभव करें और वापस आ जाएँ, फिर दुबारा जाएँ और उसकी गंदगी से परेशान होकर पुनः लौट आएँ। मन को उसका आदी हो जाने दें, आदी हो जाने दें, आदी हो जाने दें, गंदा, घिनौना,,,, और फिर वापस आ जाएँ, जिससे कि उसकी गंदगी मन के स्वभाव में आ जाए, और फिर एक दिन आप गंदगी की उपेक्षा करते हुए घर में घुसें। यह आत्मपरक परिष्करण है। अर्थात्, आप अपने मन को माध्यम के अनुरूप ढाल लें, वह जो भी हो। यह शुरुवात में तो अप्रिय लगंता है, किन्तु जब गंदगी मन का स्वभाव बन जाती है तो मन के भीतर ढल जाती है।

वर्तमान में प्रचलित सारी तकनीक मन को इसी प्रकार नियंत्रित करने वाली हैं। आप किसी चीज को आकर्षित करें, उसे मन से मिला दें, कहीं अपना मन लगा दें। आप मन को यहाँ लगाएँ, मन को वहाँ लगाएँ, मन को कहीं लगाएँ, और फिर मन विद्रोह कर बैठता है, फिर पुनः आप मन को ढकेलें, और वह फिर लौट आता है। वह इसलिए लौट आता है क्योंकि वहाँ उसे कोई अतिरिक्त आनन्द नहीं मिलता है। कोई अतिरिक्त सकारात्मक आकर्षण ना पाकर वह भागने को विवश हो जाता है, और उसका भाग जाना स्वाभाविक है। पुनः आप उसे ढकेलते हैं, और वह लौट आता है, फिर पुनः आप ढकेलते हैं, वह फिर आ जाता है, तो यह सब धक्का–मुक्की भर है। यह सारी प्रकिया एक थकाने वाली प्रक्रिया बन जाती है। जब वह थकाने वाली बन जाती है तो जीवन शक्ति ले लेती है और बदले में कुछ नहीं देती है। और जब वह थकाने वाली बन जाती है तो लोग कहते हैं कि मन को नियंत्रित करना कठिन है, आध्यात्मिक ज्ञानोदय का मार्ग कठिन है, और कोई इसे तब तक नहीं पा सकता जब तक उसे पुनः पुनः प्रशिक्षण ना दिया जाए। वह केवल यह मान के चलते हैं कि बाह्य जगत का गौरव भीतरी जगत से अधिक है, तो मन कम गौरव की तरफ ना जाकर अधिक गौरव की ओर जाना चाहेगा। यह पूरा सिद्धांत ही गलत है।

बाहरी जगत इतना मोहक नहीं है और उसमें मन को आनन्दित करने की क्षमता नहीं है क्योंकि पहले ही मन उससे थका हुआ है। बाह्य जगत का कुछ भी तृप्ति

नहीं दे सकता है। यह रोज का अनुभव है। भीतर अधिक वैभव स्थित है, किन्तु उस गौरव की ओर हमारे उपगमन का तरीका सही नहीं है। आप उस ओर खड़े होकर बूँदों का आनन्द उठा रहे हैं। इस ओर एक बड़ा तालाब है। जब तक आप घूम ना जाएँ, दूसरी ओर के गौरव से मोहित हो पाना संभव नहीं है। आप जो करते हैं वह यह कि तीस डिग्री घूमते हैं, वही विपत्तियाँ देखते हैं, फिर साठ डिग्री घूमते हैं, फिर वही विपत्ति पाते हैं। गौरव उपस्थित है किन्तु पूरा घूमने पर, एक सौ अस्सी डिग्री। एकदम घूम जाएँ और आप वहाँ हैं, और यदि आप धीमें–धीमें दस डिग्री, तीस डिग्री, नब्बे डिग्री, एक सौ तीस डिग्री घूमते रहें तो यह और भी दुगर्तिपूर्ण हो जाता है। यदि अधिक नहीं तो पीड़ा पहले जैसे तो रहती ही है। यह दिशा बूँदों की पीड़ा से भरी है, यह दिशा भी। आप एक बूँद से अधिक कुछ नहीं पाते हैं। मन बूँद से बूँद में भटक रहा था क्योंकि तालाब एक सौ अस्सी डिग्री पर है। जितनी सूक्ष्म बाहरी दुनियाँ है, उतनी सूक्ष्म भीतरी दुनियाँ भी है। तो बस इस दूसरी दिशा को व्यवस्थित कर लें। यह तत्क्षण होना चाहिए।

मैंने सुना है कि इस देश में ज़ेन बहुत चर्चा में रहता है, और वह तत्क्षण आध्यात्मिक ज्ञानोदय की बात करते हैं। किन्तु दुर्भाग्यवश आज कोई ऐसा ज़ेन गुरु नहीं है जो कि तत्क्षण ज्ञानोदय करा सके। सैद्धांतिक रूप से सब सही है, कि आनन्द सर्वव्यापी है, वह सदा वहाँ स्थित है; और मैं वही हूँ, और तुम वही हो, और उसे सीधे पा क्यों ना लिया जाए। किन्तु कोई रास्ता तो होना चाहिए। मन को शुद्ध होने की आवश्यकता है, और वह शुद्ध इसलिए हो जाएगा क्योंकि वह स्थूल का अनुभव सूक्ष्म का अनुभव पाने हेतु कर रहा है। भावातीत का अनुभव पाने हेतु मन को समस्त सूक्ष्म स्तरों का अनुभव करने योग्य बनना पड़ता है, और फिर वह उसे अनुभव करता है। तो केवल घूम जाएँ और माध्यम के सूक्ष्मतर स्तरों का अनुभव पाने लगें, एक सकारात्मक माध्यम, और फिर माध्यम के सूक्ष्मतर स्तरों को अनुभव करने लगें। सूक्ष्म स्तरों के अनुभवों के साथ आप सीधे भावातीत के अनुभव तक पहुँच जाएँगे।

तो आजकल के ध्यान के समस्त अभ्यास जो कि सभी समूहों तथा धर्मों में प्रचलित हैं, वे मन को थोड़ा सा ही घुमाने पर प्रयासरत रहते हैं, और मन संतुष्टि नहीं पा पाता है। जब मन संतुष्ट नहीं हो पाता है तो बौद्धिक व्यक्ति सोचते हैं कि यह तो समय को व्यर्थ गँवाना है और इसको क्यों किया जाए।

आप टैनिस कोर्ट जाते हैं, और अपना एक घंटा उसमें लगाते हैं, और आप अनुभव करते हैं कि आप उसमें कुछ सकारात्मक आनन्द पाते हैं। जब आप बैठते हैं, आँखें बंद करके, कुछ बात ना करते हुए, तब आप क्या अनुभव करते हैं? समय क्यों व्यर्थ गवाएँ? इसी कारणवश युग की प्रवृत्ति बदल रही है। लोग भीतर जाने

से झिझक रहे हैं क्योंकि दिशा सही नहीं है। दिशा तथा मार्गदर्शन सही नहीं हैं। लोगों को यही सही दिशा तथा सही निर्देश देने हेतु मैंने आध्यात्मिक पुनरुत्थान आंदोलन का प्रशिक्षण शुरु किया है, और वह पूरे संसार को भावातीत ध्यान की इस तकनीक के द्वारा आध्यात्मिक रूप से पुनर्जीवित करने हेतु है, जिससे कि मन पूरा एक सौ अस्सी डिग्री घूम जाता है, और इसे पसन्द भी करता है। इससे मन सारे भीतरी अनुभवों को पाने लगता है। मन की सारी क्षमताएँ, भौतिक शरीर के सारे क्षेत्र जाग उठते हैं। यही शंकर का दर्शन है। हर कोई इसे अनुभव कर पाये इसलिए मैं इस सरल तकनीक के साथ आया हूँ। यह भारतीय दर्शन का व्यवहारिक वैभव है। भारतीय दर्शन के सारे पहले के दावे इस प्रकार हैं: कि यह सब कुछ आनन्द है, और वह मैं हूँ। यहाँ एक तकनीक है जिससे इस सब का अनुभव हो पाए, आनन्दपूर्ण हो जाया जाए। यह धर्म के उद्देश्य की पूर्ति कराती है। यह भारत के सारे महान गुरुओं के कथनों की सत्यता प्रदर्शित करती है।

ईशू ने कहा था, "पहले आप अपने भीतर के भगवद् साम्राज्य को ढूँढ लो और फिर सब कुछ प्राप्त हो जायेगा।" यही भगवद्साम्राज्य है, स्वर्गीय साम्राज्य है। बस स्वर्गीय साम्राज्य को ढूँढ लें और बाकी सब अपने आप जुड़ जाएगा क्योंकि मन अत्यधिक शक्तिशाली बन जायेगा। आनन्द, तृप्त वैचारिक शक्ति, बहुत शक्तिशाली हो जाती है। वैचारिक शक्ति कैसे शक्तिशाली बनती है? जब मन अत्यधिक आनन्द अनुभव करता है तो तृप्त हो जाता है। जब वह तृप्त हो जाता है तो किसी बात की चिंता नहीं करता है। जब वह चिंता अनुभव नहीं करता है तो ऊर्जा संचित हो जाती है। अन्यथा, यदि मन अतृप्त हो, तृप्त न हो तो ऊर्जा का क्षरण हो जाता है। एक मिनिट में दस हजार विचार सोचते हुए, बाद में दस विचार– तब प्रत्येक विचार में एक हजार विचारों की शक्ति होती है – और संचित ऊर्जा अतिरिक्त। यही तरीका है जिससे इच्छाशक्ति में वृद्धि होती है, विचार शक्ति में वृद्धि होती है, अधिक आनन्द प्राप्त होता है, और यही जीवन की पूर्णता है। यही गौतम बुद्ध की भाषा में निर्वाण है। यही ईशू का स्वर्गीय साम्राज्य है। यही जीवन मुक्ति है, तुरीयातीत चेतना है, भावातीत की वह महान शान्ति है जिसे कि विभिन्नताओं में संलग्न रहते हुए भी जीवन में उतारा जाना है। यही निर्वाण है, यही जीवन मुक्ति है, स्वर्ग का साम्राज्य है; यही सभी धर्मों का उद्देश्य है तथा शिक्षा के सभी उद्देश्यों का पूरक है।

शिक्षा सभी आन्तरिक सक्षमताओं की प्रदर्शक है, व्यक्तियों की भीतरी शक्तियों को उजागर करने वाली है। और जब तक मन भीतर ना खींचा जाए, जब तक ध्यान को भीतर खींच कर अवचेतन के गहरे स्तरों का अनुभव ना कराया जाए, शिक्षा अधूरी ही रहेगी। यह विद्या की समस्त शाखाओं की पूरक बनती है, विज्ञान की समस्त शाखाओं की पूर्ति करती है, सत्य के भीतर वैज्ञानिक अन्वेषण करती है; और

समस्त सृष्टि के विज्ञान का सत्य है। यह सारे दर्शन शास्त्रों की पूर्ति है, सारे धर्मों का उद्देश्य है। भावातीत ध्यान के एक अभ्यास से जीवन की पूर्णता प्राप्त हो जाती है।

मेरे विचार में अब मेरा समय पूरा हो चुका है, और संक्षेप में मैंने आपको पूरे जीवन की झलक, उसके उद्देश्य तथा उन्हें पूरा करने का मार्ग दिखा दिया है। अब मैं आपके प्रश्नों के उत्तर देना चाहुँगा।

प्रश्न एवं उत्तर

प्र 1. क्या कुछ ऐसी चीजे हैं जिन्हें छोड़ना आवश्यक है?

उ. उस आनन्द को प्राप्त करने के लिए जो ठीक पीछे स्थित है, क्या छोड़ने की आवश्यकता है? क्या त्यागना है? केवल हमें भीतर जाकर वापस बाहर आ जाना है। कुछ भी छोड़ने की आवश्यकता नहीं है। आप जानते हैं, जब एक व्यक्ति एक छोटे झोपड़े में रह रहा होता है और उसे महल में भेज दिया जाता है, तो हम झोपड़े की हानि को नहीं गिनते हैं क्योंकि महल प्राप्त हुआ होता है। कोई हानि नहीं है। यदि एक व्यक्ति जो कि व्यवसाय करते हुए सालाना दस हजार डालर कमाते–कमाते दस लाख डालर सालाना कमाने लगे, उसने खोया क्या है? वह दस हजार डालर की हानि नहीं है, दस लाख डालरों का लाभ है– तो हम उसे हानि नहीं कह सकते। इसका अर्थ यह हुआ कि, कुछ समय बस बैठ जाएँ, आनन्दित हों, और पुनः ऊपर लौट आएँ। सन्यास लेने के सिद्धांत और त्याग करने के सिद्धांत सांसारिक लोगों हेतु नहीं हैं। यदि आनन्द सर्वव्यापक है, यदि स्वर्ग का साम्राज्य सर्वव्यापक अपने भीतर भी है, तो वह जो मेरे भीतर ही है स्वाभाविक रूप से प्राप्त होना चाहिए जबकि आँखें इसका और इसका और इसका आनन्द ले रही हैं। वह जो कि मेरे भीतर है प्राकृतिक रूप से जीवन में उतरना चाहिए जबकि आँखें प्रकृति के बाहरी आनन्दों को भोगने में व्यस्त हों। जो लोग कहते हैं 'इसको छोड़ो और फिर वह मिलेगा,' और 'सांसारिक आनन्द को छोड़ो तभी आत्मिक आनन्द पाओगे,' और यह सब, तो केवल यह कहें कि जब तक आप इस बल्ब को ना बुझा दें तब तक कक्ष में तीव्र सूर्य–प्रकाश कैसे पा पायेंगे? यह एक व्यर्थ का तर्क है। इस बल्ब को बंद कर दें, जब तक आप इसे बन्द नहीं करेंगे तब तक सूर्य–प्रकाश कक्ष में कैसे आ पायेगा? मैं इस बल्ब के प्रकाश में रहते हुए कहता हूँ कि इसकी सहायता से द्वार खोला जाए और सूर्य–प्रकाश भीतर आने दिया जाए। तीव्र सूर्यप्रकाश को भीतर आने देना मात्र द्वार खोल देने भर से है, और बल्ब बुझा देना आवश्यक नहीं है।

जो कहते हैं कि पहले आप इसे छोड़ दें और उसे त्याग दें तो वे सोंचते हैं कि इन चीजों का गौरव अधिक महान है, और जब तक बड़े गौरव का त्याग न किया जाए, तब तक मन छोटे गौरवों की ओर भला कैसे जाएगा? तो वे अनुमान लगा लेते हैं कि संसार अधिक गौरवशाली है और अनुमान करते हैं कि ईश्वर का गौरव

संसार के गौरव से बहुत कम है। तो जब आप बड़े गौरव को छोड़े तभी मन मानेगा– बड़े गौरव की कमी में मन पीड़ित होकर ईश्वर के कम बड़े गौरव को मानेगा। त्याग करने के सिद्धांत का यही आधार है, कि संसार गौरवशाली है, और आकर्षक है, और मन मोहक है, और जब तक आप संसार के द्वार बन्द ना कर दें तब तक दिव्यता का आनन्द कैसे ले पाएँगे? किन्तु यह एक व्यर्थ का सिद्धांत है। दिव्यता का क्षेत्र बाहर के तीव्र सूर्य प्रकाश की तरह है। संसार का क्षेत्र उसी तरह से है जैसे कमरे के भीतर का विद्युतीय प्रकाश। यद्यपि वह पर्याप्त लगता है, इस प्रकाश की स्व–पर्याप्तता तभी तक है जब तक कि द्वारों को ना खोल दिया जाए। संसार के क्षेत्र में रहते हुए, भौतिकता के वैभवों का आनन्द लेते हुए, बस भीतर के द्वारों को खुल जाने दें, मात्र अनुभव के लिए, केवल कुछ मिनट उसका अनुभव पाने के लिए, और वही वह है।

संसार की वस्तुएँ पाने में बहुत समय लगता है क्योंकि वह बाहरी चीजें है। आपको उपलब्ध करनी पड़ती हैं। आप ऑफिस जाते हैं, आप जाते और आते हैं फिर कुछ कमाते हैं। तो कोई भी चीज जो आपसे दूर हो उसे अधिक शक्ति तथा अधिक समय चाहिए पड़ता है। वह जो भीतर ही है उस तक केवल जाना तथा कुछ मिनट आनन्दित होना होता है। फिर वहाँ जा करके दो और चीजे हैं: एक संसार में कुछ भी खोने की आवश्यकता नहीं है और त्याग की भावना रखने की आवश्यकता नहीं है– यह प्रथम चीज है। दूसरी, जो कि अधिक महत्व की है, यह है कि आत्मा के प्रकाश में संसार की चमक और अधिक तीव्र हो जाएगी। ऐसा नहीं है कि भौतिक तथा आध्यात्मिक मूल्य साथ–साथ चलते हैं, किन्तु, भीतर के अनुभव के साथ बाहरी वैभव भी प्रदीप्त हो उठेंगे।

यही आध्यात्मिक अनुभव का मूल्य है। आप उसका सीधा अनुभव कर लें और फिर संसार को बेहतर रूप में चखें। यह एक माध्यम है कि संसार का अधिक आनन्द लिया जाए और सांसारिक दुःखों को भुला दिया जाए।

प्र 2. "स्वयं की चेतना का अनुभव" क्या है?

उ. आत्म चेतना का अनुभव, स्व–अनुभव, अस्तित्व की स्थिति का अनुभव है; और यह अस्तित्व की स्थिति वह स्थिति है जहाँ कुछ भी मन को विचलित नहीं कर सकता है।

उदाहरण के तौर पर, एक विद्यार्थी परीक्षा में उत्तीर्ण घोषित हो गया है और पास होने की प्रसन्नता उसके मन में भर गयी है, और वह स्वभाव से प्रसन्नचित्त हो गया है। अब जब वह औरों से प्रसन्नतापूर्वक बात–चीत करता है और यहाँ–वहाँ जाता है तो पास होने का विचार नहीं रखता है। यद्यपि बौद्धिक रूप से वह पास होने का विचार नहीं रखता है फिर भी पास होने का आनन्द उठाता है। तो यद्यपि आत्म

चेतना का कोई बौद्धिक अर्थ ना पता हो, अस्तित्व का वह स्तर जाग्रत रहता है। और व्यक्ति उसे जीवन के सारे अनुभवों के मध्य जीता रहता है।

तुरीयातीत चेतना वह अवस्था होती है जो कि सारी गतिविधियों के मध्य शान्ति की अवस्था होती है। कोई भी गतिविधि उसे कम नहीं कर पाती; गतिविधि को समाप्त करने से वह बढ़ाई भी नहीं जा सकती है। अस्तित्व की स्थिति अपने स्वभाव से सम्पूर्ण होती है और बाह्य जगत के सारे अनुभवों से संबन्धित नहीं होती है। इसलिए, बाहरी जगत का कुछ भी उसे बढ़ा–चढ़ा नहीं सकता है। और यह कुछ ही मिनटों का परिणाम है। चेतना के भीतरी स्तरों में गोता लगाएँ और बाहर आ जाएँ, जाएँ और आएँ, जाएँ और आएँ। भीतर जाने और आने के अभ्यास से, दिव्य के साथ बार–बार संबन्ध स्थापित करने से, आनन्द और ऊर्जा का और–और प्रकटीकरण होता जाता है, और फिर अंत में उनका पूरा सौ प्रतिशत बाहर आता जाता है; और फिर भीतर और बाहर एक समान बन जाता है। बाह्य और भीतर में कोई भेद नहीं रहता। सक्रियता के क्षेत्र में पूरी तरीके से डूबे रहने पर भी वह शाश्वत शान्ति जीवन में बनी रहती है। तो यह एक आत्म–अनुभूति की स्थिति है, यह बिलकुल भी शक्ति, क्रियाओं और अनुभूतियों से अलग नहीं है। सारे अनुभवों के मध्य इसका अनुभव होता है।

प्र 3. मैं सोच रहा हूँ जो आपने हमें पहले कभी बताया था। जो एक चीज आपने बतायी थी, और जो हम जानना चाहेंगे, वह यह कि आप सोचते हैं कि इस अभ्यास से व्यक्ति प्रतिदिन की सापेक्ष समस्याओं से बेहतर तरीके से निपट सकता है, जैसे कि आर्थिक समस्याएँ। यह उन्हें सुलझाता नहीं है, किन्तु आप उनका बेहतर प्रकार से सामना कर पाते हैं?

उ. हाँ। एक अशान्ते मन शान्ति नहीं पा सकता। और आप पाएँगे कि एक शान्त मन से अधिक आय कमाने की क्षमता आ जाती है। एक अधिक आध्यात्मिक मन के पास अधिक ऊर्जा होती है। यदि व्यक्ति का मन असंतुष्ट तथा पीड़ित होता है, ऊर्जा रहित होता है, तो वह कुछ भी खा लेगा। और कुछ भी खाकर बीमार पड़ जाएगा। तो ऐसा खाना किसी भी लाभ का नहीं होगा। अधिक ऊर्जा के साथ एक साफ, संतुष्ट मन के साथ, वह कुछ भी नहीं खा लेगा, बल्कि कुछ स्वास्थ्यवर्धक खाएगा।

प्र. 4. भावातीत ध्यान के दौरान मन की अवस्था वास्तव में कैसी होती है?

उ. यह व्यक्त करना कठिन है किन्तु मैं एक सादृश्य से समझाता हूँ। आपका एक अच्छा मित्र दस सालों से न्यूयार्क में रहता है और आप बहुत उत्सुक्ता से उससे मिलना चाहते हैं। जब वह अचानक आपसे मिलने आ जाता है तो आप कितने आनन्दित हो उठते हैं, और आनन्द पूरे हृदय को भर देता है। क्योंकि यह एक सापेक्ष

स्तर की घटना है, और वह निरपेक्ष स्तर की, वह मन को बस उससे भर देती है, ऐसे कि इसका प्रभाव पूरे दिनभर बना रहता है, कई दिनों तक बना रहता है, जीवन पर्यन्त बना रहता है, बस यही है।

प्र.5. मेरा पूछने का अर्थ था, कि मन वास्तव में क्या कर रहा होता है?

उ. मन अनुभव कर रहा होता है। अनुभव मतलब, जैसे, फूल, फूल, फूल, फूल, फूल, फूल। यहाँ पर मन क्या कर रहा है? वह ध्वनि की विभिन्न मात्राओं को अनुभव कर रहा है...... फूल............... ध्वनि की विभिन्न मात्राओं का अनुभव। वहाँ मन विचारों के विभिन्न स्तरों का अनुभव करता है, सूक्ष्म विचारों का अनुभव।

यहाँ भावातीत ध्यान में हम ऐसा नहीं कहते, 'मैं आनन्द में जा रहा हूँ,' 'मैं आनन्द में जा रहा हूँ,' 'मैं आनन्द में जा रहा हूँ; यह सब सतही है, सम्मोहन है, आत्म–सम्मोहन है। 'मैं आनन्द में जा रहा हूँ,' 'मैं आनन्द में जा रहा हूँ' और फिर आनन्द अनुभव करने लगना। यह आनन्द का आरोपित विचार है। यह आत्म सम्मोहन है। आत्म–सम्मोहन वह होता है जो संवेदनाओं तथा भावनाओं को जाग्रत करके बौद्धिक पक्ष को ढाँक देता है। तो यद्यपि हम कह सकते थे, 'मैं एक राजा हूँ,' 'मैं एक राजा हूँ,' 'मैं एक राजा हूँ' सत्य यह है कि बुद्धि जानती है कि मैं राजा नहीं हूँ। किन्तु बुद्धि अवरोधित है, काम ना करने को बाध्य है। और भावनाएँ इतनी उत्तेजित हैं कि आप राजसीपन अनुभव करने लगते हैं। यह एक विचार है, राजसीपन का एक छलयोजित विचार, राजा होने की वास्तविक अवस्था नहीं।

सम्मोहन मन के बौद्धिक पक्षों को दबा कर भावनाओं को उत्तेजित करता है। आप उस अवस्था में नहीं होते हैं किन्तु आपको लगता है आप उस अवस्था में हैं। सम्मोहन के अभ्यास मनुष्य की क्षमताओं को क्षीण करते हैं क्योंकि वह बौद्धिक भाग को छंदित कर देते हैं। वे कुछ अनुभव ले आते हैं। आप सच में सो नहीं रहे होते हैं, किन्तु आपको लगता है "मुझे नींद आ रही है।" आप सो नहीं रहे होते हैं किन्तु लगता है 'मैं सो रहा हूँ।' इस कारण से प्रातः आप उतनी ताजगी से नहीं उठते हैं जितनी ताजगी से उठ सकते थे। वह शान्ति जो आप प्रातः उठने के बाद अनुभव करते हैं केवल सतही शान्ति होती है, जो कि एक–दो घंटों बाद तितर–बितर हो जाती है।

भावातीत ध्यान का यह अभ्यास बुद्धि के सारे भागों को एक साथ विकसित करता है तथा भावनाओं को भी विकास देता है। भावनाएँ आदर्श बनायी जाती हैं, बुद्धि आदर्श बनायी जाती है– पूरे व्यक्ति का एकीकरण किया जाता है।

प्र. 6. क्या आप अपनी भावातीत ध्यान पद्धति में फूलों का प्रयोग करते हैं?

उ. नहीं। फूलों को देखा जाता है। एक सुनार रूपरेखा देखता है, कटाई देखता है, और फिर साथ ही साथ सोने का मूल्य निर्धारित करता है। रूपरेखा को देखते

हुए उसकी दृष्टि सोने के मूल्य को मापने हेतु प्रशिक्षित हो जाती है....... यह सोलह कैरेट का है, यह चौदह कैरेट का है। ऐसा नहीं कि जब वह सोने की कीमत का निरीक्षण करता है तो रूप–आकार नहीं देखता है। वह रूप–आकार भी उसे मूल्य निर्धारण हेतु सहायता करता है। डिजाइन, रूप, उसे मूल्यांकन में सहायता करते हैं।

तो गौरव की बात यह है कि अमूर्त, अव्यक्त, निरपेक्ष का आनन्द अभिव्यक्त सापेक्ष वस्तुपरकता से प्राप्त होता है। यही सांसारिक वस्तुओं की उपयोगिता है, यही द्वैत की उपयोगिता है। अन्यथा आपको कई बार बताया जाता है कि यह द्वैत है–और यह दुखपूर्ण है।

मैं कहता हूँ, जीवन के एकत्व को संपर्क करने के बाद, कि वह द्वैत का क्षेत्र है जो कि जीवन के पहलुओं में एकता पाने हेतु सहायता देता है। यही गौरव है। और यही महान शंकर का दर्शन है। सामान्यतया मैं सार्वजनिक रूप से शंकर के दर्शन के बारे में नहीं बताता हूँ क्योंकि वह सन्यास या त्याग की भावना से त्रुटिपूर्वक समझा जाता है। यह वेदांत है जो कि प्रकृति की विविधता में आनन्द की सर्वव्यापकता के बारे में बताता है। यह वास्तविक वेदांत है; और यही योग का वास्तविक प्रयोजन है। योग का प्रयोजन है कि मन को एक सौ अस्सी डिग्री घुमा दिया जाए और फिर उसे आनन्द में छोड़ दिया जाए। और वेदांत का उद्देश्य यह है कि बौद्धिक रूप से आपको बताया जाए कि जो आप अनुभव कर रहे थे वह भावातीत चेतना का आनन्द था; और जब आप पुनः ऊपर आते हैं, तो उस आनन्द का कुछ अंश लेकर आते हैं, उस शान्ति का प्रभाव लेकर आते हैं, जो कि तब तक रहता है जब तक कि आप उस शान्त अवस्था में रहते हैं। यह ज्ञान वेदांत में दिया गया है। तो यही योग है। ध्यान का एक दिशा में प्रयाण वेदांत है जो कि आत्म चेतना को वैश्विक चेतना बना देता है। मन का भीतरी प्रयाण आत्म चेतना की ओर होता है, योग का उद्देश्य, और मन का बाहर की ओर प्रयाण दिव्यता से संसार की ओर वेदांत है– आत्म चेतना के धरातल पर वैश्विक चेतना। आत्म चेतना से वैश्विक चेतना तक का क्षेत्र वेदांत का है। वस्तुपरक चेतना से आत्मिक चेतना तक का क्षेत्र योग का है। यह दोनों भावातीत ध्यान के एक अभ्यास से नियंत्रित हो जाते हैं।

यही अध्यात्मिक पुनरुत्थान आंदोलन का संदेश है, और इसी ध्येय को लेकर मैं हर जगह भावातीत ध्यान केन्द्रों की स्थापना कर रहा हूँ। यही जीवन का एकीकरण करने का मार्ग है, जीवन के सारे पहलुओं का आनन्द प्राप्त करने का मार्ग है, जीवन को पूर्ण गौरव के साथ जीने का मार्ग है– भावातीत ध्यान के एक अभ्यास के द्वारा।

जय गुरु देव।

परिशिष्ट–र

वैश्विक धर्मों के अनुयायियों द्वारा समर्थन

क्रिस्चेन लूथैरन परम्परा

आप भाग्यशाली हैं जो इस पुस्तक को पकड़े हुए हैं। मुझे स्मरण है जब मैंने इसका दूसरा संस्करण 1979 में उठाया था। मैं अपेक्षा कर रहा था कि किसी शुष्क इतिहास को टटोलूँगा जो कि प्रार्थना तथा ध्यान की मेरे विद्या वाचस्पति में वृद्धि करेगा। परन्तु, मैं मधुर तथा प्रकाशीय शब्दों में खो ही गया। भाषाशैली इतनी सरल और भोलापन लिये थी कि उसने मुझे सागरीय लहर की शक्ति के साथ प्रेम, पवित्रता, तथा शान्ति के परिमण्डल में ढकेल दिया।

हेलिना आल्सन के शब्दों ने उनके परिवार के जोश नें मेरा आलिंगन किया तथा 433 साउथ हार्वर्ड बोलिवार्ड, लॉस एन्जिल्स, में स्थित उनके घर की मोहकता ने मुझे आकर्षित कर लिया।

उनकी पुस्तक के बिलकुल शुरुवात से अंत तक, मुझे लगा जैसे मैं उनके माध्यम से एक नये जीवन का अनुभव कर रहा हूँ। उनके महर्षि के प्रथम दर्शन से लेकर आँसू–भरी विदाई तक पाठक एक दुर्लभ और गम्भीर संसार में प्रवेश कर पाता है। उनका अंतिम पृष्ठ सराहनीय रूप से सारगर्भित हैः

....................मेरे पास बोलने को कुछ नहीं था। आभारी होने हेतु बहुत कुछ थाः हमारे घर में उनका आना, कमरों में गूँजते हँसी के ठहाके, उनके चेहरे पर आते विस्मय के वो भाव जो हमें समझने के प्रयास में आते, हमारी (प्रसन्नताओं तथा) उलझनों में उनका हमारे साथ होना, नहाते समय मन्त्रों का वह उच्चारण, बच्चों तथा सियामीज बिल्लियों के साथ उनका खेलना, वो सुन्दर फूलों को साथ सराहने वाले दिन, और वह बड़ा परिवार जो उनकी छाया में इकट्ठा होता। यह सब वे हम तक लाए, और इस सब से भी महत्वपूर्ण यह कि उन्होंने हमारे मन में हमारी पवित्र आत्मा जगायी। *पृष्ठ 146*

मैंने पुस्तक में अपने प्रिय क्षण पाये (जैसे कि आप अपने पा सकते हैं): हेलिना का महर्षि से प्रथम बार मिलना (*पृष्ठ 4, 5*); हँसी की लहर उठना जब महर्षि कहते हैं, "आनन्द सर्वत्र है। आवश्यक बस यह है कि कुछ मिनट सुबह शाम खजाने में जाया जाए और बाहर आकर खजाने को बाजार में खर्च किया जाए" (*पृष्ठ 15*); जब महर्षि अपनी अद्भुद अंतदृष्टि देते हैं, ऐसे आवश्यक कार्य की ओर संकेत देते हुए जो आपको करना प्रिय नहीं लगताः "काम को देखो। काम को करो। पीड़ा से दूर रहो।" (*पृष्ठ 29*); जब हेलिना और उनका परिवार महर्षि के साथ घर पर समंजित हो जाते है (*पृष्ठ 21–36*); जब महर्षि समझाते हैं "जीवन मूलतः आनन्द है।" (*पृष्ठ 109*);

कुछ ही जीवनियों ने मुझे इतने आनन्द और भावनात्मक संवेदनाओं से छुआ है जितना कि हेलिना की कथा नेः *द स्टोरी ऑफ माई लाइफ*, हेलेन कैलर द्वारा; *ईश्वर हेतु कुछ सुन्दरः कलकत्ता की मदर टेरिसा*, मैल्कोम मगैरिज द्वारा; जीसस क्राईस्ट की होली गॉस्पिल्स। मैं आशा करता हूँ कि आप हेलिना की पुस्तक को उतना ही पसन्द करेंगे जितना मैं करता हूँ।

महर्षि के ज्ञान तथा प्रशिक्षण का सौन्दर्य क्रिस्चेन समुदाय के व्यापक भाग हेतु आशा दिखलाता है। उन लोगों हेतु जो भावातीत ध्यान तकनीक के अभ्यास एक विशुद्ध मनोवैज्ञानिक तकनीक के रूप में करना चाहते हैं, महर्षि उनके लिए एक वैज्ञानिक दृष्टिकोण प्रस्तावित करते हैं। इस रूप में, भावातीत ध्यान तकनीक उच्च रक्तचाप को कम करने, चिंता कम करने, अस्थमा का इलाज करने, या निकोटीन अथवा शराब की आदत छुड़ाने में सहायक होती है, विभिन्न अतिरिक्त लाभों के साथ।

उन शोधकर्ताओं हेतु जो कि भावातीत ध्यान तकनीक के धार्मिक निहितार्थों का अन्वेषण करना चाहते हैं; महर्षि की शिक्षा की छान–बीन में से मूल्यवान रत्नों को पा सकते हैंः प्रार्थना की कार्यप्रणाली की विवेचना, भगवान की शान्ति तक पहुँचना, कृपा के स्वभाव को समझना, स्वर्ग को समझना, स्वर्ग के साम्राज्य में प्रवेश पाना, या दिव्यता की तथा जूडियो–क्रिस्चेन समझ के मध्य चर्चा करवाना।

मैं आपको महर्षि महेश योगी की यू.एस.ए. में प्रथम आगमन की मन–भावन कथा को पढ़ने हेतु आमंत्रित करता हूँ। यद्यपि हर कोई हर शब्द को एक ही प्रकार से पसन्द नहीं करेगा, और ना ही हम ऐसा चाहते हैं, यह मेरी आशा है कि सभी हर स्थान पर कुछ सीखने को पाएँगे और शान्ति तथा प्रेम के इन पृष्ठों में से प्रेम करना सीखेंगे।

श्रद्धेय डॉ जॉन.आर.रीगस्टैड
पोप जॉन पॉल II के सेंट लूई में आगमन के अवसर पर,
जनवरी 26–27, 1999

जॉन रीगस्टैड, पी.एच.डी, ने सेंट ओलैफ कॉलेज से स्नातक की परीक्षा 1968 में उत्तीर्ण की तथा मास्टर ऑफ डिविनिटी डिग्री 1975 में लूथर सैमिनरी से प्राप्त की। उन्होंने भावातीत ध्यान कार्यक्रम तब शुरु किया जब अक्टूबर 13, 1975 को टाईम मैगजीन के मुखपृष्ठ पर महर्षि का चित्र देखा। रीगस्टैड को 1977 में दीक्षा मिली और उन्हें लूथर सैमिनरी से 1985 में डॉक्टर आफ मिनिस्ट्री की डिग्री प्राप्त हुई। सम्प्रति वे अमेरिकन लूथर चर्च आफ जीसप, आयोवा में कार्यरत हैं; वार्टबर्ग कालेज में विश्व धर्मों की शिक्षा देते हैं; और महर्षि युनिवर्सिटी आफ मैनेजमेंट में चेतना पर अनुसंधान भी करते हैं।

रोमन कैथोलिक परम्परा

1950 के दशक से, इसाई धर्मगुरुओं तथा पूर्व के आध्यात्मिक गुरुओं के मध्य अधिकाधिक महत्वपूर्ण संबन्ध बनते गये है। पोप जॉन पॉल II ने दलाई लामा से ऐतिहासिक भेंट की जब वे 1986 में भारत आये थे। इसाई मठवासियों ने बौद्ध तथा हिन्दू मठवासियों से कई आदान–प्रदान किये हैं, जिन में से थौमस मर्टौन तथा डी. टी. सुजूकी के मध्य भेंट सर्वाधिक विख्यात हुई। इन वार्ताओं ने परम्पराओं के मतभेदों के विपरीत कई महत्वपूर्ण मिलनबिन्दुओं को प्रदर्शित किया।

सम्भवतः किसी भी पूर्वी तकनीक का अभ्यास इसाईयों द्वारा इतना नहीं किया गया जितना कि भावातीत ध्यान तकनीक का। और महर्षि महेश योगी से अधिक और कोई धर्मगुरु नहीं पढ़ा गया। इसाई लेखकों ने महर्षि की शिक्षाओं के साथ वही किया जो कि थौमस एक्विनास ने अरस्तू की सीखों के साथ किया था, यानि, यह पता लगाना कि इसाई सिद्धांतों तथा अभ्यास हेतु उपयुक्त क्या है।

महर्षि ने मेरी और कई अन्य इसाईयों की सहायता की है जिससे हमें एक महान किन्तु भुलाया गया इसाई सत्य याद आया, यानि, कि सुविचारित अनुभव इसाई जीवन एक शक्तिशाली आधार प्रदान करता है। विशुद्ध चिंतन "आत्मा के अन्तर्तम् भाग" (बाइबिल की भाषा में, "हृदय") का अनुभव है– आंतरिक शान्ति का एक अनुभव जिसे सभी आध्यात्मिक गुरु मानते हैं। वे सिखाते हैं कि आत्मा के भीतरी भाग रिक्त नहीं है, बल्कि वहाँ ईश्वर का वास है। ऐविला की सेंट टेरिसा बतलाती हैं कि चिंतन "ईश्वर के साम्राज्य के पूर्वानुभव" जैसा है।' कई इसाईयों के मन में, जो कि चिंतन की परम्परा से परिचित हैं, प्रश्न उठता है कि मैं अपना मन कैसे शान्त करूँ? मैं स्वयं को चिंतन की अवस्था के लिए कैसे तैयार करूँ?

यद्यपि भावातीत ध्यान तकनीक अपने आप में एक धार्मिक तकनीक नहीं है, इसाई आध्यात्म के लिए उसका मूल्य महान है, क्योंकि वह मन के लिए एक सरल, प्रयास मुक्त तरीका है जिससे वह गहरी शान्ति अनुभव कर सकता है– एक शान्ति जो कि हमें चिंतन हेतु तैयार करती है और ईश्वर की इच्छा जानने में सहायक होती है जो

कि मनुष्य के हृदय में लिखी गयी है (जैरिमियाह 31:33)। स्पष्ट है, भावातीत ध्यान तकनीक इसाई आध्यात्म हेतु पर्याप्त नहीं है। महर्षि स्वयं सिखाते हैं कि भावातीत ध्यान तकनीक किसी को उसके सच्चे स्वरूप का ज्ञान देती है, जबकि प्रार्थना, पूजा, तथा भक्ति ईश्वर तक पहुँचाती है। किन्तु एक ध्यान तकनीक जो कि मन और हृदय के विकास में सहायता देती है वही आधारभूत बाईबिल वाक्य की पूर्ति कर सकती है कि "अपने ईश्वर को, भगवान को, पूरे हृदय से प्रेम करो, पूरी आत्मा से प्रेम करो, पूरे मन से प्रेम करो।" (मैथ्यू 22:37)

फादर कैविन पी. जोयेस
सेंट मारिया गौरेट्टी चर्च
सैन जोस, कैलीफोर्निया
smgc@pacbell.net

फादर कैविन जौयेस, पी. एच. डी. ने भावातीत ध्यान तकनीक का 1970 से अभ्यास किया है और वे पादरी के रूप में 1980 में दीक्षित हुए। उन्होंने धर्म में पी. एच. डी. अमेरिका की कैथोलिक युनिवर्सिटी से 1991 में की; जिस दौरान उन्होंने भावातीत ध्यान में शोध भी किया। फादर जौयेस वर्तमान में सेंट जोस, कैलीफोर्निया में एक बड़े बहु–सांस्कृतिक पैरिश के धर्मगुरु हैं।

यहूदी परम्परा

महान हैसिडिक गुरुओं में से एक ने कहा था, "भगवान, मैं तुम्हें कहाँ पा सकता हूँ? और कहाँ तुम्हें नहीं पा सकता हूँ?" अधिकतर लोगों के लिए भगवान एक अज्ञात वास्तविकता है: "भगवान, मैं तुम्हें कहाँ पा सकता हूँ?" एक ऐसी तकनीक के अभाव में जो कि हमें भावातीत का सीधा अनुभव करा सके– जो कि आत्मिक स्तर के संतुलित जीवन के आधार हेतु आवश्यक है– हम आध्यात्मिक जिज्ञासाओं की खोज हेतु अतिवादी हो जाते हैं: धार्मिक कट्टरपंथ एक ओर, और धर्मनिरपेक्ष भौतिकवाद दूसरी ओर। दुर्भाग्यवश, कोई भी मार्ग हमें वह स्वतन्त्रता और पूर्णता नहीं दे सकता है जिसका कि वह वादा करता है। अपने इस प्रयास में कि एक धर्म वास्तविकता में पूरा अर्थपूर्ण बन पाए, धार्मिक कट्टरता अनिवार्यतः शेष सभी धर्मों को नीचा दिखाने का प्रयास करती रहती है। दूसरी ओर, जीवन के अस्थाई वैभवों तथा आनन्दों को गौरवान्वित करने हेतु धर्मनिरपेक्ष भौतिकवाद अंत में मानव आत्मा को और आध्यात्मिक जीवन को नीचा दिखाने लगता है।

"और कहाँ तुम्हें नहीं पा सकता हूँ?" जीवन का सत्य, जैसा कि महर्षि ने पिछले चालीस वर्षों में प्रतिपादित किया है, यह है कि निस्सीम को सृजन के प्रत्येक सीमित कण में अनुभव किया जा सकता है तथा उसका आनन्द लिया जा सकता है। यह

किसी के लिए भी सच हो सकता है, उसके आस्था/विश्वास, पृष्ठभूमि और शिक्षा से कोई सम्बन्ध रखे बिना। केवल एक निर्णायक बात आवश्यक है: भावातीत ध्यान का नियमित रुप से अभ्यास। भावातीत ध्यान तकनीक किसी व्यक्ति को अनन्त सृजनात्मकता के सीधे स्पर्श में लाती है, अनन्त प्रज्ञा, ज्ञान तथा आनन्द के संपर्क में लाती है। परिणामतः जीवन दिव्य गुणों से– प्रेम, करुणा, नैतिकता, और अंततः एक व्यापक भगवद्भक्ति से अधिकाधिक संतृप्त होता जाता है।

संसार में महान ग्रंथों की कोई कमी नहीं है। इन ग्रन्थों पर आधारित महान धर्मों, सम्प्रदायों और दर्शनों की भी बहुतायत है। कमी है तो उन प्रकांड विद्वानों की जो इन धर्मों, सम्प्रदायों व दर्शनों में दिये प्रेम तथा करुणा के मूल्यों को जीवन में उतार सकें। *मिडरैश* – बाईबिल में दीं प्राचीन रैब्बिनिक टिप्पणियों – में भगवान उकसाते हुए घोषित करते हैं, "वह मानवता मुझे नकार भी दे, तो भी मेरे निर्देशों के अनुसार व्यवहार करना।"

हर धार्मिक व्यक्ति अपने भीतर वह रिक्तता अनुभव करता है जो कि भगवान की उससे अपेक्षाओं तथा उसकी उन्हें पूरा करने की सामर्थ्य के मध्य होती है। भावातीत ध्यान इस दूरी को मिटाने में सहायता करता है, व्यक्ति की चेतना को सीधे भावातीत का अनुभव करा के– वह अनन्तता जो कि सारे ग्रंथों, धर्मों, ईश्वर मीमांसाओं तथा नैतिकताओं का स्रोत है। मेरे अनुभव में, मैंने ईश्वर को जीवन का सजीव सत्य बनाने के लिए भावातीत ध्यान से सरल कुछ भी नहीं पाया है– एक ऐसा सत्य जो कि प्रत्येक विचार, वाणी तथा किया में अनुभव किया जा सके।

भगवद् चेतना में एक पूर्ण जीवन जीने की योग्यता, जो कि भगवान के एकत्व से व्यापी हुयी है, मनुष्य के स्वभाव में ही स्थित होती है। वह दिन शीघ्र आये जबकि पृथ्वी पर सारे धर्मों के पालक शान्ति से साथ रह पायें। कदाचित् तब से एक ही भावातीत सत्य को इंगित करते हुए कह पाएँ, "यह मेरा ईश्वर है और मैं इसका गौरव बढ़ाउँगा; मेरे पिता का ईश्वर है, मैं इसकी प्रशंसा करूँगा।" (एक्जोडस 15:2)

राब्बी एलन ग्रीन
बैथ इज्रायल साइनागौग
विनिपैग, मैनिटोवा
greenrab@pangea.ca

रॉबी एलन ग्रीन को भावातीत ध्यान तकनीक में 1971 में प्रशिक्षित किया गया था और उसके शीघ्र बाद ही वह भावातीत ध्यान शिक्षक भी बन गये थे। वे कब्बालाह– यहूदी रहस्यवाद, नामक पुस्तक पढ़ने के बाद रैबिनेट का ज्ञान पाने हेतु प्रेरित हुए थे, और फिर उन्होंने पाया कि उसमें यहूदी पारिभाषिक शब्दावली में वही अनुभूतियाँ

बतायी गयीं थीं जो कि महर्षि ने अपने भावातीत ध्यान शिक्षकों हेतु प्रशिक्षण कोर्स में परिचित करायीं थीं। राब्बी ग्रीन 1991 में बेथ इज्रायल साइनागॉग ऑफ विनिपैग, मैनिटोवा में राब्बी के रूप में दीक्षित हुए।

हिन्दू परम्परा

महर्षि के भावातीत ध्यान को सीखना हिन्दू धर्म सहित किसी भी धर्म के मानने वाले साथ अनुकूल है। एक आध्यात्मिक परिवार में पली–बढ़ी एक हिन्दू होने के कारण, मैं विश्वास के साथ कह सकती हूँ कि भावातीत ध्यान तकनीक जीवन के सारे पक्षों को सुदृढ़ करता है। जबसे मैंने भावातीत ध्यान अभ्यास प्रारम्भ किया, हमारे पारिवारिक यज्ञ मेरे लिये अधिक सार्थक हो गये। मैं धर्म के नियमों के अनुसार एक स्वाभाविक तथा आनन्दमय व्यवहार भी करने लगी। आज मेरा जीवन प्रकृति माँ की गोद में सिमटा हुआ सा है जहाँ कोई भी चिंता नहीं है।

जो सबसे विलक्षण अनुभूति मुझे हुई वह महर्षि अन्तर्राष्ट्रीय युनिवर्सिटी (अब महर्षि युनिवर्सिटी ऑफ मैनेजमेंट के नाम से विख्यात) की थी, जहाँ विद्यार्थी समुदाय चालीस से अधिक देशों का प्रतिनिधित्व करता था। यद्यपि हम भिन्न दिखते थे, कई भाषाएँ बोलते थे और कई समुदायों में से थे, हमें लगता था कि मूल रूप से हम सब एक ही हैं; और यह कि हमारा समानता का मूल आधार चेतना है। हम यह भी अनुभव करते थे कि हमारे धर्मों की विविध शिक्षाएँ वास्तव में एक ही थी।

मैं किसी भी ऐसे व्यक्ति को जो कि भावातीत ध्यान तकनीक सीखने का अभिलाषी हो उसे प्रेरित करूँगी। कृपया धर्म को अवरोध ना बनने दें जब जीवन में कितना अधिक प्राप्त किया जा सकता है। मैं सम्मानित और भाग्यशाली अनुभव करती हूँ कि इस जीवन में भावातीत ध्यान के सम्पर्क में आयी और उसका अपने धर्म के साथ पिछले बीस सालों से अभ्यास करती रही हूँ। जब आप ध्यान करना सीखेंगे, तो सभी धर्मों के वास्तविक स्वभाव के गहरे अनुभव और समझ से परिचित होंगे।

श्रीमति सूनीता चुट्टोरगुन आइसनर
बी.एस. मनोविज्ञान, महर्षि युनिवर्सिटी ऑफ मैनेजमेंट
गृहिणी और महर्षि के भावातीत ध्यान आन्दोलन के वैश्विक विकास परिषद की सदस्य।

मारीशस में पैदा हुयी, सूनीता आइसनर जीवन पर्यन्त हिन्दू हैं जिन्होंने 1979 में भावातीत ध्यान तकनीक को सीखा और 1989 में इस तकनीक की शिक्षक बन गयीं। आइसनर मनोविज्ञान के विषय में स्नातक हैं जो उपाधि उन्होंने एम. आई. यू (अब महर्षि युनिवर्सिटी आफ मैनेजमेंट) से प्राप्त की। उन्होंने 'फील्ड इंडिपेंडेंस इन चिल्ड्रन' विषय पर अपना अनुसंधान भी प्रकाशित किया है। वे फेयरफील्ड आईओवा

में रहती हैं जहाँ वे एक गृहिणी हैं, भावातीत ध्यान आंदोलन की समर्थक हैं और भारतीय समुदाय की एक सक्रिय सदस्य हैं।

मुस्लिम परम्परा

मैं 1978 से भावातीत ध्यान का अभ्यास करता आ रहा हूँ। इस अभ्यास को ही श्रेय जाता है कि एक मुस्लिम होते हुए मैंने इस समय में पवित्र कुरान तथा हदीस–पैगम्बर मोहम्मद की टिप्पणियों, पर गहरी अंतदृष्टि पायी है। इस्लाम के पवित्र और साथ ही व्यावहारिक संदेशों की बढ़ती समझ के कारण मुझे कई वर्षों तक शक्तिशाली, श्रद्धा बढ़ाने वाले, अल्लाह के अनुभव हुए हैं। ऐसा लगता है जैसे उनके शब्द और उनके पैगम्बर के शब्द, अल्लाह उनकी रूह को शान्ति दे, सजीव हो उठे और जब भी मैं उन्हें पढ़ता तो और भी नये तथा ताजा लगते। यह मेरे लिए एक आशीर्वाद जैसा रहा, एक ऐसे समय में जब विस्तृत इस्लामिक दुनियाँ में गहन विचार और आत्मा की खोज का समय देखा गया।

जैसे कि कई प्रकार के मुसलमान हैं इस्लाम भी कई हैं। यह लाभकारी है क्योंकि इस्लाम यथार्थ में एक ऐसी आस्था है जहाँ मानव और भगवान सीधे संबन्धित हैं, बिना किसी मध्यवर्ती के, और जहाँ ईश्वर मानव को चुनौती देता है कि वह सत्य जानने हेतु संघर्ष करे। इसी कारण से, प्रोफेट, पी.बी.यू.एच., ने कहा, "ज्ञान की खोज करना प्रत्येक मुस्लिम स्त्री तथा पुरुष के लिये आवश्यक है।" सारे व्यक्तिगत अनुभवों के दौरान मैंने पाया है कि सर्वोपरि ज्ञान भीतर से आता है, भावातीत चेतना के प्रतिदिन अभ्यास से, जो कि कुछ और नहीं है वरन मेरी ही चेतना की सबसे शान्त, सुव्यवस्थित स्थिति है। यह सबसे ऊँची स्थिति शान्ति लाती है, शान्ति ही है। इस प्रकार मैंने पाया है कि सर्वशक्तिमान के समक्ष समर्पण एक मानसिक स्थिति है, चेतना की अवस्था है, जो कि सर्वश्रेष्ठ शान्ति प्रदाता है! यह सत्य इस्लाम शब्द के दो अर्थों में सम्मिलित है: समर्पण और शान्ति। शान्ति प्राप्त करने हेतु ईश्वर में समर्पण कर दें। पूर्ण समर्पण और शान्ति की इस विलक्षण स्थिति में, हृदय पिघल जाता है; मन प्रज्ञा के प्रकाश से चमकने लगता है, और ईश्वर स्वयं को दिखाने लगता है!

वाडी बोउनार
क्यूबैक, कैनेडा
wbounouar@ccapcable.com

मूल रूप में मोरक्को से, वाडी बोउनार एक जीवन पर्यन्त मुसल्मान ने भावातीत ध्यान अभ्यास 1978 में प्रारम्भ किया। वर्तमान में वह क्यूबैक, कैनेडा में एक व्यवसायिक अनुवादक हैं।

बौद्ध परम्परा

मैं बौद्ध धर्म का प्रतिनिधित्व नहीं कर सकता। मैं बौद्ध धर्म के बारे में अपने जीवन के एक हिस्से के तौर पर बता सकता हूँ। प्रेम और करुणा का संदेश मेरे लिए सदा ही शक्तिशाली रहा है। अपनी करुणा का विकास करके ना केवल मैं और जीवित प्राणियों के साथ प्रेमपूर्ण हार्दिक संबन्ध बना पाता हूँ; स्वयं के जीवन की पूर्णता के लिए भी एक मार्ग प्राप्त कर पाता हूँ, स्वार्थी आकांक्षाओं के जाल को काटते हुए।

बौद्ध धर्म, जैसा कि मुझे सिखाया गया है, गहराई से व्यावहारिक और खुला हुआ है। जब, 1950 में तिब्बत पर चीनी आक्रमण के बाद, दलाई लामा को चीन की राजधानी बीजिंग में "निमंत्रित" किया गया तो वह एक खुले मन से यात्रा करके यह जानने हेतु गये कि चीनी साम्यवाद के पास एक सच्चे करुणामयी देश को प्रस्तावित करने हेतु क्या है। मन का यह खुलापन बौद्ध विचारधारा हेतु मौलिक है। बौद्ध परम्परा ने मुझे अपना स्वयं का हृदय विकसित करने हेतु मूल्यवान उपाय दिये हैं। किन्तु यह प्रतिस्पर्धा हेतु नहीं है जिससे कि सब कुछ सर्वोत्तम, सभी परिस्थितियों हेतु, शाश्वतता हेतु प्राप्त किया जा सके। बल्कि यह एक निःस्वार्थ प्रतिबद्धता को दिशा देता है जिससे हृदय में वैश्विक करुणा को पाया जा सके, हर किसी ऐसे माध्यम के द्वारा जो सुलभता से प्राप्त हो। अन्यथा, बौद्ध धर्म का किसी अन्य सामाजिक इकाई के रूप में अपकर्ष हो जाता है, हमको एक दूसरे से विभाजित करते हुए और अपने वैश्विक स्वभाव से भी दूर करते हुए।

तो यह वो पृष्ठभूमि है जिससे मैं भावातीत ध्यान तकनीक को स्नेहपूर्वक स्वीकार करता हूँ, अपने अतिरिक्त धार्मिक अभ्यासों के साथ। एक व्यक्ति के रूप में भावातीत ध्यान तकनीक ने मुझे गहरा आराम दिया है, जिससे मेरा स्वास्थ्य लाभ हुआ है, और एक खुला हृदय और अधिक प्रभावशाली क्रियाशीलता में योगदान दिया है। एक सामाजिक वैज्ञानिक की तरह जो कि महर्षि की भावातीत ध्यान तकनीक का विश्लेषण कर रहा है, मैंने वैज्ञानिक रिकार्डों को पढ़ा है जो कि दिखाते हैं कैसे एक शुद्ध स्नायु तंत्र सम्पूर्ण हृदय तथा व्यवहारिक योग्यता के विकास में सहायक होता है।

किन्तु जो वास्तव में एक बौद्ध के रूप में मेरे हृदय केन्द्र में अंकित होता है वह यह कि भावातीत ध्यान तकनीक तथा अन्य टी.एम. उन्नत तकनीकों– सिद्धि तकनीकों, में वह योग्यता है जिससे कि सामूहिक अभ्यास के द्वारा सामाजिक तनाव मिटाए जा सकें और इस प्रकार यथार्थ में लाखों लोगों के लाभार्थ योगदान दिया जा सके। मैंने सहपाठियों से बात करी है जिन्हौंने ध्यान साधक समूह के साथ युद्ध–आक्रांत क्षेत्रों में यात्रा की है, एक समूह के रूप में बैठ कर भावातीत ध्यान का अभ्यास किया है, और बमों का गिरना बन्द होता देखा है। मैंने स्वयं उस

अनुसंधान का निरीक्षण किया है जिसने क्रमबद्ध तरीके से बार–बार प्रलेखित किया है कि किस शक्ति से इस तकनीक ने युद्ध रोके हैं, अपराध कम किये हैं, दुर्घटनाएँ कम करी हैं, आर्थिक स्तर में सुधार दिखाया है, और अन्य प्रकार के लाभ दिखाए हैं जैसे हृदय को स्वस्थ बनाना और सामाजिक व्यवस्था को नवशक्ति देना।

बौद्धों के रूप में हमारे पास इन घटनाओं को समझने के लिए ब्रह्मांडीय मीमांसा है, इनको नकारने वाली निष्क्रियता को दूर करने के लिए मनोवैज्ञानिक उपकरण हैं, और इन पर कार्यरत होने के लिए करुणामयी हृदय है। मैं स्नेहपूर्वक आपको आमंत्रित करता हूँ, और सभी को आमंत्रित करता हूँ, कि भावातीत ध्यान तकनीक और उसकी उन्नत तकनीकों का स्वयं अन्वेषण करें और धरती पर शान्ति लाने हेतु मेरा सहयोग दें।

पॉल फ्रैंक
महर्षि युनिवर्सिटी ऑफ मैनेजमेंट के स्नातक
फेयरफील्ड, आईओवा
pvfrank@mum.edu

पॉल फ्रैंक ने भावातीत ध्यान 1975 में सीखा। उन्होंने तिब्बती बौद्ध धर्म का पालन 1982 से किया है। 1994 में, महर्षि प्रभाव के अनुसंधान को पढ़ने के बाद, जिसने उन्नत भावातीत तकनीकों के सामूहिक अभ्यास के नाटकीय परिणाम घोषित किये थे, पॉल फेयरफील्ड, आईओवा चले गये, जहाँ अभी वह, महर्षि प्रभाव पर शोध करने तथा समर्थन देने की विशेष रुचि के साथ, महर्षि युनिवर्सिटी ऑफ मैनेजमेंट के मनोविज्ञान विभाग के स्नातक विद्यार्थी हैं।

परिशिष्ट–ल

समस्त विश्व में महर्षि के आन्दोलन की प्रमुख उपलब्धियाँ

(यह ज्ञान दो पुस्तिकाओं से लिया गया हैः महर्षि वैदिक युनिवर्सिटीः एक्जीबिशन (1993) तथा महर्षि वैदिक विकास निधि (1997)। कृपया महर्षि की पिछले चालीस वर्षों की महान उपलब्धियों के बारे में अधिक जानने हेतु इन प्रकाशनों को देखें।)

1956 महर्षि दक्षिण भारत भ्रमण करते हैं और प्रथम आध्यात्मिक विकास केन्द्र की स्थापना करते हैं।

1957 महर्षि आध्यात्मिक पुनरुत्थान आंदोलन, मद्रास, भारत का उद्‌घाटन करते हैं।

1958 महर्षि अपना विश्व भ्रमण कार्यक्रम आरम्भ करते हैं।

1959 सिक्वोइया नेशनल पार्क, यू.एस.ए में भावातीत ध्यान पर प्रथम अन्तर्राष्ट्रीय सम्मेलन।

1961 भारतवर्ष में भावातीत ध्यान शिक्षकों हेतु प्रथम प्रशिक्षण पाठ्यक्रम।

1962 महर्षि विश्व भर में ध्यान शिक्षकों के प्रशिक्षण हेतु कार्यक्रम संचालित करते हैं।

1963 महर्षि 'साइन्स आफ बीइग एण्ड आर्ट आफ लिविंग' लिखते हैं

1964 महर्षि 'लव एण्ड गॉड' लिखते हैं।

1965 महर्षि भगवद्‌गीता पर अपनी टीका लिखते हैं।

1966 महर्षि भारत में अपनी प्रथम अन्तर्राष्ट्रीय ध्यान अकादमी का उद्‌घाटन करते हैं। ब्रिमेन, जर्मनी में यूरोपियन ध्यान अकादमी का उद्‌घाटन करते हैं।

1968 विद्यार्थियों की अंतर्राष्ट्रीय ध्यान सोसायटी का उद्‌घाटन विश्व भर में होता है।

1969 महर्षि ब्रह्म सूत्रों का अनुवाद तथा टीका लिखना आरम्भ करते हैं।

1970 भावातीत ध्यान पर प्रथम वैज्ञानिक लेख 'साइन्स' नामक पत्रिका में प्रकाशित होता है।

1971 महर्षि अंतराष्ट्रीय युनिवर्सिटी यू.एस.ए. में स्थापित की गई।

1972 मैलौर्का, स्पेन, में विश्व योजना का उद्घाटन।

1973 विश्व भर में 2000 विश्व योजना केन्द्रों की स्थापना।

1974 वैज्ञानिक पाते हैं कि यदि किसी नगर के एक प्रतिशत लोग भावातीत ध्यान तकनीक का अभ्यास करते हैं तो उस नगर के जीवन के स्तर में लाभ देखने को मिलते हैं; इस घटना को अब महर्षि प्रभाव के नाम से जाना जाता है।

1975 स्विटजरलैंड में डॉन ऑफ दि एज ऑफ इंलाइटेनमैंट का उद्घाटन। स्विटजरलैंड में ही महर्षि यूरोपियन अनुसंधान विश्वविद्यालय की स्थापना।

1976 महर्षि एज ऑफ इंलाइटेनमैंट के वैश्विक शासन का उद्घाटन करते हैं। महर्षि अपने भावातीत ध्यान सिद्धि कार्यक्रम को प्रारम्भ करते हैं तथा एज ऑफ इंलाइटेनमैंट के नियन्त्रकों का प्रशिक्षण शुरु करते हैं।

1977 महर्षि 108 देशों में अपनी आइडियल सोसायटी कैम्पेन का उद्घाटन करते हैं।

1978 प्रत्येक राष्ट्र को अजेय बनाने हेतु वैश्विक परियोजना का उद्घाटन।

1979 यू.एस.ए. में एज ऑफ इंलाइटेनमैंट नियन्त्रकों का प्रथम विश्व शान्ति सम्मेलन।

1980 महर्षि ऋग वेद के अपने अपौरुषेय भाष्य के द्वारा वेद का स्वभाव तथा संरचना प्रगट करते हैं।

1981 नयी दिल्ली, भारत में आयोजित प्रथम अन्तर्राष्ट्रीय वैदिक विज्ञान पाठ्क्रम, जिसमें 3000 से अधिक एज ऑफ इंलाइटेनमैंट के नियन्त्रकों ने पूरी दुनियाँ से भागीदारी की।

1982 इंगलैंड में महर्षि युनिवर्सिटी ऑफ नैचुरल लॉ का उद्घाटन।

1983 महर्षि अपने भावातीत ध्यान आंदोलन की रजत जयन्ती मनाते हैं। क्वांटम फील्ड सैद्धांतिक भौतिकी के वैज्ञानिक महर्षि की भावातीत चेतना को सारे प्रकृति के नियमों का युनिफाइड फील्ड पाते हैं तथा घोषित करते हैं, जिसके फलस्वरूप महर्षि पूरे संसार में एज ऑफ इंलाइटेनमैंट के उगते सूरज का

उत्सव मनाते हैं। महर्षि यू.एस.ए. में प्रथम विश्व शान्ति सम्मेलन आयोजित करते हैं (संसार में यूटोपिया कोर्स का अनुभव) जिसमेंएज ऑफ इंलाइटेनमैंट के 7000 नियन्त्रक सम्मिलित हुए, वैश्विक महर्षि प्रभाव उत्पन्न करते हुए।

1984 एक शाश्वत आदर्श सभ्यता की स्थापना हेतु महर्षि शिक्षा, स्वास्थ्य, शासन, अर्थशास्त्र, रक्षा, पुनर्वास तथा कृषि के युनिफाइड फील्ड पद्धति का नियामन करते हैं।

1985 महर्षि वैदिक विश्वविद्यालय का उद्‌घाटन वाशिंगटन डी.सी. में होता है जिसमें महर्षि एक आदर्श वैदिक समाज के निर्माण हेतु अपना वैदिक विज्ञान तथा तकनॉलॉजियों को प्रस्तुत करते हैं। महर्षि पुनः विश्व में महर्षि आयुर्वेद प्रचारित करते हैं तथा विश्व भर में महर्षि आयुर्वेद रोग–निरोध केन्द्रों की स्थापना करते हैं। महर्षि वेद लीला, वेद की 'क्रीड़ा' का निर्माण करते हैं, जो कि सृजन के मैकेनिज्म को सृष्टि की एकीकृत अव्यक्तता से उसकी व्यक्तता के क्रियाकलापों व विभिन्न गुणों को सृजनात्मक तरीके से समझाती है।

1986 महर्षि एक रोगमुक्त समाज हेतु अपने आयुर्वेद से पूर्ण स्वास्थ्य हेतु विश्व योजना बनाते हैं।

महर्षि विश्व शान्ति हेतु अपना कार्यक्रम बनाते हैं जो भारत में 7,000 वैदिक वैज्ञानिकों के प्रशिक्षण का आह्वाहन करता है ताकि विश्व शान्ति का सृजन तथा अनुरक्षण हो।

1987 विश्व शान्ति हेतु संगीत का वैश्विक त्यौहार जो कि 52 देशों के 200 नगरों में मनाया गया, जिसमें महर्षि गंधर्व वेद संगीत का परिचय कराया गया; यह ऐसी वैदिक धुने हैं जो कि प्रकृति में साम्य तथा सत्व लाती हैं।

1988 महर्षि संसार में स्वर्ग के आगमन हेतु एक महायोजना का उद्‌घाटन करते हैं।

1989 विश्व भर से गरीबी उन्मूलन हेतु वैश्विक महर्षि प्रभाव के दूसरे चरण का उद्‌घाटन।

1990 प्रत्येक राष्ट्र को प्रकृति के शासन से गठजोड़ का निमंत्रण।

1991 प्रत्येक समुदाय में महर्षि आयुर्वेद स्वास्थ्य केन्द्रों की स्थापना हेतु एक कार्यक्रम प्रारम्भ किया जाता है।

एज ऑफ इंलाइटेनमैंट की विश्व राजधानी में 7,000 योगिक उड़ाकों का प्रथम समूह स्थापित होता है।

1992 दस देशों में महर्षि वैदिक विश्वविद्यालय पाठ्यचर्या प्रस्तावित की जाती है। महर्षि अपने राजनीतिशास्त्र की शोध प्रबंध पुस्तक के परिशिष्ट में ब्रह्मांड का संविधान प्रस्तुत करते हैं।

महर्षि राम–राज्य का उत्सव मनाते हैं– सरकारी प्रशासन के स्तर पर पूर्णता का आगमन।

नैचुरल लॉ पार्टी, राष्ट्रीय प्रशासन के स्तर को सुधारने हेतु एक राजनीतिक पार्टी, की स्थापना होती है।

1993 महर्षि ने प्रत्येक देश में पूर्णता लाने हेतु एक सूत्र ढूँढ निकाला– वे स्थापना हेतु सुझाव देते, 'एक प्रशासन हेतु एक समूह'– प्रत्येक देश हेतु वैदिक वैज्ञानिकों तथा योगिक उड़ाकों का बड़ा समूह।

1994 महर्षि वैदिक शिल्पशास्त्र पर आधारित रक्षा विभाग हेतु योजना प्रस्तुत करते हैं जिसमें वे प्रत्येक देश की सेना को एक अनुरक्षण खंड, जो कि योगिक उड़ाकों का बना होगा, विकसित करने का सुझाव देते हैं जिससे कि शत्रु के उत्पन्न होने से पहले ही उसे समाप्त किया जा सके।

महर्षि आयुर्वेद के अनुरक्षण आधारित कार्यक्रम विश्व भर में प्रस्तुत किये जाते हैं।

1995 जापान, हालैंड, रूस तथा यू.एस.ए. में महर्षि प्रबंधन विश्वविद्यालयों की स्थापना होती है।

महर्षि निगमिक पुनरुद्धार कार्यक्रम भारत, यूरोप, यू.एस.ए. तथा आस्ट्रेलिया की कम्पनियों में प्रस्तावित होता है।

महर्षि एक विश्व व्यापी कार्यक्रम प्रारम्भ करते हैं जिसमें प्रत्येक राष्ट्र को आधुनिक दवाओं की हानियों से सचेत कराया जाता है।

1996 महर्षि एक कार्यक्रम का उद्घाटन करते हैं जिससे नैचुरल लॉ (प्राकृतिक नियमों) के आधार पर वैश्विक प्रबंधन की स्थापना होती है।

1997 महर्षि विश्व भर में अपने भावातीत ध्यान आंदोलन हेतु बारह समय क्षेत्रों की राजधानियाँ स्थापित करते हैं।

महर्षि वैदिक स्वास्थ्य समिति की स्थापना।

महर्षि वैदिक स्वास्थ्य संघ और देशों में भी स्थापित।

निर्माण कार्य हेतु वैदिक नियमों का महर्षि के स्थापत्य वेद द्वारा प्रकटीकरण–वस्तु विद्या।

महर्षि वैश्विक विकास निधि का उद्घाटन

1998 महर्षि वैदिक स्पंदन तकनॉलॉजी का विश्व भर में उद्घाटन महर्षि ओपेन विश्वविद्यालय (उपग्रह टेलीविजन)। दूरसंचार शिक्षा डिग्री कार्यक्रम शुरु होते हैं, विश्व के प्रत्येक देश को केन्द्रित करते हुए।
भारत में विश्व की सबसे ऊँची इमारत के निर्माण हेतु भूमि–पूजन उत्सव मनाया गया।

1999 ब्राजील के निकट विश्व के प्रथम विश्व शान्ति राष्ट्र की स्थापना।

2008 निर्वाणे

परिशिष्ट–व

***महर्षि की भावातीत ध्यान तकनीक* तथा उन्नत कार्यक्रमों के विषय में अधिक जानकारी कैसे लें?**

भावातीत ध्यान प्रशिक्षण शिविर

युनाईटेड स्टेट्स में भावातीत ध्यान कार्यक्रम

I–800–भावातीत ध्यान सीखें http://www.tm.org

भावातीत ध्यान स्कूल तथा विश्वविद्यालय

यू.एस.ए. में महर्षि का महर्षि स्कूल ऑफ द एज ऑफ इंलाइटेनमैंट

http://www.mum.edu/maharishi_school

यू.एस.ए. में महर्षि का महर्षि युनिवर्सिटी ऑफ मैनेजमेंट

http://www.mum.edu

यू.एस.ए. में महर्षि वैदिक विश्वविद्यालय तथा स्कूल

http://www.maharishi.org

महर्षि ओपेन युनिवर्सिटी

http://www.mou.org

भावातीत ध्यान और स्वास्थ्य

यू.एस.ए. में महर्षि स्वास्थ्य केन्द्र

http://www.maharishi-medical.com

महर्षि की स्वास्थ्य के प्रति वैदिक पद्धति– दीर्घकालिक रोगों हेतु कार्यक्रम

http://www.vedic-health.com

यू. एस. ए. में विक्रय हेतु महर्षि आयुर्वेद उत्पाद

http://www.mapi.com

द राज–लग्जरी महर्षि मेडिकल सेन्टर, फेयरफील्ड, आईओवा, यू.एस.ए.

http://www.theraj.com

महर्षि वैदिक स्पन्दन तकनॉलॉजी
http://vedic-health.org

भावातीत ध्यान तथा पुनर्वास

यू.एस.ए. में भावातीत ध्यान तथा पुनर्वास
http://www.mum.edu/rehabilitation.html

भावातीत ध्यान की उन्नत तकनीकें

महर्षि प्रबन्धन विश्वविद्यालय, यू.एस.ए. में योगिक उड़ान
http://www.yogicflying.org/index.html

जय गुरु देव